평범 이상의 삶
The Life You've Always Wanted

국제제자훈련원은 건강한 교회를 꿈꾸는 목회의 동반자로서 제자 삼는 사역을 중심으로 성경적 목회 모델을 제시함으로 세계 교회를 섬기는 전문 사역 기관입니다.

평범 이상의 삶
the Life You've Always Wanted

초판 발행 2005년 1월 7일
개정판 30쇄(34쇄) 발행 2025년 1월 25일

지은이 존 오트버그
옮긴이 김주성, 윤관희

펴낸이 오정현
펴낸곳 국제제자훈련원
등록번호 제2013-000170호(2013년 9월 25일)
주소 서울 서초구 효령로68길 98(서초동)
전화 02)3489-4300
이메일 dmipress@sarang.org

ISBN 89-90285-37-2 03230   *printed in Korea.*

※ 책값은 뒤표지에 있습니다. 잘못된 책은 구입하신 곳에서 교환해 드립니다.

평범 이상의 삶
The Life You've Always Wanted

존 오트버그 지음 | 김주성·윤관희 옮김

Originally published in the U.S.A. under the title
THE LIFE YOU'VE ALWAYS WANTED(expanded edition)
Copyright ⓒ 1997, 2002 by John Ortberg
Grand Rapids, Michigan

All right reserved.

Used and Translated by the permission of Zondervan
through the arrangement of KCBS Literary Agency, Seoul, Korea.

Korean translation copyright ⓒ 2004 by Sarangplus, a Division of DMI Press,
1443-26, Seocho-1dong, Seocho-gu, Seoul 137-865, Korea.

본 저작물의 한국어판 저작권은 KCBS Literary Agency를 통하여
Zondervan사와 독점 계약한 도서출판 사랑플러스에 있습니다.
신저작권법에 의해 한국 내에서 보호받는 저작물이므로 무단 전재와 무단 복제를 금합니다.

오래된 약속을 지키며
원저 하우스의 척, 케빈, 제리, 돈, 토미, 가이, 리치, 그리고 낸시에게

서문

 나는 어떻게 성장하는가? 영적으로 성숙한 사람은 어떤 모습인가? 왜 영적 성숙이 그렇게 어려워 보이고, 또 그렇게 느리게 이뤄지는가? 내가 정말 뭐가 달라질 수 있을까?

 루이스 스머즈의 말을 옮겨 보자면, 만일 당신이 소위 영적 생활이라는 것에 대해 좌절해 본 적이 있다면, 진정한 변화가 도대체 가능하기나 한지 의문을 품어 본 적이 있다면, 모든 것이 혼란스럽고 진퇴양난의 궁지에 빠졌다고 느낀 적이 있다면, 당신은 바로 나와 같은 종류의 사람이다. 이 책은 바로 당신 같은 사람을 위한 것이다.

 기독교의 복음은 인격의 변화가 정말 가능하다고 주장한다. 사실 그것이 결코 쉽지 않고 빨리 이뤄지는 경우도 드물지만, 하여간에 가능하다고 주장한다. 나는 때때로 그런 일이 사람들에게 일어나는 것을 보며, 이따금씩은 나 자신에게도 일어나는 것을 본다.

 예수님께 삶을 정돈하는 방법을 배우겠다는 마음으로, 열정을 가지고 진지해질 때마다 사람들에게 그런 일이 일어난다. 역사 이래로 지혜로운 사람들이 이것에 헌신해 왔지만, 예수님의 길은 재연구되고 모든 시대와 사회적 상황에 맞게 재적용되어야 한다.

 광야 한가운데 있는 수도원이 아닌, 고속도로와 승진서열과 컴퓨터 게임의 세계에 살고 있는 사람들에게 그 지혜의 일부를 전하기 위한 하나의 시도가 바로 이 책이다. 이 책을 그리스도의 길을 따르며 살라는 초청장으로 받아들이기 바란다. 왜냐하면 그것이야말로 정말 중요한 단 하나의 초대이기 때문이다.

 이 책의 원고 전부, 또는 일부를 읽고 격려와 제안을 해 줘서 더 좋은 책이 되게 해 준 몇 명의 사람들에게 감사하고 싶다. 그들은 맥스 드프리, 스콧과 로리 페더슨 부부, 리 스트로벨, 디터 잰더, 샘 리브스, 조디 윌리, 리처드 포스터, 빌 하이벨스, 미키 모들린, 존과 캐티 오트버그 부부이다.

글을 쓰기에 너무나도 좋은 장소를 제공해 준 존과 린다 앤더슨 부부에게 감사한다. 나의 아내 낸시는 나의 두서없는 생각들에 인내하며 훌륭한 반응을 보여 주었다.

존더반의 잭 쿠하쉑과 함께 일한 것은 큰 기쁨이었고, 그는 피드백과 자극의 원천이 되었다. 그의 그런 도움이 없었다면 지금과 같이 훌륭한 책은 없었을 것이다. 짐 루악 역시 이 책을 더 분명하고 구체적으로 쓸 수 있게 해 주었다.

특별히 달라스 윌라드의 도움에 감사한다. 영적 성장에 대한 그의 생각과 글은 다른 많은 사람들에게도 그렇지만, 나의 삶과 사역에 지대한 영향을 미쳤다. (사실 나는 개인적으로 이 책에 '쉽게 푼 달라스'라는 별명을 붙여 부르곤 했다.) 이 책의 부족한 점에 대해 그는 아무 책임이 없지만, 이 책의 장점 중 많은 부분은 그에게 힘입은 바가 크다.

평범 이상의 삶
the Life You've Always Wanted

차례

서문 _ 7

1. 변신 준비 완료 _ 13
2. 변화에 놀라다 _ 39
3. 훈련 vs. 노력 _ 63
4. 룰루랄라 즐거운 날 _ 91
5. 천천히 사는 삶 _ 119
6. 천국에 개입하다 _ 143
7. 적당히 작아지기 _ 169
8. 후회 이상의 삶 _ 201
9. 인도 받는 삶 _ 223
10. 자유의 삶 _ 247
11. 분열되지 않은 완전한 삶 _ 271
12. 잘 정돈된 삶 _ 297
13. 인내하는 삶 _ 321

주 _ 344

1
변신 준비 완료

변화에 대한 소망

이제 주님, 당신의 도움으로 저는 저 자신이 될 것입니다.[1]
쇠렌 오뷔에 키르케고르

나의 심령 속에 진주가 빚어지기 위한 고통을 나는 잠재울 수 없었다.
나는 그 고통을 본향을 향한 갈구로 진단한다.[2]
패트 컨로이

나는 나 자신에게 실망했다. 그 실망은 내가 한 구체적인 일이 아닌, 나의 사람됨에 대한 실망이다. 나는 모든 것이 잘되고 있지 않다는 느낌을 지울 수가 없다.

이렇게 실망하는 일들 중에는 사소한 것들도 있다. 나는 좀 더 남자다운 근육질 몸매가 되는 데는 신경 쓰지 않을 것이다. 또 나는 아주 간단한 집안 수리도 못하고, 재정 관리도 꽝이다.

지나치게 예민해서 실망하는 일도 있다. 예를 들면, 다른 사람들이 나에 대해 어떻게 생각하는지를 지나치게 신경 쓴다. 심지어 내가 모르는 사람들일 경우에도 말이다.

또 이렇게 실망하는 일들 중에는 사소한 정도를 넘어서서, 자기 몰입의 쓴 열매에 불과한 경우도 있다. 고등학교 동창회에 참석할 때면 나는 다른 동기들보다 더 매력적이고 더 주목할 만한 업적을 성취한 사람으로 돋보이고 싶은 갈망을 억제하기가 힘들다. 어떤 사람에게 매력적으로 보이고 싶어서 그 사람과 이야기를 나누지만, 내 입에서 나오는 말들은 이상할 정도로 평범하다. 그래서 나는 나 자신의 평범함에 실망한다. 나는 개리슨 케일러가 "태양신과 같은 존재, 미국의 왕, 수백만 명의 우상, 불을 일으키는 사람, 위대한 순례자, 성공의 화신"[3]이라고 한 그런 사람이 되고 싶다.

어떤 구체적인 일에 대해서의 실망은 더 크다. 밤에 자고 있는 자녀들을 물끄러미 바라보면서, 어떤 아버지가 되고 싶은지 생각해 본다. 아이들에게 동화 같은 행복한 시간을 만들어 주고 싶다. 아이들의 기억에 눈물이 날 정도로 웃었던 시간이 있기를 바라고, 동화책을 재미있게 읽어 주어서 그들이 독서를 좋아하게 되기를 원하고, 부드럽고 상냥한 말로 아이들을 타일러서 잠자리에 들게 하고, 아침에는 노래를 불러서 그들을 깨우고 싶다. 반딧불을 같이 쫓고, 테니스를 가르쳐 주고, 장난스레 음식을 가지고 다투고, 품에 안고 기도해 줌으로써 아이들이 소중히 여김 받는다고 느끼게 하고 싶다.

하지만 오늘 하루가 어떻게 지나갔는지 기억해 보면 아버지로서의 내 모습은 이렇다. 아이들이 체스 판을 가지고 싸우자 나는 그냥 방을 나와 버렸다. 아이들에게 갈등 해결의 방법을 가르쳐 주느라 에너지를 소모하고 싶지 않았기 때문이다. 또 저녁식사 시간에 딸아이가 체리 주스를 엎질렀을 때 나는 마치 그 아이가 성격의 큰 문제를 보인 것처럼 조심하라고 소리쳤다. 사실 나도 잘 엎지르는 사람일 뿐만 아니라, 나에게는 아무도 소리 지르지 않는데도 말이다. 내가 딸아이에게 소리 지르는 이유를 솔직히 이야기하자면, 나는 크고 그 아이는 작으며 나는 그 상황을 모면할 수 있기 때문이었다. 그때 딸아이의 눈을 통해 상처받고 혼란스러워하는 모습을 볼 수 있었다. 딸아이의 마음에 작은 상처를 주었다는 것을 알았을 때, 바로 그 60초의 시간을 되돌리고 싶었다. 밤에 아이들이 잠자리에 들 시간에 나는 천천히 부드럽게 말하지 않았고 아이들을 침대로 몰아넣었는데, 그것은 어서 나만의 시간을 갖고 싶었기 때문이었다. 이런 것들을 생각하면, 나는 나에게 실망한다.

비난 아버지로서의 삶에서만 그런 것이 아니다. 나는 남편으로서, 친구로서, 이웃으로서, 한 인간으로서의 내 삶도 실망스럽다. 내가 태어났을 때를 생각해 보면, 다른 모든 아기들과 마찬가지로 내게는 많은 가능성이 있었다. 그 어린 아기에 대해 생각하면서 나는 지금과는 달랐을 수 있는 여러 가지들에 대해 생각해 본다. 나는 영과 혼과 육을 좀 달리 계발했을 수도 있고, 다른 생각을 가졌을 수도 있으며, 내가 누리지 못했던 기쁨을 누렸을 수도 있다.

나는 아직도 하나님을 많이 사랑하지 않으면서 죄를 너무나 사랑하는 내 모습에 실망한다. 나는 어렸을 때 사람은 대부분 어려서 원하던 성인의 모습으로 성장할 거라고 생각했다. 그러나 어른이 되었지만 내 모습은 터무니없이 죄악된 모습뿐이다. 다른 사람이 나보다 더 눈에 띄게 성공하면 나는 엄청나게 시기할지도 모른다. 나는 내가 속이 좁고 옹졸하다는 데 실망한다. 기도하기 시작한 지 오래지 않아, 나의 생각은 오래 전에 용서했다고 생각했던 과거의 모욕적인 일에 대해 분개하며 앙갚음하려는 생각이나, 내가 거창한 일을 이루는

헛된 상상으로 흘러간다. 사람들에게 바쁘고 할 일이 많은 사람으로 보이도록 하면서도 사실은 많은 시간을 텔레비전 시청으로 보낸다.

이것은 단지 실망스러운 일들 중의 일부일 뿐이며, 내게는 다른 더 심각한 면들도 있다. 하지만 아직 그것들까지 지면에 옮길 준비는 되어 있지 않다. 사실 이런 글을 쓰는 것도 사실을 왜곡할 가능성이 있다. 나 자신의 단점에 민감한 정도가 사실보다 과장되어 보일 수 있기 때문이다. 때로 내가 얼마나 부족한지 알면서도 나는 그 사실에 대해 별로 괴로워하지 않는다. 그래서 나는 내가 별로 낙심하지 않는다는 것 때문에 더 실망하기도 한다.

이런 실망과 낙심은 어디로부터 오는 것인가? 오늘날 그 일반적인 대답은 자존감의 부족이라고 한다. 하지만 그것이 대답의 일부는 될 수 있겠지만, 결코 전부를 설명해 주지는 못한다. 더 오래되고 지혜로운 답변은 실망의 감정이 문제가 아니며, 실망은 단지 더 근본적인 문제를 반영할 뿐이라고 한다. 그리고 그 문제는 내가 하나님께서 나를 창조하셨을 때 계획하셨던 그 사람이 되지 못하고 있다는 것이며, 실망감은 하나님 아버지와 친밀하게 함께 있고 싶어 하는 내 마음의 '귀중한 고통'이다.

보편적인 실망

인간이 처한 상태에 대한 가장 심오한 말 중의 하나를 나는 다섯 살 때 들었다. 그 말을 한 사람은 나의 영웅이었던 뽀빠이였다. 좌절을 겪거나 무엇을 해야 할지 모르거나 자신에게 닥친 어떤 상황이 부당하다고 느낄 때, 뽀빠이는 단순하게 "나는 그저 나야."라고 말하곤 했다.

 뽀빠이는 세련된 남자가 아니었다. 그는 심리치료를 받은 적이 전혀 없었고, 그림자 자아나 내면 아이의 개념과도 철저히 무관했다. 우리가 아는 뽀빠이는 교육을 많이 받지도 않았다. 뽀빠이는 단순하고, 바다를 항해하고, 파이프로 담배를 피우고, 올리브를 사랑하는 선원이며, 절대로 자기 자신이 아닌 다른 어떤 사람인 척할 사람이 아니었다. 루이스 스머즈는 뽀빠이가 "개성 있는 자신만의 이야기를 가졌다."고 했다.[4] 그것은 이렇게 표현될 수 있다. "나는 그저 나야."

 그러나 나는 뽀빠이의 그 표현이 어딘가 슬프다고 늘 생각했다. 보통 그 표현은 뽀빠이의 부족함에 대한 설명이었다. 그 표현에는 큰 성장이나 변화에 대한 기대가 나타나지 않고, 현재 모습이 아닌 다른 모습의 뽀빠이가 될 가능성도 별로 보이지 않는다. 뽀빠이가 그 말을 할 때면 이렇게 말하는 것 같았다. "너무 기대하지 마. 나는 그저 나야. 그리고 이게 나의 전부야." 뽀빠이는 가장 힘든 순간에 이렇게 덧붙이곤 했다.

 이것은 인류 전체의 슬픈 외침이다. 당신도 당신 나름대로의 방법으로 그렇게 말해 왔고, 나 역시 그렇다. 우리는 이렇게 실망과 희망의 괴리 사이에서 분투해 왔다.

하나님을 하나님의 위치에 두지 않다
(DIS-APPOINT GOD)

실망시키다(disappoint)라는 단어는 내가 말하려는 개념 설명에 딱 들어맞는다. 나는 '제 위치를 벗어난'(dis-appoint) 상태에 있다. 나는 하나님께서 내게 살라고 하신 삶, 즉 나의 소명을 벗어나 있고, 하나님을 하나님의 위치에 두지 않고 있으며, 하나님께서 나의 삶 가운데 행하기를 갈망하시는 중심 역할로부터 그분을 제외시켰다. 나는 '하나님께서 하나님 되시게' 하기를 거부했고 나 자신을 하나님의 위치에 두었다. 그러면서 나는 그저 나일 뿐이라고 생각한다.

그러나 그것이 나의 전부는 아니다. 하나님께서는 태초에 계획하신 내 모습대로 되도록 나를 부르셨다. 이것이 키르케고르의 훌륭한 기도문에 잘 나타나 있다. 그는 이렇게 기도했다. "이제 주님, 당신의 도움으로 저는 저 자신이 될 것입니다."[5] 이 기도서는 영적 성장에 관한 책인데, 영적 성장이란 거룩하고 신비한 과정이며, 사도 바울이 "너희 속에 그리스도의 형상이 이루기까지 … 해산하는 수고"를 한다고 표현한 바로 그것이다(갈 4:19). 영적 성장의 목표는 예수님께서 우리의 몸을 온전히 통치하시는 대로 사는 것이다. 물론 여전히 우리가 산다. 하나님께서는 우리가 고유하게 창조된 우리 자신으로 살도록, 즉 우리의 기질, 우리의 유전자 조합, 우리의 배경에 따라 살도록 부르셨다. 영적 성장의 의미는 예수님께서 우리의 위치에서 사셨을 삶을 점점 더 닮아가고 따라 사는 것이다. 예수님께서 우리의 눈으로 보았을 때 깨달으셨을 것을 깨닫고, 생각하셨을 것을 생각하고, 느끼셨을 것을 느낌으로써 결국 그분이 행하셨을 것을 행하는 것이다.

이 책은 우리가 영적으로 성장하도록 돕고자 한다. 하지만 이 주제가 갖는 긴급성이 잘 표현되도록 영적 성장에 대해 쓴다는 것은 어렵다. 사람들은 너무나 자주 자신들의 '영적인 삶'을 '재정의 삶'이나 '직장생활'처럼 삶의 다른 여러 측면들과 대등하면서도 거의 별개인 것으로 생각한다. 그러면서 주기적으로 자신들의 '영적 삶을 쇄신하려는' 일환으로 좀 더 규칙적으로 기도하거나 어떤 영적 훈련을 받으려 한다. 그것은 마치 다이어트에 돌입하거나 예산 규모를 지키려고 노력하는 것과 비슷할 뿐이다.

사실, 영적인 삶이란 그저 사람의 삶을 의미하는 한 방법일 뿐이고, 그 삶은 하나님의 관점에서 바라본 모든 순간, 모든 삶을 의미한다. 이것을 달리 표현하자면 이렇다. 하나님께서는 당신의 '영적 삶'에 관심이 없으시다. 하나님께서는 그저 당신의 삶에 관심이 있으시고, 그 삶을 온전하게 회복하고 싶어 하신다.

하나님의 작품

서양문화에서 가장 위대한 예술 작품 중 하나는 미켈란젤로의 '피에타'인데 그것은 십자가에 못 박히셨던 그리스도를 안고 고뇌하는 마리아의 대리석상이다. 몇 년 전에 어떤 광신적 국수주의자가 그 작품을 망치로 부수어 훼손시켰다. 매우 많이 손상됐지만, 바티칸의 예술가들은 그 조각상을 거의 완벽한 상태로 복원하였다.

당신은 하나님의 걸작품으로 창조되었다. 바울은 이렇게 기록한다. "우리는 하나님의 포이에마(poiema)라"(엡 2:10). 이 단어는 하나님의 '만드신 바'(God's workmanship) 또는 더 나아가 하나님의 '예술 작품'을 의미한다. 하나님께서는 당신이 하나님뿐만 아니라 다른 인간들과 더불어 하나되도록 창조하셨다. 당신은 하나님과 함께 땅에 충만하고 땅을 정복하며, 하나님의 통치 아래에서 하나님의 도우심으로 모든 생물을 다스리도록 창조되었다(창 1:28 참조). 우리를 창조하실 때 하나님께서 행하신 일이 너무 선하시기 때문에 대조적으로 우리의 타락은 더 비극적으로 보인다. 이런 이유 때문에 나 자신에 대한 나의 실망은 더 커진다.

그러나 하나님께서는 우리 안에 손상된 그분의 형상을 회복시키기로 결심하셨다. 하나님의 계획은 단지 우리의 손상된 곳을 쓸 수 있을 만큼만 대강 수리하는 것이 아니다. 하나님께서는 우리를 아예 새 피조물로 만들기 원하신다. 그러므로 인류의 이야기에는 실망만 있는 것이 아니라, 사라지지 않을 소망도 있다.

사라지지 않을 소망과 복음

프래드릭 부케너는 모든 시대에는 동화(童話)가 있었다고 한다.[6] 우리 내면의 한 부분에서는 우리가 아는 이 세상이 전부가 아니라고 믿거나 혹은 그렇게 믿고 싶어 한다. 우리는 우리의 현실이 훨씬 더 매력적이기를 원한다. 인생의 끝이 죽음이 아니기를 바라고, 우주가 계속 뻗어나갈 수 있는 열린 공간이기를 바란다. 그래서 우리는 다른 세상의 존재를 말하는 동화들을 끊임없이 지어낸다.

그 동화들은 다른 세계의 존재를 주장할 뿐 아니라, 공통적인 특징으로 환상의 세계가 멀리 있지 않다고 말한다. 옷장 안으로 한 걸음 발을 내딛는 순간 당신은 나니아 나라로 들어갈 수 있다. 숲 속으로 걸어 들어가면 일곱 난쟁이가 사는 오두막이 있다. 동화에 등장하는 다른 세계는 생각보다 우리에게 훨씬 더 가까이 있다.

사실 가장 오랫동안 사라지지 않고 우리들에게 전해지는 이야기는 우리 내면의 갈망을 충족시키는 이야기들이다. 부케너는 이에 대해 『반지의 제왕』의 저자인 J. R. R. 톨킨의 말을 인용하였다.

> 훌륭하고 좀 더 차원 높은 완전한 동화의 특징은, 등장하는 사건이 아무리 자유분방하고 그 모험이 얼마나 환상적이고 무시무시하든지 간에, 이야기가 '전환점'에 도달했을 때 그 이야기를 듣는 아이들이나 어른들에게 숨이 막히고, 가슴이 두근거리고, 눈물을 흘리기까지 하는 경험을 주는 것이다(사실 그렇게 눈물을 흘리는 경우가 많다). 그 효과는 다른 어느 장르의 문학 작품에 못지않다.[7]

더욱이 동화는 우리 주변 세상의 변화에 대해 끊임없이 이야기한다. 대체적으로 동화에는 중심인물들의 변화가 등장한다. 개구리는 왕자가 되고, 미운 오리 새끼는 백조가 되며, 나무 인형은 진짜 남자 아이가 된다. 조지 맥도널드가 만들어 낸 영웅 커디는 다른 사람이 만질 때 말할 수 있었다.[8]

부케너는 이 모든 특징들이 복음과 동화의 공통점[9]이라고 말하지만, 한 가지 큰 차이점이 있다면 복음은 사실이라는 것이다.

예수님의 복음 선포는 다른 측면의 존재 방식, 즉 다른 세계가 존재하며 우리가 그것을 누릴 수 있다는 선언이다. "하나님의 나라가 가까웠으니 회개하고 복음을 믿으라."(막 1:15)고 예수님께서는 말씀하셨다. 복음이라고 번역되는 좋은 소식은 우리가 아는 타락한 이 세상이 이야기의 전부가 아니라 다른 왕국이 있다는 것이다. 그리고 그곳은 내가 앉아 있는 의자나 당신이 읽고 있는 책만큼이나 사실의 것이다.

이 예수님의 말씀은 세상 역사에 위대한 '전환점'이 도래했음을 선언한다. 폐쇄된 공간의 뚜껑이 열린 것이다. 예수님의 그 말씀을 누군가가 들을 때마다 그 말씀은 숨을 멈추게 하며, 가슴이 두근거리게 하고, 때로는 눈물을 흘리게 한다. 그 말씀은 여전히 그런 역사를 일으킨다.

특별히 좋은 소식은 하나님의 나라라는 세상이 생각보다 더 가까이 있다는 것이다. 평범한 사람도 그 나라를 누릴 수 있다. 자신이 종교적이거나 영적이라고 결코 생각해 본 적이 없는 사람들도 그 나라를 누릴 수 있다. 당신도 그 나라를 누릴 수 있다. 바로 지금 당신은 그 나라에서 살 수 있다.

여기에는 당신이 변화될 것이라는 의미가 포함되어 있다. 당신이 항상 지금의 당신 모습 그대로는 아닐 것이다. 지금과 비교할 수 없을 정도로 더 좋아지거나 더 나빠질 그날이 다가오고 있다.

C. S. 루이스는 그 소망을 이렇게 표현했다.

우리가 심각하게 생각해야 할 것이 있다. 그것은 우리가 살고 있는 사회의 사람들은 신과 같은 존재들이라는 것이다. 그리고 당신이 이제까지 이야기를 해 봤던 사람 중 가장 따분하고 재미없는 사람이 언젠가는 다른 존재가 될 것이다. 그래서 만일 당신이 지금 당장 그 존재를 본다면 경배하고 싶은 강한 충동을 느낄 수도 있고, 아니면 그 존재는 당신이 악몽에서나 볼 수 있는 끔찍하고 타락한 존재가 될 수도 있다. 하루 종일 우리는 이 두 가지 종착지 중 어느 쪽인가를 향해 나아가도록 서로를 어떤 방법으로든 돕고 있다. …

평범한 사람은 아무도 없다. 당신과 이야기 나눈 사람 중에 그냥 죽어 사라질 사람은 아무도 없다. 국가, 문화, 예술, 문명 등의 모든 것들은 사멸할 것이며, 그것들의 생명은 하루살이의 생명과도 같다. 그러나 우리가 농담을 나누고, 함께 일하고, 결혼하고, 얕보고, 착취하는 사람들은 불멸의 존재들이므로, 불멸의 불쾌한 존재가 되거나 영원한 영광의 존재가 될 것이다.[10]

이런 이유 때문에 예수님께서 오셨다. 그리고 이것이 영적 삶의 구도이다. 당신은 루이스가 말한 '영원한 영광의 존재'가 되도록 부름 받았다.

돌이켜야 한다

하나님께서는 변화를 이루신다. 오랫동안 인류에게 소망이 없었을 때, 모세라는 한 사람이 떨기나무 앞을 지나가게 되었다. 그는 전에도 그 나무를 본 적이 있다. 아마 수백 번은 보았을 것이다. 그런데 이번에는 뭔가 달랐다. 거기에는 '전환점'이 있었고, 나니아 나라로 들어갈 수 있는 옷장 문이 열렸으며, 하나님의 임재로 떨기나무에 불이 붙었다.

모세는 "내가 돌이켜 가서 이 큰 광경을 보리라 떨기나무가 어찌하여 타지 아니하는고."라고 했다(출 3:3). 모든 여건이 모세로 하여금 돌이켜 가게 했고, 단조로운 일상의 흐름을 깨뜨리게 했다. 모세가 꼭 그렇게 해야 했던 것은 아니다. 모세는 다른 사람들과 마찬가지로 다른 쪽을 보았을 수 있다. 모세는 출애굽의 사건, 이스라엘 민족의 구원, 자신의 소명, 자신의 존재의 이유를 알지 못했을 수도 있고, 하나님을 알지 못했을 수도 있다.

그러나 모세는 그 모든 기회를 잃지 않았고 멈추어 섰으며, '돌이켜 갔다.'

하나님께서는 새로운 인류 공동체를 시작하고 싶으시며, 모세가 그 공동체를 이끌기 바란다고 말씀하셨다. 하나님께서는 모세가 초강대국의 수장인 바로에게 가서 이제는 이스라엘 백성 전체의 노동력을 더 이상 사용할 수 없다고 말하기를 원하셨다. 그런데 모세는 하나님의 시간 감각을 좀 이상하게 여겼다. 아마도 사십 년 전이었다면 이해가 되었을 것이다. 그때의 모세는 젊고 강했으며, 선진 애굽 문명의 최고 교육의 혜택을 받은 사람이었다. 그러나 이제 모세는 오지 사막에서 양을 치는 보잘것없는 무명의 양치기였고, 자신의 민족으로부터 손가락질 받고 애굽에서 도망친 사람이었다.

모세는 질문했다. "내가 누구관대 바로에게 가겠습니까? 아무도 나를 알지 못합니다. 나는 말이 느리고 혀가 둔한 자입니다. 나도 이런 나 자신에게 실망했습니다. 나는 그저 나일 뿐입니다."

이런 모세의 반응에 대답하신 하나님의 말씀은 당신과 나, 그리고 수백만의 다른 모세들에게 하신 말씀이다. "그건 내가 잘 안다. 그러나 그것은 정말 중요한 것이 아니다. 왜냐하면 내가 너와 함께할 것이기 때문이다. 사실 궁극적으로 볼 때 너는 더 이상 죄인이거나 부적절한 자가 아니다. 지금 너의 모습이 너의 전부가 아니다. 지금 너의 모습이 앞으로도 계속 너의 모습이지는 않을 것이다. 내가 너와 함께하리라."

그 말씀에 대해 모세는 충분히 그럴 만한 반응을 보였다. "당신은 누구십니까? 내가 이스라엘 자손에게 가서 우리 조상의 하나님이 나를 너희에게 보내셨다 하면 그들이 내게 그의 이름이 무엇이냐고 물을 텐데 내가 그들에게 무엇이라고 말하겠습니까?"

그러자 하나님께서는 대답하셨다. "나는 스스로 있는 자니라." 하나님께서는 하나님의 이름을 알려 사람들이 그분을 친근하게 여기기를 원하셨다. 바로 그 하나님께서 인간의 역사 속에서 이미 활발히 역사해 오셨고, 그 당시나 지금이나 불타는 떨기나무 앞에서 돌이키려 하는 모든 사람들을 변화시키고자 하신다.

"나는 아브라함과 사라, 이삭과 리브가의 하나님이다. 나는 내 백성을 돌보는 하나님이다. 내 자녀들이 내가 그들을 보지 않고 있다고 생각할 때에도 나는 그들의 비극을 보았다. 내가 듣지 않는다고 그들이 생각할 때에도 나는 그들의 신음 소리를 들었다. 나는 네가 갈대에 숨겨져 있을 때 보았고, 네가 사막에서 도망자가 되었을 때에도 보았던 하나님이다." 그리고 또한 이 하나님은 불타는 떨기나무 가운데 숨으셔서 작은 음성으로 말씀하시는 하나님이시다.

하나님께서는 이렇게 말씀하신다. "희망을 가지라! 네가 알듯이, 나는 나이니라."

목표의 변화

수년 전에 미국의 여섯 살짜리 어린이들의 주된 관심의 대상은 '파워변신돌격대'라는 십대 영웅들이었다. 일본에서 저예산으로 제작된 그 프로그램은 히트할 것 같지 않았다. 하지만 그 프로그램이 가진 매력은 등장인물들이 '변신'한다는 것이었다. 보통 때 그들은 평범한 청소년들이었지만 필요할 때면 자신들을 초월하는 능력에 연결되어 정의를 위해 싸우는 영웅들이 되었다. 그들은 위기가 닥치면 "지금이 변신할 때다!"라고 외치며 모였다. 그 구호와 함께 특별한 일을 할 수 있는 능력을 가진 사람으로 변신했다.

그 프로그램은 공전의 히트를 기록하여 변신이라는 용어가 잡지

기사나 일상의 대화에 흔히 쓰이기 시작했고, 이 말은 앞으로도 계속 쓰일 것이다. 우리는 흔히 어떤 사람에게 심각한 태도의 변화가 필요할 때면, "지금은 변해야 할 때야."라고 말한다.

변신하고 싶어 하는 것은 단지 여섯 살짜리들만은 아니다. 변화에 대한 갈망은 모든 사람의 마음속에 깊이 자리 잡고 있다. 그래서 사람들은 심리치료를 받고, 헬스클럽에 가입하고, 회복 프로그램에 참여하고, 자신을 돕는 책을 읽으며, 동기부여 세미나에 참석하고, 새해를 맞을 때마다 새 결심을 한다. 변화의 가능성이 있다는 것은 희망을 가질 수 있게 하는 핵심 요인이다. 심리학자인 애런 베크에 의하면, 인간관계에 가장 악영향을 미치는 생각은 상대방이 변화될 가능성이 없다는 생각이다.[11]

변신(*morph*)이라는 작은 단어는 긴 역사를 가지고 있다. 그것은 신약 성경에 나타난 가장 의미심장한 헬라어 단어들 중 하나에서 직접적으로 연유하며, 어떤 의미에서 이 작은 단어는 신약 성경 전체의 기반을 이룬다. 모르푸(*morphoo*)의 의미는 '한 인간의 핵심적 속성의 내적이고 진정한 형성'이다. 이 단어는 모체 내에서 태아의 형성과 성장을 묘사하는 데도 사용된다.

바울은 "너희 속에 그리스도의 형상이 *이루기까지*"(갈 4:19)에서 이 단어를 사용했다. 바울은 사람들 안에 그리스도께서 거하시기까지, 그들이 그리스도의 성품과 선하심을 자신들의 전 존재로 표현하기까지 고뇌했다. 바울은 그들이 말하자면, 영적 임신 과정에 있다고 말했는데 그것은 우리도 마찬가지다. 우리가 영적 성장과 내면이 아름다워질 가능성으로 임신되었다는 사실은 너무나도 위대하기 때문에, 우리의 생명 속에 그리스도의 형상을 이룬다는 것 외에는 달리 표현할 길이 없다.

또 바울은 이 단어의 파생어를 로마의 그리스도인들에게 이야기할 때 하나님께서 그들을 미리 정하사 "그 아들의 형상을 본받게" 하셨다는 표현 중에 사용하였다(롬 8:29). 여기에 쓰인 수모르피조(*summorphizo*)라는 단어는 다른 것과 동일한 형태를 갖는 것, 어떤 것을 영구적으로 비슷하게 만드는 것 등을 의미한다. 영적 성장은 빚어지는 과정이다. 우리와 그리스도의 관계는 조각상과 그 조각상의 원형의 관계와 같다.

이 단어의 또 다른 형태를 로마서 다른 곳에서도 볼 수 있다. 바울은 우리를 둘러싼 세상을 본받지 말고 "마음을 새롭게 함으로 *변화를 받아야*" 한다고 우리에게 가르치고 있다(롬 12:2). 메타모르푸(*metamorphoo*)라는 이 단어에서 영어 단어 메타모르포시스(*metamorphosis*, 모습이나 본질의 완전한 변화)가 유래되었다. 기어다니던 애벌레가 탈바꿈하여 하늘로 솟아오르는 나비가 되듯이, 변화의 과정을 거칠 때 우리는 하나님의 자녀가 확실히 될 수 있다.

변화를 입고 나면, 예수님께서 해야 할 일들을 내가 하는 것이 아니라 자발적으로 그 일들을 하기 원하며, 그 일들이 내게 매력적이고, 마땅히 해야 할 일로 보인다. 나는 그저 옳은 일을 하려고 노력하는 것이 아니라, 나 자신이 올바른 종류의 사람이 된다.

평범한 사람들은 특별한 변화를 가능하게 하는 능력을 받을 수 있다. 바울은 지금이 변신할 때라고 한다. 사람들에게 이것을 상기시키기 위해 나는 우리 교회에서 작은 교독문을 만들어 교인들과 함께 나눈다. 나는 교인들에게 이렇게 말한다. "지금은 변신할 시간입니다." 그러면 교인들은 대답한다. "우리는 정말 변신할 것입니다."

영적 삶에서 우선의 목표는 인간의 변화이다. 죽은 후에 어디로 갈지 분명히 알게 하고, 풍성한 내면의 삶을 누리게 하며, 많은 성경 지식을 갖게 하는 것 등은 모두 좋은 것들이지만, 그것이 영적 삶의 최우선 목표는 아니다.

우선의 것을 우선으로 삼자. 영적 삶의 첫 번째 목표는 인간의 갱생이다. 지금은 변신할 때이다.

이 목표는 항상 추구되어야 한다. 아주 오랫동안 내 삶은 매우 좋지 않은 일들로 가득 차 있었다. 그것들은 내가 '영적 성장을 위한 도구'로 삼은 기도와 성경 공부, 큐티 시간이다. 그리고 그것들을 통해 내가 오랜 시간에 걸쳐 배운 것은 모든 순간마다 예수님같이 사는 방법, 하나님 나라를 누리며 사는 방법 등이었다. 하지만 그것들은 오히려 내 삶을 제한했다.

나는 나를 '돌이키게' 하는 실제적이고 구체적인 방법들이 있음을 발견하게 되었다. 엘리자베스 배럿 브라우닝은 이런 시를 썼다.

> 지상은 하늘나라로 가득하네
> 모든 평범한 떨기나무마다 하나님의 불이 붙어 있네
> 그러나 그것을 보는 자만이 신을 벗네
> 그것을 못 본 나머지 사람들은 산딸기를 딸 뿐이네.[12]

이 책의 목적은 삶의 모든 순간과 활동을 통해 당신이 변신의 목적을 달성하도록 돕는 것이다.

메이블의 변신

평범한 사람들의 삶을 하나님께서 어떻게 변화시키시는지 살펴보는 것은 각자에게 큰 도움이 된다. 여기 내 친구의 친구인 한 사람을 소개하고자 하는데, 그녀의 이름은 메이블이다. 다음의 글은 나의 친구인 톰 슈미트가 쓴 것이다.

시립요양병원은 즐거운 곳이 아니다. 이 병원은 규모가 크고 운영 인력이 부족하며, 연로하고 무력하고 외로운 상태로 죽어 가는 사람들을 과다 수용하고 있다. 가장 밝은 날에도 그 병원의 내부는 어둡고, 질병과 퀴퀴한 소변 냄새가 난다. 나는 4년 동안 매주 한두 번씩 그 병원에 가지만, 결코 그곳에 가는 것을 좋아하지 않았고, 그 병원에서 나올 때면 늘 안도감을 느꼈다.

그러던 어느 날, 처음 가 본 복도에 있있는데 그 복도에는 최악이 상태의 환자들만 있는 것 같았다. 침상이나 휠체어에 있는 환자들이 그렇게 무력해 보일 수가 없었다.

그 복도 끝에서 휠체어에 앉아 있는 한 할머니를 보았다. 그분의 얼굴은 끔찍했다. 앞을 못 보는 듯한 초점 없는 눈동자, 귀에 꽂은 큰 보청기, 얼굴 한쪽은 암으로 변색되어 고름이 나고 있었고, 그 때문에 코는 찌그러졌고 눈은 하나밖에 없었으며, 턱 관절이 일그러져 입 가장자리가 있어야 할 위치에 아랫입술이 있어서 계속 침을 흘리고 있었다. 나중에 들은 바에 의하면 신참 간호사들이 오면, 감독자들은 그 간호사들이 그 할머니를 돌보게 했는데, 신참 간호사들이 이 모습을 견딜 수 있다면 이 병원 내의 다른 어떤 것도 견딜 수 있다고 생각했기 때문이다. 그때 89세이셨던 이 할머니가 눈멀고, 거의 듣지 못하고, 병상에 누워 혼자서 있은 지는 25년이 되었다고 했다. 그 할머니가 메이블이다.

왜 내가 그 할머니에게 말을 걸었는지 나도 모르겠다. 그 할머니는 그 복도에 있던 사람들 중에서 가장 반응을 보이지 않을 것 같은 사람이었다.

어쨌든 나는 그 할머니의 손에 꽃을 쥐어 드리고 말했다. "이것은 꽃이에요. 어버이날을 축하드립니다." 할머니는 꽃을 들고 냄새를 맡으려 애쓰며 말했다. 그런데 놀랍게도 할머니의 말은 일그러진 얼굴 때문에 알아듣기 어렵긴 했지만, 맑은 정신에서 나오는 말이었다. "고맙습니다. 아름다운 꽃이군요. 그렇지만 다른 사람에게 줘도 될까요? 나는 눈이 멀어서 보지 못하니까요."

"그럼요." 나는 할머니를 휠체어에 앉히고 활동이 가능한 환자를 찾아 복도를 따라갔다. 한 사람을 찾은 후 나는 휠체어를 멈추었다. 메이블은 꽃을 내밀며 이렇게 말했다. "이것을 받으세요. 예수님께서 주시는 거예요." 나는 그때 이분이 보통 사람이 아니라는 생각이 들었다. 나는 다시 휠체어를 밀어서 할머니를 병실로 모시고 가서 할머니의 사연을 들어 보았다.

할머니는 작은 농장에서 태어나서 어머니가 돌아가실 때까지 함께 그 농장을 운영하다가, 어머니가 돌아가신 후에 1950년까지 혼자서 농장을 운영했고, 앞을 못 보게 되고 병들어서 이 요양병원으로 보내졌다. 그 후 25년 동안 할머니는 더 약해지고 병들었는데, 상습적인 두통, 요통, 위통 등을 겪다가 암까지 걸리게 되었다. 할머니와 같은 방에 있는 세 사람은 모두 식물인간으로 어쩌다가 신음소리를 낼 뿐 아무 말이 없는 사람들이었다. 같은 방에 있는 환자들은 환자복에다 자주 대소변을 보았는데 병원에 인력이 부족하고, 내가 보통 방문했던 일요일에는 더욱 그랬기 때문에 악취가 진동했다.

메이블 할머니와 나는 친구가 되었고 그 후 3년간 매주 한두 번씩 할머니를 만났다. 할머니는 나를 만날 때마다 침대 옆에 있는 사탕을 권하곤 하셨다. 내가 할머니께 성경을 읽어 드리다가 중간에 잠깐 쉴 때면 할머니는 기억을 따라 그 말씀을 한 글자도 틀리지 않고 외우시곤 하셨다. 또 찬송가를 불러 드린 적도 있는데 할머니는 오래된 찬송가들의 가사를 다 알고 있었다. 이것은 단지 기억력에서 나온 것이 아니었다. 할머니는 자주 찬송가를 부르시다가 중간에 멈추고 자신의 상황과 특별히 관련이 있다고 생각하는 구절에 대해 간단한 말을 덧붙이곤 했다. 할머니가 외로움이나 고통에 대해 말한 것은 오직 찬송가 구절에 대해 덧붙이는 말을 할 때뿐이었다.

할머니를 만날수록 내가 할머니에게 도움이 될 거라는 나의 생각은 바뀌었다. 나는 할머니를 만나러 갈 때마다 필기구를 준비해 가서 할머니께서 말씀하시는 것들을 기록하기 시작했다.

기말고사로 복잡했던 어느 주, 동시에 열 가지를 생각해야 하는 나의 상황 때문에 낙심했다. '메이블 할머니는 매 시간, 매일, 매주… 지금이 낮인지 밤인지도 모르면서 무슨 생각을 하고 사실까?' 할머니께 여쭈어 보았다. "메이블 할머니, 누워서 무슨 생각을 하세요?" "나의 예수님에 대해 생각하지."

단 5분도 예수님에 대한 생각으로 집중하지 못하는 내 모습을 부끄러워하며 또 이렇게 물었다. "예수님에 대해 무슨 생각을 하십니까?" 할머니는 신중하고 느릿느릿하게 대답하셨다.

"나는 예수님께서 내게 얼마나 선한 일을 하셨는지에 대해 생각해. 예수님께서는 내가 사는 동안 내게 너무나 큰 선을 베푸셨어. 세상에서 가장 큰 만족을 누린 사람 중 하나가 바로 나야. 많은 사람들은 내 생각에 별로 신경 쓰지 않고 내가 구식이라고 생각하겠지만, 나는 그래도 상관없어. 내게 예수님보다 귀한 것은 없어. 예수님이 나의 모든 것이야."

그리고 메이블 할머니는 오래된 찬송가를 부르기 시작했다.

예수는 나의 힘이요
내 생명 되시니

구주 예수 떠나가면

죄 중에 빠지리

눈물이 앞을 가리고

내 맘에 근심 쌓일 때

위로하고 힘주실 이

주 예수

이것은 지어낸 이야기가 아니다. 믿기 어려운 사실로 들리겠지만, 한 인간이 정말로 이런 삶을 살았다. 어떻게 그 할머니는 그렇게 할 수 있었는가? 일 분, 하루, 한 주, 한 달, 일 년을… 고통 속에서 지켜 주는 사람도 없이, 이 모든 일이 왜 일어났는지에 대한 설명도 없이 흘러갔지만 할머니는 그곳에 누워서 찬송을 불렀다. 어떻게 그렇게 할 수 있었는가?
메이블 할머니는 당신이나 내가 가지지 못한 것을 가지고 있었다. 그녀에게는 능력이 있었다. 침대에만 누워 움직일 수도, 볼 수도, 들을 수도, 말을 나눌 사람도 없었지만, 그녀에게는 능력이 있었다.[13]

평범한 사람이지만, 특별한 일을 할 수 있는 초자연적 능력을 받은 사람이 바로 그녀다. 그녀의 삶 전체는 그녀가 처한 상황에서 최선을 다해 예수님을 따르는 것으로 이루어졌는데, 그 삶은 인내하며 고통을 참는 것, 혼자 고요히 거하는 것, 기도, 성경 묵상, 줄 수 있는 한 송이 꽃이나 사탕 하나가 있을 때 나눠 주는 삶이었다.
그녀는 자신의 상황에서 이렇게 말했다. "나는 예수님께서 내게 얼마나 선한 일을 하셨는지에 대해 생각해. 예수님께서는 내가 사는 동안 내게 너무나 큰 선을 베푸셨어. 세상에서 가장 큰 만족을 누린 사람 중 하나가 바로 나야." 이 광경을 상상해 보라. 이것은 시편 23편의 말씀이 현실화된 삶이다. "여호와는 나의 목자시니 내가 부족함이 없으리로다."

'돌이키려' 하는 사람들에게 메이블의 병원 침대는 불붙은 떨기나무이다. 그 장소는 평범하고 고통으로 가득한 세상 중에 하나님께서 임재하신 곳이었다. 그녀의 병실을 본 다른 사람들은 자신들의 신을 벗길 원했다. 이 세상의 한계가 열리고, 전환점이 찾아옴으로써 숨막히고, 가슴이 두근거리고, 눈물이 흐르는 순간이 되었다. 그곳은 거룩한 땅이었다.

평범한 인간에게 이런 삶이 가능하다고 믿는가? 당신에게 그것이 가능하다고 믿는가? 이것은 예수님께서 선언하신 복음, 즉 좋은 소식에 약속된 것이다. "하나님 나라가 가까웠으니 회개하고 복음을 믿으라." 예수님께서 전하신 복음은 이제는 평범한 사람들이 하나님의 임재와 하나님의 능력 가운데 사는 것이 가능해졌다는 것이다. 예수님께서 증거하신 복음은 당신이 숨질 때 천국에 들어갈 수 있는 최소 요구 조건이 아니다. 그 복음은 인간의 생명, 즉 바로 당신의 생명의 영광스러운 회복에 대해 말씀한다.

지금은 변신할 때이다.

변신 준비 완료

토론을 위한 질문

1. 저자는 우리 모두 실망하며 사는 현실에 대해 말한다. 그는 "모든 것이 잘 되고 있지 않다는 느낌을 지울 수가 없다."고 했다. 당신의 삶을 되돌아볼 때, 당신이 실망했던 일 중 한 가지는 무엇인가?

2. 키르케고르는 "이제 주님, 당신의 도움으로 저는 저 자신이 될 것입니다."라고 기도했다. 하나님께서는 당신이 어떤 사람이 되기를 원하시는가?

> 출애굽기 3:1~15 읽기

3. 모세는 여정 중에서 어떻게 일상의 일과로부터 돌이켜 갈 수 있었고, 그것은 그의 나머지 생활에 어떤 영향을 끼쳤는가?

만일 모세가 일상의 일과로부터 돌이켜 가서 하나님께서 말씀하시는 것을 듣는 수고를 하지 않았다면, 모세의 삶과 이스라엘의 역사가 어떻게 달라졌을까?

4. 삶의 속도를 늦추고 하나님께서 하시는 일을 보려고 일상에서 한걸음 돌이켰던 때를 기억하고 설명해 보라.

삶의 속도를 늦추고 하나님을 향해 돌아섰던 것이 당신의 삶에 어떤 영향을 미쳤는가?

> 출애굽기 3:11~15; 4:1~17 읽기

5. 이 본문에서 모세와 하나님은 서로의 입장을 설명하는 대화를 나눈다. 모세는 자신이 이스라엘 백성을 인도할 수 없는 이유를 이야기하면서 하나님께 어떤 논거를 제시하는가?

모세가 하나님의 소명을 거부하려 할 때마다 하나님께서는 어떻게 반응하시는가?

6. 하나님께서 당신의 삶을 변화시키셔서 하나님께서는 원하시는 사람으로 '변신'하고 싶은 갈망을 강하게 느꼈던 때를 설명해 보라.

그 갈망이 어떻게 실현되고 있는가?

7. 톰 슈미트는 거의 25년을 침대에 누워 보낸 메이블이라는 할머니의 이야기를 썼다. 눈도 안 보이고 귀도 들리지 않는 그녀는 삶을 변화시키시는 예수님의 능력에 대한 놀라운 예였다. 아름다운 변화를 일으키는 능력이 예수님께 있음을 보여 준 한 사람을 안다면, 그에 대해 말해 보라.

함께 기도하기

두 가지 기도 제목으로 기도하라.

- 예수님을 따르는 동안 하나님께서 변화시키신 당신의 삶에 대해 감사하고 찬양하는 기도를 드리라.

- 하나님께서 당신의 삶을 움직이시고 빚으시는 변화의 경험이 계속되도록 기도하라.

삶에 적용하기
떨기나무 불꽃을 만난 것은 모세의 삶에서 강력한 변화의 순간이었다. 이때 모세는 기꺼이 돌이켜 가서 하나님을 만났기 때문에 모든 것이 달라졌다. 모세처럼 우리도 돌이켜 가서 하나님을 만나야 한다. 하나님께서 말씀하실 수 있도록 우리의 삶을 정돈해야 한다. 삶의 속도를 늦추고, 하나님께서 우리의 심령과 삶에서 어떻게 움직이기 원하시는지 볼 수 있는 시간을 의도적으로 내야 한다.

지난주를 돌아보라. 만일 수첩이나 달력에 매일의 스케줄을 기록하고 있다면, 그것을 자세히 점검해 보라. 돌이켜 가서 하나님을 만난 적이 있는가? 당신의 스케줄에는 하나님께서 원하실 때 돌이켜 가서 하나님을 만날 수 있는 여유가 있는가?

이번 주의 일정을 점검하면서 돌이켜 가서 하나님을 만나고, 하나님의 말씀에 귀 기울이며, 나를 변화시킬 하나님의 능력과 목적들을 맞아들일 수 있는 여유를 찾으라.

삶을 위한 묵상
당신의 삶에서 하나님께서 변화시키고자 하심을 알지만, 솔직히 변화되고 싶지 않은 (혹은 변화의 희망을 포기한) 영역은 무엇인가? 그 영역의 변화를 갈망하도록 성령께서 새롭게 해 주시고, 성령이 주시는 변화의 능력을 소망하게 해 달라고 기도하는 시간을 가지라.

좀 더 생각해 볼 문제들

1. 사람들을 뽀빠이처럼 의기소침하게 만들어서 "나는 그저 나야."라고 말하게 하는 것은 무엇인가?

2. 그룹원 중 한 명이 22~23쪽에 있는 C. S. 루이스의 글을 읽으라.

3. 만약 "당신과 이야기 나눈 사람 중에 그냥 죽어 사라질 사람은 아무도 없다."고 정말 믿는다면, 다음의 사람들에 대한 당신의 행동은 어떻게 바뀌겠는가?

- 친한 친구
- 철천의 원수
- 배우자
- 부모
- 동료나 학교 친구

2
변화에 놀라다

영적 삶의 목표

**만일 당신이 어떤 따분한 형식의 헌신에 대해 지겹게 느낀다면
십중팔구 하나님도 당신만큼 그것을 지겹게 느끼실 것이다.**[1]
프랭크 로바흐

**'영성'이라는 것이 잘못 이해되고 추구되는 것이
인간의 비극과 하나님께 대한 반역의 주원인이다.**[2]
달라스 윌라드

절대 변하지 않는 남자

우리가 행크라고 부르는 까다로운 사람이 있다. 그는 미소를 짓는 일이 좀처럼 없었고, 미소를 짓는다 해도 그 미소에는 비웃음이 있었다. 그는 행복의 바다에서 나쁜 소식의 섬을 찾아내는 독특한 성격을 갖고 있었다. 다른 사람들에게는 맑은 하늘만이 보일 때 그는 늘 구름을 찾아내곤 했다.

행크는 어떤 사람에게도 인정받지 못했다. 만약 자신이 어떤 사람을 칭찬하면 그가 교만해질 거라는 가정 하에 모든 행동을 하였고, 모든 사람들이 늘 겸손하도록 종용했다. 그는 교만을 제거하기 위해 일하는 사람 같았다.

그는 늘 불평했다. 죄수가 쇠사슬과 쇠구슬을 달고 다니듯이 늘 판단과 비판을 달고 다녔다. 평생 교회를 다녔지만, 그를 얽어맨 그 사슬은 결코 풀리지 않았다.

어느 날 교회의 한 집사가 그에게 물었다. "행크, 행복합니까?" 잠시 말을 멈춘 후 행크는 무표정한 얼굴로 대답했다. "예."

"그러면 당신의 표정으로 한 번 표현해 보십시오."라고 집사가 말했다. 그러나 사람들이 알기로, 아직까지 행크가 표정으로 그것을 표현한 적이 결코 없다.

기쁨이 없는 행크의 행동은 가끔 엉뚱하게 다른 사람들에게 웃음을 주었다. 행크의 첫 번째 불평은 교회의 음악에 대한 것이었다. "음악이 너무 시끄럽습니다!"라고 행크는 교회 직원들에게 불평하기 시작해서 집사들, 안내원들, 결국에는 교회에 처음 방문한 무고한 사람들에게까지 불평했다.

마침내 우리는 행크를 따로 불러서 처음 온 사람에게까지 불평을 늘어놓는 것은 좋지 않으며, 절친한 친구들에게만 불평하라고 말했다. 우리는 그것으로 끝났다고 생각했다.

몇 주 후, 산업안전보건청(OSHA)의 직원이 나를 만나러 왔다. 그 직원은 "저는 불만사항을 조사하기 위해 왔습니다."라고 말했다.

누가 이 사람들을 불렀을까 생각하고 있는데, 그 직원은 공항과 록 콘서트의 소음 측정 기준 수치에 대해 말하기 시작했다.

나는 말했다. "잠깐만요. 교회 직원들 중 누가 신고한 것이 분명합니까?" 그는 설명했다. "아닙니다. 누구든 저희에게 전화를 하면, 그 신고자가 여기서 일하든, 일하지 않든 우리는 조사해야 합니다."

행크가 "우리 교회의 음악 소리가 너무 큽니다."라고 말했고, 그래서 그곳에서는 조사하기 위해 연방정부의 직원을 보냈던 것이다.

다른 직원들이 산업안전보건청에서 나온 공무원을 보기 위해 내 사무실에 몰려 들었다. 나는 그 공무원에게 말했다. "이 문제를 가볍게 여기려는 것은 아니지만, 전에는 이곳에서 이런 일이 없었습니다." 그는 말했다. "사과하실 필요가 없습니다. 제가 교회를 조사하러 간다고 했을 때 제 사무실에 있는 사람들이 얼마나 웃었는지 모릅니다."

행크의 즐거움 없는 태도는 코미디로 끝났지만, 슬픔을 낳을 때가 더 많았다. 그의 자녀들은 그를 인격적으로 알지 못했다. 그의 아들은 춤추는 곳에서 자신의 배우자를 만난 멋진 로맨스가 있지만, 이 이야기를 아버지인 행크에게 하지 못했다. 왜냐하면 행크는 춤추는 것을 찬성하지 않았기 때문이다. 행크는 아내나 자녀들, 그리고 이웃들을 사랑하지 못했다. 그리고 쉽게 화를 냈다. 그는 가난한 사람들을 돕지 않았고, 억양이나 피부색이 다른 사람들을 경멸했다. 한때 그는 기쁨과 놀라움과 감사를 가졌을지도 모르지만 그것들은 퇴색해 버렸다. 그는 비평하고 판단하고 불평했고, 그에 따라 그의 영혼은 점점 더 위축되었다.

우리는 진정 변화를 기대하는가?

행크는 변하지 않고 있었다. 이전에 그는 까다로운 젊은이였고, 후에는 까다로운 노인이 되었다. 그러나 그가 변하지 않는다는 것보다 더 큰 문제는 아무도 그 사실에 대해 놀라지 않는다는 것이었다. 마치 모든 사람들이 그의 영혼이 매년 계속해서 더 시들어가고 더 심술궂어지기를 바라는 것 같았고, 그런 상황에 대해 염려하는 사람은 아무도 없는 것 같았고, 그것은 사람들을 당황스럽게 하는 비정상적인 일이 아닌 것 같았다.

그의 문제를 해결하기 위해 어떤 교회 상담자도 초빙되지 않았고, 영적 삶을 위한 교회의 전반적인 지침을 준수하면서도 변화되지 않는 이 이상한 사람의 사례를 조사하기 위해 긴급회의가 소집되지도 않았다.

교회 임직원이 기대했던 사항들은 이런 것들이다. 우리는 행크가 몇 가지 믿음의 고백들을 인정하기를 기대했다. 우리는 그가 예배에 참석하고, 성경을 읽고, 교회를 재정적으로 지원하고, 규칙적으로 기도하고, 어떤 죄들을 짓지 않기를 기대했다. 그러나 우리가 기대하지 않은 것들도 있다. 예수님께서 행크의 입장이라면 어떤 사람이셨을까에 대해서, 그리고 행크가 그런 사람이 될 것이라고 전혀 기대하지 않았다. 행크가 날마다 더 사랑스럽고, 더 즐겁고, 더 친절하고, 더 아름다운 성품을 갖게 될 것이라고 기대하지 않았다. 행크가 기쁨과 호의가 넘치고 생수의 강이 흘러넘치는 사람이 되는 중이라고 기대하지 않았다. 그렇기 때문에 그에게 아무런 변화가 없어도 우리는 놀라지 않은 것이다. 만일 그런 일이 일어났다면 우리는 놀랐을 것이다!

우리들 대부분은 변화되고 그리스도를 더욱 닮기 원한다. 그런데 그것이 이루어지고 있는가? 갤럽 조사에 따르면, 미국인 열 명 중 아홉 명이 매일 기도한다고 말하며, 인구의 거의 삼분의 일에 해당하는 팔천사백만 명의 미국인들이 그리스도를 구주로 영접했다고 말한다.[3]

그러나 윌리엄 아이버슨이 썼듯이 "1파운드의 고기는 사분의 일

파운드의 소금에 영향을 받는데, 만일 이 기독교인들이 진정한 기독교인이고 '이 땅의 소금'이라면 예수님께서 말씀하신 것 같은 소금의 효과는 어디에 있는가?"[4]

사람들이 계속해서 변화할 것이라고 기대하지 않기 때문에, 우리는 오늘날 교회에서 제시하는 영적 성장의 기준이 사람들의 삶을 변화시키기에 적합한지 질문하지도 않는다.

우리는 이런 현 상황에 대해 심각하게 생각하고 그것으로부터 나오도록 노력해야 한다. C. S. 루이스는 이렇게 말했다. "백사장에서 휴가를 보내는 것이 얼마나 좋은지 모르기 때문에 진흙탕에서 놀고 싶어 하는 철없는 어린아이와 같다. 우리는 너무 쉽게 만족한다."[5]

사실 행크의 문제는 단지 그가 변하지 않는다는 것이 아니다, 그의 문제이면서 또한 '너무 쉽게 만족하는' 우리 모두의 문제인 그것은 우리의 상태를 이전보다 더 나쁘게 변화시킬 방법을 선택한다는 것이다.

사이비 변화

진정한 변화를 체험하지 못할 때 생길 큰 위험은 사이비 변화로 만족하게 된다는 것이다. 그리스도인인 우리는 세상으로부터 나와 그것과 구별되도록 부르심 받았고, 우리의 믿음과 영적 결단으로 세상과는 달라야 한다는 것을 알고 있다. 그러나 만일 우리가 큰 사랑과 기쁨이라는 그리스도인의 표지를 갖지 못한다면, 우리는 우리 자신을 비그리스도인들과 구별할 수 있는 다른 방법을 필연적으로 찾게 될 것이다.

이런 모습은 종교적인 열심을 가진 사람들에게 불가피하게 나타난
다. 만일 우리가 내면으로부터 변화되지 않는다면 우리는 비그리스
도인과 다르다고 느낄 수 있는 외적인 방법을 찾고 싶어 할 것이다.
또 지식을 갖거나 규칙에 순응하는 것으로만 만족할 것이다.

경계 표시 신앙

제임스 던의 글에 따르면, 주후 1세기 경의 랍비들은 할례, 음식에
대한 규례, 안식일 준수에 대한 글을 많이 썼다.[6] 이 사실은 이상하
다. 왜냐하면 경건한 랍비 중에서 이런 문제들이 율법의 핵심이라고
말할 사람은 아무도 없었기 때문이다. 랍비들은 율법의 핵심을 알았
다. "이스라엘아 들으라 우리 하나님 여호와는 오직 하나인 여호와
시니 너는 마음을 다하고 성품을 다하고 힘을 다하여 네 하나님 여호
와를 사랑하라"(신 6:4, 5). 이것이 핵심인데 왜 그들은 그 세 가지 관
습에 초점을 맞추었는가?

그 대답의 일부는 '정체성'이나 '경계 표시' 때문이라는 것이다.
집단은 배타적인 성향이 있다. 내부인들은 자신들을 외부인과 구별
하고 싶어 한다. 그래서 그들은 경계 표시를 한다. 경계 표시는 눈에
매우 잘 띄고 표면에 드러나는 관습들인데, 예를 들어 특정 어휘의
사용이나 의복이나 어조 등이다. 이것들을 사용하는 목적은 집단 내
부의 사람들과 집단 외부의 사람들을 구별하려는 것이다.

예를 들어, 1960년대에 샌프란시스코의 헤이트 애즈버리 지역에
서 당신이 운전하고 있다고 생각해 보라. 정지 신호에 서 있는데 온
통 평화 상징으로 뒤덮여 있는 폴스크바겐 승합차가 당신 옆에 멈추

어 섰다. 게다가 그 차 뒤에는 "전쟁을 하지 말고 사랑을 나누자"라는 스티커가 붙어 있고, 운전자는 장발에 화려한 넥타이를 매고 큰 안경을 끼고 있다면, 당신 옆에서 운전하는 사람이 히피라는 것을 알 수 있을 것이다. BMW 자동차를 모는 운전자가 구찌 구두를 신고, 로렉스 시계를 차고, 머리에 무스를 바르고 있는 것을 본다면, 당신은 그 사람은 여피족[7]임을 알 수 있을 것이다. 폭주족 역시 그들이 선호하는 것을 통해 구별되는데, 그들의 옷은 가죽으로 된 검정 재킷이고, 문신을 했다. 이렇듯이 농부들과 의사들과 정치가들과 록 스타들 모두 자신들의 그룹에 속한 사람들만의 개성으로 구별시키는 방법을 가지고 있다.

그렇다면 1세기에 할례, 음식에 대한 규례, 안식일 준수 등이 중요했던 이유가 명확해진다. 매우 뚜렷하고 표면으로 나타나는 관습이기 때문에 하나님의 민족 내부에 있는 자들과 외부에 있는 자들을 확실하게 구별시켜 주는 경계 표시였다.

더 나빴던 점은 내부에 있는 자들이 교만해지고 외부인들을 판단하는 자세를 가졌다는 것이다. 그것을 통해 사람들을 보기만 해도 누가 양이고 누가 염소인지 구별할 수 있었다. 이것이 바로 사이비 변화이다.

영적인 삶은 그 중심으로 정의된다

예수님께서는 그렇지 않으셨다. 예수님의 메시지는 단지 종교적 문화에 순응하는 것이 아니라, '새로운 피조물'로 변화되고자 하는 인간의 깊은 갈망에 호소하는 것이었다. 예수님께서는 경계에 초점을 맞추는 대신, 영적인 삶의 본질과 중심에 초점을 맞추셨다. 율법의 본질을 단지 "하나님을 사랑하고 사람을 사랑하라."는 것으로 정의하셨다(마 22:37~39 참조). 예수님께서는 누가 하나님의 자녀인지 구분하기 위해 근본적으로 다른 방법을 제시하셨다. 그것은 바로 "하나님을 사랑하는가? 그리고 하나님께 소중한 사람들을 그들도 사랑하는가?"였다.

초기 예수님의 제자들은 이것을 분명히 이해했다. 사도 바울은 많은 영적 '표지들'을 가졌으면서도, 중심이 없는 것에 대해 이렇게 썼다. "내가 사람의 방언과 천사의 말을 할지라도 사랑이 없으면 소리나는 구리와 울리는 꽹과리가 되고 내가 예언하는 능이 있어 모든 비밀과 모든 지식을 알고 또 산을 옮길 만한 모든 믿음이 있을지라도 사랑이 없으면 내가 아무것도 아니요"(고전 13:1, 2). 요한은 좀 더 명백히 말한다. "사랑하는 자는 하나님께로 나서 하나님을 알고 사랑하지 아니하는 자는 하나님을 알지 못하나니 이는 하나님은 사랑이심이라"(요일 4:7, 8).

이런 이유 때문에 예수님 당시의 종교 지도자들은 할례, 음식 법, 안식일에 대해 예수님과 그렇게 자주 싸웠던 것이다. 예수님께서는 단지 율법 해석에 대해 그들과 의견을 달리 했던 것이 아니다. 예수님께서는 자신들을 하나님의 백성으로 생각하던 그들이 위협을 느끼게 하셨다.

오늘날의 경계 표시

경계를 짓는 관습은 1세기에 사라지지 않고, 그 후로도 계속되었다. 내가 성장한 교회는 훌륭한 교회였고 나는 그 교회에 많은 은혜를 빚

지고 있다. 그러나 그 교회에도 나름대로의 경계 표시가 있었다. 예를 든다면, 담임 목사가 교만과 원한을 품고 있다 할지라도, 정통적인 설교를 하고 교회가 성장하도록 이끌었다면 목사의 사역은 위기 없이 계속된다. 그러다가 만일 어느 주일 아침에 예배를 마치고 성도들과 인사할 때 목사가 담배를 피운다면, 저녁 예배 시간에는 그 목사를 볼 수 없을 것이다. 왜 그런가? 교인 중 담배 한 개비를 피우는 것이 교만과 원한에 불타는 것보다 더 큰 죄라고 말하는 사람은 아무도 없을 것이다. 그러나 우리에게 있어서 흡연 여부는 경계 표시였고, 양과 염소를 구별하는 방법이었다.

바로 그런 이유 때문에 경계 표시는 신학적 의미 이상의 심리적 중요성을 갖는다. 경계 표시를 침범하는 행위는 우리의 정체성 의식을 위협하는 일이었다.

물론 여러 가지 믿음과 가치관의 차이에 의해 그리스도를 따르는 자와 따르지 않는 자로 구분되는 것은 필연적인 일이다. 예수님께서 스스로 말씀하셨듯이 그분께서 오신 것은 "화평이 아니요 검을 주기" 위해서였다(마 10:34). 그럼에도 한 집단의 사람들이 경계를 표시하는 이유는 그것을 이용하여 다른 사람들을 배척하고 잘못된 우월감을 강화하기 위해서이다.

종교적 경계 표시는 시대에 따라 계속 바뀐다. 1970년대 후반에 내가 다녔던 기독교 대학은 캠퍼스 내에서 재즈 음악을 연주하지 못하도록 했는데, 그 규칙은 20세기 초에 제정된 것이었다. 50여 년이 지난 그때까지도 아무도 그 규칙을 폐지하지 않은 이유는 믿음을 타협하는 것처럼 보일까 봐 두려웠기 때문이다. 아이러니한 것은 펑크 록이나 헤비메탈을 듣는 데는 아무 제한이 없었고, 단지 루이 암스트롱의 재즈 음악만 금지되었다.

깊이 생각해 본다면, 당신의 신앙적 배경이 자유주의이건 보수주의이건, 개신교이건 가톨릭이건 간에, 당신에게도 정체성 표시가 있음을 알 수 있을 것이다.

경계 지향의 신앙은 사람의 위치에 초점을 맞춘다. 집단의 내부에 있는가, 외부에 있는가, 그리고 경계 표시로 무엇이 중요한지를 밝히는 데 많은 에너지를 소모한다.

그러나 예수님께서는 늘 사람들의 중심에 초점을 맞추셨다. 사람들이 영적 생활의 중심(하나님과 사람에 대한 사랑)을 지향하며 그것을 향해 나아가고 있는가, 아니면 그것으로부터 멀어지고 있는가를 중요시하셨다. 그래서 예수님께서는 당시의 많은 종교 지도자들이 하나님의 나라 바깥에 있다는 충격적인 언급을 늘 하셨던 것이다. 그 종교 지도자들은 모든 공인된 경계 표시를 준수했지만, 행크가 그랬듯이 사랑이 없는 자들이었다. 오히려 예수님께서는 종교적 문화와는 거리가 멀지라도 돌이키고, 변화되고, 하나님과 사랑을 향해 나아가는 '세리와 창기들'이 이미 하나님 나라에 있다고 말씀하셨다(마 21:31). 그것이 그 당시의 큰 모순이었다. 죄인들이 자신들의 죄로 인해 받는 해보다 '의로운' 자들이 자신들의 의로움 때문에 받는 해가 더 컸던 것이다.

영성의 왜곡

진정한 영성에 대해 오해했기 때문에 인류는 막대한 피해를 입었다. 비극적인 사실은 잘난 체하고 판단할수록 더 영적인 사람이 되는 것으로 생각할 수 있다는 것이다. 사이비 변화는 마크 트웨인이 말했듯이 "세상에서 가장 나쁜 의미에서 좋은 사람"이 되는 것이다.

영적인 삶이 무엇인지 확실히 아는 것은 사소한 일이 아니다. 그것은 영혼의 생명과 죽음이 달린 문제이다. 셸던 반 오큰은 그리스도인들이 하나님으로부터 생명을 공급받을 때 기독교에 대한 논란이 가장 크게 일어난다고 했다.[8] 그러나 그리스도인들이 배타적이고, 자기 의를 과시하고, 자만할 때에도 기독교에 대해 큰 논란이 일어난다.

달라스 윌라드는 이렇게 기록한다.

얼마나 많은 사람들이 그리스도인들의 무감각하고, 거만하고, 다가가기 어렵고, 지루하고, 활기가 없고, 강박관념에 사로잡히고, 만족하지 못하는 모습 때문에 참된 길을 영원히 외면하는가?

그런 그리스도인들은 도처에 있다. 그들이 잊고 있는 것은 균형 잡힌 생명력으로부터 솟아나는 온전한 활력과 하나님의 사랑의 법 안에서 누리는 자유함이다. … 영성을 잘못 이해하고 추구하는 것이야말로 인간의 비참한 상태와 하나님께 대한 반역의 원인이다.[9]

내가 진정한 변화 대신 사이비 변화에 만족하고 있는지 어떻게 알 수 있는가? 예수님께서는 마태복음에서 무엇을 경계해야 할지 알려 주신다.

1. 나는 영적으로 진실한가?

"화 있을진저 … 너희가 잔과 대접의 겉은 깨끗이 하되 그 안에는 탐욕과 방탕으로 가득하게 하는도다"(마 23:25).

진실하지 않은 것에는 영적으로 보이려는 노력도 포함된다.

전에 어떤 사람이 내가 사역하는 교회가 세속적이지 않냐고 물었다. 나는 그에게 물었다. "무엇을 가지고 '세속적'이라고 합니까?" "당신의 교회에서는 드라마를 하는데 그것은 세상의 것과 비슷하죠. 또 현대적인 음악을 예배 시간에 사용하는데 그것 역시 사람들이 세상에서 많이 듣던 것입니다. 그러면 당신 교회가 세상과 다르다는 것을 어떻게 알 수 있습니까? 그리스도인인 우리는 세상의 사람들과 달리 더 사랑하고 더 친절해야 한다는 것을 모든 사람들이 알고 있지만, 우리는 그렇지 못합니다. 그러니까 달라 보일 수 있는 다른 무언가를 해야 되지 않겠습니까?"

다시 말해서 그 사람의 말은 우리가 거룩하지 못하다면, 특이하게라도 보여야 되지 않겠느냐는 것이었다.

사실 나는 그 사람의 말처럼 행동한다. 최근에 나는 내가 몇 년 전 한 친구에게 쓴 편지를 다시 읽어 보았는데, 대부분의 내용은 당시 일어나고 있는 일들에 대한 것으로 격의 없고 자연스러웠다. 그리고 나서 마지막에 하나님 및 나의 영적 생활에 대해 몇 구절을 썼는데 그 구절들은 자연스럽지가 않았다. 그 구절들은 계산되고 인위적이었고, 마치 영적인 사람이라면 당연히 말해야 할 것 같은 말들이었다. 그것을 통해 내가 하나님에 대해 말하는 순간에도 사람들에게 '영적으로' 보이려고 애쓴다는 것을 깨닫게 되었다. 나는 내 죄를 숨기려 애쓴다. 실제 내가 가진 사랑보다 더 깊은 사랑을 가진 사람으로 보이려고 애쓴다.

한 어린 소년이 주일학교에 갔는데 그 소년은 주일학교에서 어떤 질문을 받는다면 어떻게 대답해야 하는지를 잘 알고 있었다. 선생님이 물었다. "갈색이고, 털이 많고, 꼬리가 길고, 겨울을 나기 위해 나무 열매를 저장하는 것이 무엇이죠?" 소년은 자신 없이 말했다. "답은 예수님이겠죠. 그렇지만 사실 내 생각에 그것은 다람쥐 같아요."

나 역시 항상 같은 대답을 하려는 경향이 있다. 심지어 내가 말하는 내용을 잘 모르면서도 영적인 것처럼 보이는 말을 하려고 애쓴다. "답은 예수님이겠죠…."

2. 비판적이거나 배타적이거나 교만한가?

"그들은 잔치의 상석과 회당의 상좌에 앉는 것을 좋아하느니라"(마 23:6).

영적 성장을 중요시하는 사람이 가질 수 있는 문제는 교만이다. 우리가 덕을 추구하기 시작하는 순간, 우리는 왜 다른 사람들에게는 우리만큼 덕이 없는지 판단하기 시작한다. 위대한 신비주의자 십자가의 성 요한은 이렇게 썼다.

> 영적 성장을 추구하기 시작한 사람들이 자신들이 얼마나 열정과 열심을 가지고 영적인 일과 헌신적 훈련에 참여하는지 인식하기 시작할 때, 그들에게는 은근한 교만이 자라기 시작한다. … 그들은 자신들의 모습과 행위를 생각하면서 어떤 만족감을 느끼기 시작한다. … 그리고 자신들처럼 헌신되지 못한 사람들을 볼 때 마음속에서 정죄한다.[10]

윌로크릭교회에서 나와 동역한 리 스트로벨이 자주 인용하는 말이 있는데, 그것은 심슨이라는 만화 캐릭터가 그 이웃인 종교적 근본주의자에게 어디 갔다 왔는지 물었을 때 그 이웃이 대답한 말이다. "우리는 교회 수련회에 갔었어요. 우리는 어떻게 하면 좀 더 비판적이 될 수 있는지 배웠답니다."

한 작은 그룹의 사람들을 처음 만나면, 내 내면의 어떤 목소리는 즉시 그 사람들을 분류하기 시작했다. "이 사람은 가난하고 경제적으로 자립하지 못했어. 그러니 멀리 해. 저 사람은 똑똑하고 얻을 것이

많아. 그러니 관계를 맺으려고 노력해." 왜 나는 항상 사람들에게 등급을 매기는가? 마치 그들이 올림픽에 출전한 선수들이고 내가 심판이기라도 하듯이 말이다. 왜 나는 그렇게도 자주 나 자신을 다른 사람들과 비교하는가? 마치 우리가 무슨 경기라도 하고 있듯이 말이다.

인간의 이런 모습 때문에 하나님께서는 때로 은혜를 베푸셔서 우리가 우리 자신의 성장을 보지 못하게 하신다. 장 코사드는 말했다. 하나님께서는 항상 우리 안에서 일하시지만, 많은 경우 하나님께서 하시는 일은 "우리가 모르는 채 이루어지고, 완성되고, 성취된다."[11]

3. 접근하기 쉬운 사람인가, 어려운 사람인가?

"그들은 … 랍비라 칭함을 받는 것을 좋아하느니라"(마 23.6, 7).

예수님 당시의 문둥병자와 창기와 세리들은 랍비에게 가까이 갈 수 없었다. 랍비들은 자신들의 영성 때문에 사람들로부터 멀리해야 한다는 잘못된 생각을 가지고 있었다. 참 아이러니인 사실은 그렇기 때문에 사회에서 소외된 자들이 접촉할 수 있었던 유일한 랍비는 하나님 자신이셨다는 것이다.

예수님께서는 소외된 자들이 가장 접근하기 쉬운 분이셨다. 종교 지도자들이 가진 특별함은 사람들을 멀리하게 한 반면, 예수님께서 가지신 특별함은 사람들을 그분께로 더 가까이 이끌었다. 진정한 영

성이란 바로 그런 것이다.

4. 영적 성장을 추구하면서 점점 지쳐 가는가?

"또 무거운 짐을 묶어 사람의 어깨에 지우되"(마 23:4).

의를 추구하면서도 왜곡된 목표를 가졌다면, 그것을 추구할 때 우리는 항상 지친다. 스티븐 모슬리는 우리가 다음과 같은 사람이 됨으로써 우리가 가진 미덕의 가치를 떨어뜨린다고 말한다.

> 세상을 밝히는 매력적인 빛이 되기보다 세상과 조화되지 않는 '특이한 사람들'이 될 때, 그 결과 우리의 도덕성이 갖는 호소력은 약해진다. 우리의 외침은 한구석에서 혼자 처량하게 울리고, 우리의 어색한 행동은 즐거움을 누리는 데 방해물이 되고, 우리가 파티를 반대하는 이유를 중얼거리지만 아무도 그것을 귀 기울여 듣는 사람이 없고, 우리는 결국 한 걸음 뒤쳐져서 시대에 뒤떨어진다. … 우리의 이런 추구는 세속적인 동시대인들에게 편협하고, 심지어 하잘것없게 여겨진다.[12]

그는 경계 표시를 추구하는 영성의 특징을 잘 파악했다. "슬프게도, 관습적 종교 덕목은 사람들을 위축시킬 뿐 아니라 또한 사람들에게 아무런 매력도 없다."[13]

"위축시킬 뿐 아니라 또한 아무런 매력도 없다."는 표현이야말로 경계 표시를 추구하는 영적 삶의 특징이다. 이런 영적 삶이 사람들을 위축시키는 이유는 안식일을 지키는 것 한 가지에 대해서도 무려 서른아홉 개의 규칙이 있기 때문이다. 또한 그것은 사람들에게 아무 매력도 없다. 왜냐하면 그 모든 규칙을 지키는 데 우리의 삶을 헌신한다 해도 우리의 마음에는 사랑과 기쁨이 없기 때문이다.

이것이야말로 교회 안에 있는 사람들이 그렇게 자주 지치는 이유이다. 경계 표시를 지키고, 종교적 문화에 순응하는 것은 사람의 마음을 사로잡을 만큼 호소력 있는 비전이 되지 못한다. 그리고 그것은 하나님의 의도가 아니다.

5. 나의 영적 생활을 피상적으로 평가하고 있는가?

"소경된 인도자여 하루살이는 걸러내고 약대는 삼키는도다"(마 23:24).

어떤 사람이 당신에게 "요즘 당신의 영적 삶은 어떻습니까?"라고 묻는다면, 당신은 무엇이 가장 먼저 떠오르겠는가?

오랫동안 나는 몇 가지 특별한 행위의 관점에서만 나의 영적 삶에 대해 생각했다. 어떤 사람이 나의 영적 생활이 어떤지 물었을 때, 나는 첫 번째로 경건의 시간을 매일 갖고 있는지, 기도와 성경 읽기를 매일 하고 있는지를 생각했다. 그때 하루도 빠짐없이 기도하고 성경 읽기를 게을리 하지 않았다면 내 영적 생활이 성공적이라고 말했을 것이고, 만약 그렇지 않다면 큰 죄책감을 느꼈을 것이다. 이 두 가지를 빼먹지 않은 날은 하나님께서 나와 함께하실 거라는 확신 속에서 하루를 지냈다. 기도와 성경 공부는 내게 있어서 영적 상태의 측정 도구였다.

나는 큐티를 노트에 기록했다. 그런데 시간이 없어 하나님과의 시간을 갖고 싶지 않을 때조차도 나는 이 노트에 단 한 줄이라도 무언가를 남겼다. 그것은 하나님의 인정을 받기 위해서였다. (나도 내가 왜 그랬는지 모르겠다. 하나님께 큐티 노트를 제출해야 한다는 생각이라도 한 것일까?) 나는 규칙적으로 경건의 일기를 기록하는 것으로 나 자신의 영적 삶을 평가하고 있었다. 심지어 큐티 내용을 안 쓴

지 오래됐을 때를 위한 전략을 만들어 내기까지 했다. 아무것도 쓰지 않은 날에는 "○○일자 묵상 내용을 보라."고 적어 두었던 것이다.

그러나 하나님께서는 경건의 일기를 몇 번이나 기록했는가를 가지고 우리의 삶을 평가하지는 않으신다. 얼마 전 선물 받은 한 책에서는 그 책을 쓴 목표가 독자로 하여금 "매년 340 내지 350회의 경건의 시간"을 갖게 하는 것이라고 제시하고 있었다. 마치 그것이 핵심인 것처럼 말이다.

이것은 내 추측인데, 만일 어떤 사람이 사도 바울이나 사도 요한에게 그들의 영적 삶이 어떤지 물었다면, 사도 바울이나 사도 요한은 먼저 "하나님과 사람에 대한 나의 사랑이 깊어지고 있는가?"라고 자문해 보았을 것이다. 진정한 쟁점은 우리가 어떤 종류의 사람이 되고 있는가이다. 성경 읽기나 기도의 실행이 중요한 이유는 그것이 우리가 얼마나 영적인 사람인지를 증명하기 때문이 아니고, 그것을 통해 하나님께서 우리를 생명 가운데로 인도하실 수 있기 때문이다. 우리는 바울이 에베소교회에 쓴 편지의 내용을 매일 체험하도록 부르심 받았다. "긍휼에 풍성하신 하나님이 우리를 사랑하신 그 큰 사랑을 인하여 허물로 죽은 우리를 그리스도와 함께 살리셨고"(엡 2:4, 5).

아주 오래 전에 딸아이와 함께 만화 영화 〈백설 공주와 일곱 난쟁이〉를 보러 갔다. 그것은 그 아이가 태어나서 처음 보는 영화였다. 한 시간 반 동안 우리는 다른 세상에 있었다. 나는 그 영화가 두 살짜리 아이에게 어떤 영향을 주는지 알지 못했다. 딸아이는 나쁜 계모를 볼 때, 백설 공주가 독 사과를 깨물 때, 백설 공주가 저주에 걸릴 때마다 울었다.

내가 운 장면은 좀 달랐다. 백설 공주가 오두막집을 청소하며 "언젠가 나의 왕자님이 오실 거야."라고 노래할 때 갑자기 백설 공주가 내 딸아이 같은 생각이 들었고, 나는 누구일지는 모르지만 내 딸아이의 '왕자님'이 나타나서 딸아이가 데리고 가 버릴 것만 같았다. 그 순간 나는 난쟁이들의 심정에 공감하기 시작했다. 백설 공주에게 자신들의 집을 내어 주고 백설 공주를 위해 목숨까지도 내놓았지만, 그 바보 같은 여자아이는 먹어서는 안 될 사과를 먹고 잠들어서 난쟁이들의 마음을 찢어 놓았다. 그리고 나서 왕자가 나타나서 입맞춤으로 백설 공주를 깨우자 백설 공주는 뒤돌아보지도 않고 왕자와 함께 가 버렸다. 물론 당연히 그렇게 되어야 하는 이야기였지만 말이다. 그것이 백설 공주의 운명이었다.

그리고 또한 그것이 우리의 운명이다.

우리 모두는 금지된 열매를 먹었다. 우리 모두는 독사과를 머었다. 그리고 우리는 모두 저주에 빠졌다. 우리는 모두 일종의 살아 있는 죽음의 상태를 자초했다.

그래도 왕자님은 오신다. 그래서 우리가 저주에서 풀려나 자유를 누리고, 죽음을 벗어나 생명을 얻게 하신다. 그래도 왕자님은 오셔서 그분의 신부에게 입 맞추신다. 그럴 때마다 어딘가에서 누군가가 잠깨어 일어난다. 그것이 바로 생명이다.

잠자는 자여 일어나라!
죽음에서 일어나라!
그리스도께서 네게 비취시리라!
(엡 5:14 참조).

변화에 놀라다

토론을 위한 질문

1. 우리 모두는 행크처럼 까다롭고 비판적인 사람들과 관계했던 경험이 있다. 그 사람의 이름은 말하지 말라. 당신의 삶은 당신이 아는 행크로부터 어떤 영향을 받았는가?

2. 규칙과 규정들을 따를 것이라 기대했던 사람들이 예수님을 닮는 삶을 살도록 이끄는 데 실패했다면, 어떤 결과들이 생길 수 있겠는가?

3. C. S. 루이스는 "우리는 백사장에서 휴가를 보내는 것이 얼마나 좋은지 모르기 때문에 진흙탕에서 놀고 싶어 하는 철없는 어린아이와 같다. 우리는 너무 쉽게 만족한다."라고 말했다. 당신의 어떤 면이 이와 같은가?

마태복음 23:1~28 읽기

4. 예수님께서는 율법 교사들과 바리새인들에 대해 많은 말씀을 하셨다. 그 리더들은 모두 경계 표시 신앙의 연구와 적용에 대한 박사학위를 취득했다고 할 수 있다. 그들의 경계 표시들에는 어떤 것들이 있는가?
믿음에 대한 그들의 접근법을 예수님께서 어떻게 느끼셨는가?

오늘날에도 존재하는 그런 경계 표시의 예들에는 무엇이 있는가?

5. 때로 우리의 영적 탱크는 차서 넘치고, 어떤 때는 영적 고갈을 느낀다. 아래의 탱크는 현재 당신의 탱크를 보여 준다. 당신의 탱크는 어느 정도 채워졌는가? 그리고 그렇게 된 이유는 무엇인가?

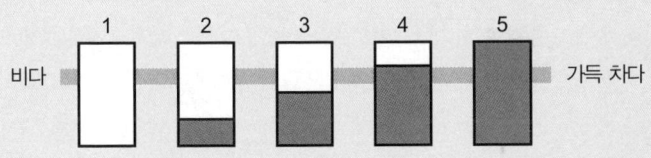

6. 당신의 탱크를 가득 채우고 있는 참된 영적 성장의 연료는 무엇인가?

당신의 탱크를 텅 비게 하는 것은 무엇인가?

당신의 탱크를 채워서 참된 그리스도인의 삶을 살도록 하기 위해 이번 주에 실천할 일은 무엇인가? 그리고 그 성장의 영역에서 당신을 점검해 줄 수 있는 사람은 누구인가?

7. 어떤 사람이 당신에게 "당신의 영적 생활은 어떻습니까?"라고 질문한다고 하자. 당신 삶의 어떤 부분으로, 자신의 영적 생활을 측정하고 판단하겠는가?

우리의 영적 생활을 측정할 수 있는, 건전하고 그리스도를 영화롭게 하는 기준은 무엇인가?

함께 기도하기

영적 고갈을 느끼고 탱크의 수위가 낮은 그룹원들을 위해 기도하는 시간을 가지라. 하나님께서 임재하셔서 그들을 새롭게 채워 주시고 그들의 믿음이 새로워지고 진실해지도록 기도하라.

삶에 적용하기

다음 주에 그룹원 중 한 명을 위해 매일 기도하거나, 격려의 편지를 보내거나, 용기를 북돋아 주는 등, 창의적인 방법으로 교제하라.

삶을 위한 묵상

저자는 경계 표시 신앙에 대해 썼다. 당신의 교회나 공동체의 영적 문화를 반영하는 경계 표시들은 무엇인가?

- 어휘
- 복장
- 주로 하는 것
- 주로 하지 않는 것
- 예배 스타일

당신은 경계 표시 신앙의 함정을 어떻게 피하며, 참된 믿음 안에서 성장하기를 어떻게 추구하고 있는가?

개인의 훈련

저자는 지상에 살았던 모든 사람들 중 가장 접근하기 쉬웠던 분은 예수님이라고 말한다. 부자, 가난한 자, 여자, 남자, 학식 있는 사람, 소박한 사람들 모두가 예수님께 끌렸다. 아래의 표에 당신이 얼마나 다가가기 쉬운 사람인지 표시하라.

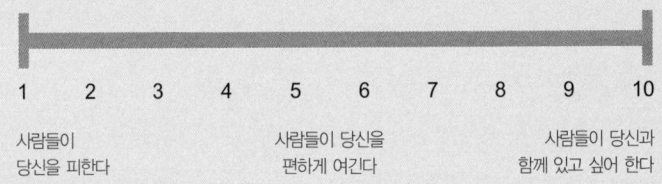

| 1 | 2 | 3 | 4 | 5 | 6 | 7 | 8 | 9 | 10 |

사람들이 당신을 피한다 / 사람들이 당신을 편하게 여긴다 / 사람들이 당신과 함께 있고 싶어 한다

당신이 더 다가가고 싶은 사람이 되고, 예수님을 더 닮기 위해서 무엇을 할 수 있는가?

좀 더 생각해 볼 문제들

1. 우리 안에 삶을 변화시키는 하나님의 참된 역사가 일어나고 있는 것이 아니라, 우리가 사이비 변화에 안주하고 있음을 드러내는 징후들은 무엇인가?

> 신명기 6:1~9, 마태복음 22:37~40 읽기

2. 이 본문은 경계 표시 신앙과는 어떻게 상반되며, 어떻게 우리를 진정한 믿음으로 이끄는가?

3. 당신의 현 위치를 아래의 그림에 표시하라. 당신의 영적 생활에 대한 하나님의 뜻을 좀 더 실현하기 위해 무엇을 해야 하는가?

율법주의적 경계 표시 신앙 ┤─────────────────├ 하나님과 사람들에 대한 진정한 사랑

4. 저자는 남을 잘 판단하는 배타적인 성향에 대해 썼다. 판단하는 교만한 인격이 우리의 마음을 가득 채우도록 허용한다면 어떤 결과들이 생기겠는가?

- 우리들에게
- 교회에
- 교회 밖의 사람들에게

3
훈련 vs. 노력

영적 훈련에 대한 진리

제자의 도가 없는 기독교는 그리스도가 없는 기독교이다.[1]
디트리히 본회퍼

어느 날 당신이 집에서 맛있는 간식을 먹으며 느긋하게 앉아 텔레비전을 보고 있는데, 갑자기 한 무리의 사람들이 급한 메시지를 가지고 나타난다. "좋은 소식이 있습니다! 우리는 미국 올림픽위원회에서 왔습니다. 다음 올림픽의 마라톤 경기에 나갈 사람을 찾기 위해, 컴퓨터에 저장된 전국의 모든 사람에 대한 초등학교 운동회 성적, 체형, 골밀도, 현재 체지방도 등의 자료를 조사했습니다. 그 결과, 2억의 사람들 중 마라톤으로 미국에 금메달을 안겨 줄 사람은 당신이라고 결정했습니다. 이제 당신은 선수단에 뽑혔고, 경기에 나갈 것입니다. 이것은 일생일대의 기회입니다."

당신은 그 말을 듣고 놀란다. 왜냐하면 지금까지 당신이 가장 멀리 뛰어 본 거리는 소파에서 냉장고까지뿐이기 때문이다. 그러나 처음의 충격이 가라앉고 난 후, 당신은 당신의 인생에 무슨 일이 일어나고 있는지 분명히 알게 된다. 세계 최고의 선수들과 어깨를 나란히 하는 모습을 그려 본다. 꿈에는 단상에 올라서서 국가가 연주되는 것을 듣고 국기가 올라가는 것을 보며 금메달을 목에 걸기 위해 몸을 굽히는 것이 나온다.

당신은 마음이 급하다. 운동복을 입고 수십억의 사람들이 텔레비전으로 지켜보는 가운데 설 사람은 바로 당신이기 때문이다. 그러나 어떤 외적 압력보다 더 큰 것은 내적인 충동이다. "나는 이 경주를 위해 태어났어. 이것이 내 운명이야. 이것이 내가 태어난 이유야. 내 일생일대의 기회야!"

이 경주는 당신의 인생에서 큰 열정의 대상이 되고, 당신의 마음을 장악하고, 깨어 있는 순간마다 떠오른다. 마라톤 경주를 하는 것, 그리고 가능한 한 이기는 것이 당신이 존재하는 이유의 핵심이 된다. 그것 때문에 당신은 아침에 침대에서 일어나고, 그것을 위해 산다. 그것은 당신에게 일생일대의 기회다.

그 다음에 당신에게 떠오르는 생각이 있는데, 그것은 당신이 지금 당장은 마라톤 경기를 할 수 없다는 것이다. 더 핵심을 말하자면, 당신이 정말 정말 열심히 노력한다 해도 당신은 마라톤 경기를 할 수 없다. 열심히 노력하는 것만으로 달성할 수 있는 목표에는 한계가 있다. 만일 당신이 이 일생일대의 기회를 잡고자 한다면, 당신은 훈련에 돌입해야 한다. 당신의 삶을 훈련 중심으로 계획하여, 그 훈련을 통해 의지만으로는 할 수 없는 것을 할 수 있게 해야 한다. 마라톤 경주를 하려면, 당신은 단지 노력하는 것에 그치지 않고 훈련해야 한다.

훈련에 대한 이런 필요성은 단지 운동선수에게만 국한되지 않는다. 훈련은 악기를 연주하거나, 언어를 배우거나, 사업을 운영하려는 사람에게도 필요하다. 훈련은 삶의 모든 중요한 도전과제에 필요하며, 그 도전과제에는 영적 성장도 포함된다.

예수님을 닮으려는 훈련 vs. 노력

이 장에서는 영적 변화에 있어서 가장 유용한 원리를 다룰 것이다. 그 원리는 결코 내가 만들어 낸 것이 아니다. 영적 성장에 대한 지혜를 가졌던 사람늘은 수 세기 전부터 이 원리를 이해해 왔다. 나는 하나님과의 관계에 대한 좌절감과 정체감을 느꼈을 때 이 원리를 알게 되었고, 이 원리를 통해 내가 성장할 수 있다는 확실한 소망을 얻었다. 그 당시에는 내가 분명히 깨닫지 못했던 방법으로, 하나님께서는 그것을 통해 내게 말씀하셨다. 그 원리는 이것이다. 어떤 것을 하기 위해 훈련하는 것과 노력하는 것 사이에는 엄청난 차이가 있다.

내가 이 진리를 처음 이해하게 되었을 때 가졌던 희망을 잘 설명할 수 있기를 바란다. 나는 이 진리를 달라스 윌라드의 『영성훈련』[2]에서 발견했고, 이 장의 대부분의 내용은 그의 저서에 기반을 둔 것이다. 오랫동안 나는 예수님을 따르는 것에 대한 메시지를 들을 때, 그것은 예수님과 같아지려고 열심히 노력하면 되는 것이라고 생각했다. 그래서 주일에 그런 주제에 대해 설교를 듣거나 설교하고 난 후, 월요일 아침에 일어날 때는 더 인내심 있는 사람이 되려고 작정했다. 세 살짜리 아이에 대해 인내하려고 노력해 본 적이 있는가? 나는 있다. 그런데 대부분 효과가 없었다. 그것은 마치 경쟁자 없이 마라톤 경주를 하려고 열심히 노력하는 것과 마찬가지였다. 노력의 결과, 나는 지치고 실패할 뿐이었다. 소위 '예수님을 따르는 방법'이라는 것을 실행하려는 사람이 있다는 것은 놀라운 일이다.

영적 변화는 얼마나 더 열심히 노력하는가의 문제가 아니라, 얼마나 지혜롭게 훈련하는가의 문제이다. 이것은 바울이 그의 젊은 제자 디모데에게 "경건의 훈련(train)을 하라"고 격려했을 때의 의미이다(딤전 4:7). 이 생각은 바울이 고린도교회에 한 조언에도 나타난다. "이기기를 다투는 자마다 엄격한 훈련에 들어가나니(goes into strict training, 개역성경은 "모든 일에 절제하나니"라고 번역하였다-역주) "저희는 썩을 면류관을 얻고자 하되 우리는 썩지 아니할 것을 얻고자 하노라"(고전 9:25).

바울의 편지를 받은 사람들은 운동 경기에 익숙한 사람들이었다. 고린도는 이스트모스 축제³가 벌어지는 장소였는데, 그것은 고대 그리스에서 올림픽 다음으로 지명도가 있었다. 고든 피에 따르면 바울도 주후 51년에 있었던 이스트모스 축제 기간 동안 고린도에 있었을 가능성이 크다. 심지어 거기서 바울은 숙박이 필요한 방문자들과 경기 참가자들을 위해 텐트를 만들었을 수도 있다.⁴ 경기자가 승리하기 위해 훈련 없이 단지 열심히 노력만 한다는 것은 생각할 수 없다. 사실 경기에 참가하는 모든 운동선수들은 열 달 동안 엄격한 훈련을 받아야 했으며 그것에 실패하면 자격을 잃어버렸다. 바울은 자신도 훈련의 삶을 살았다고 말한다. 그것은 "내가 전파한 후에 오히려 버림이 되지 않도록" 하기 위해서였다(고전 9:27).

삶의 모든 변화에 있어서 훈련과 단순한 노력을 구별하는 것은 매우 핵심적이며 중요하다. 용서하는 삶, 기쁨의 삶, 담대한 삶을 살기 위해서도 준비하고 훈련하는 것이 필요하다. 다시 말해서, 준비 및 훈련에 대한 필요성은 육체적 활동이나 지적 활동에서와 마찬가지로, 건강하고 활력 있는 영적 삶을 성취하는 데도 적용된다. 예수님처럼 생각하고, 느끼고, 행동하기를 배우려면 최소한 마라톤 경주나 피아노를 배우는 것만큼의 준비와 훈련이 필요하다.

나의 경우에, 이 진리는 내 삶에 광명을 주었다. 그래서 성인이 된 후 처음으로 나는 예수님을 따른다는 개념이 현실적이고 구체적이고 실제적으로 가능하다는 것을 알게 되었다. 예수님을 따른다는 의미는 예수님으로부터 나를 성령의 열매 안에서 살게 도와주는 삶의 행동지침들을 배우는 것이다.

그런 행동을 지칭하는 전통적인 용어는 '영적 훈련'이다. 그러나 많은 사람들은 그 용어를 들을 때 율법주의나, 하나님의 호의를 얻으려고 애쓰는 것이나, 새해의 결심 등을 연상한다. 새해의 결심은 의도는 좋지만 실제적이지도 않고 사람을 변화시키지도 못한다. 리처드 포스터의 저서 『영적 훈련과 성장』에서는 그것을 위한 방법으로 열두 가지를 소개한다.[5] 몇 년 전 내가 그 책을 읽었을 때, 나는 즉각적으로 이런 반응을 보였다. "나는 이미 성경 읽기와 기도를 잘 못하는 데 대해 죄책감을 느끼고 있어. 여기다가 죄책감 느낄 만한 다른 열 가지를 더 추가할 수는 없어."

그 다음에 내가 보인 반응은 열두 가지 항목 모두를 즉시 내 삶에 실현시킬, 야심 찬 영적 발전 계획을 세우는 것이었다. 나는 몇 주 동안 이 작전을 시도해 보았지만, 곧 그 계획에 눌리고 지쳐 버렸다. 그 다음에 나는 그 모든 계획은 수도사나 성자에게만 가능한 것이라고 여기고 포기했다.

이제 무엇이 영적 훈련인지 배우기 전에, 먼저 영적 훈련이 아닌 것들을 살펴보자.

1. 영적 훈련은 영성의 척도가 아니다

많은 사람들이 부담감을 느끼는 이유는 하나님께서 영적 성과를 우리가 어떤 영적 훈련을 받았는지의 여부로 판단하실 거라고 생각하기 때문이다. 그러나 사실 진리는 그와 달리, 우리에게 도전을 주면서도 우리를 자유케 한다.

마르틴 루터는 『그리스도인의 자유』라는 그의 저서를 역설로 시작한다.[6]

> "그리스도인은 모든 것의 주인으로 완전히 자유하며, 아무것에도 종속되지 않는다."
>
> "그리스도인은 모든 것에 대해 완전한 의무를 갖는 종이며, 모든 것에 종속된다."

영적 훈련에 대해 이보다 더 분명하게 진리를 표현한 말도 없다.

우리가 이미 살펴본 것처럼, 영적 온전함의 지표는 하나님과 사람을 사랑할 수 있는 능력이 매일 성장하는 것이다. 만일 우리가 어떤 특정한 영적 훈련을 하지 않고도 이것을 실행할 수 있다면, 그 모든 훈련들은 생략될 수 있다. 영적 훈련에 대한 헌신을 보여 줌으로써 하나님이나 어떤 사람에게 잘 보이려 할 필요는 없기 때문이다. 영적 훈련과 영적 삶의 관계는 사전 연습과 운동 경기와의 관계와 같다. 일단 운동 경기가 시작되면, 농구 선수들은 연습할 때 얼마나 많은 자유투를 던졌는가에 따라 보너스 점수를 얻지 않는다. 자유투를 연습하는 유일한 이유는 실전에서 자유투를 성공시키려는 것이다.

깨어 있는 모든 순간에 '영적 훈련을 연습하는 것'이 가능하긴 하지만, 그렇게 함으로써 우리의 사랑이 커지는 것이 아니라 작아진다면, 우리는 그런 연습을 하지 않는 것이 더 나을 것이다.

2. 영적 훈련이 반드시 불쾌한 것은 아니다

우리가 훈련하는 목적이 무엇이냐에 따라 훈련 내용이 달라진다. 만일 우리가 철인 3종 경기를 하려고 훈련하고 있다면, 우리는 그 세 가지 운동을 연습해야 한다. 그러나 만일 우리가 파이 먹기 대회를 위해 훈련하고 있다면, 우리가 준비하는 모습은 좀 다를 것이다. 무엇이 중요한 훈련인지는 우리가 훈련하는 목적에 따라 달라진다.

많은 사람들이 갖는 선입관은 영적 훈련으로서 중요성을 갖는 행동은 우리가 잘 하지 않는 행동이라는 것이다. 그러나 사실은 만일 우리가 훈련하는 목표가 기쁨, 평화, 사랑의 삶이라면, 그것을 연습하는 것도 즐거우리라는 것을 기대할 수 있다. 우리 중 많은 사람들이 알아야 할 것은, 훈련은 우리 안에 놀라움과 감사의 강을 흐르게 하는 수단이라는 것이다.

3. 영적 훈련은 하나님의 호의를 얻는 방법이 아니다

영적 훈련은 하나님의 용서와 호의를 얻을 수 있을 만큼 충분히 노력하는 것이 아니다. 영적 훈련은 좀 더 신용을 얻거나, 우리가 하나님께 얼마나 헌신하고 있는지를 그분께 입증하는 방법도 아니다. 훈련은 하나님을 위해 존재하는 것이 아니라 우리를 위해 존재한다. 우리의 변신을 도울 때에만 훈련은 가치가 있다.

구체적으로 말해서, 영적 훈련은 은혜의 개념에 반대되거나 은혜와 부조화 관계에 있지 않다. 율법주의의 속박 아래에 살다가 은혜의 메시지를 들은 사람들은 훈련에 대해 이야기하는 것이 또 다른 형태의 종교적 억압을 야기하는 것이 아닌가 의심할 수 있다.

그러나 영적 훈련은 단지 하나님께서 은혜로이 주시는 생명을 얻거나 그 생명을 향해 성장하는 수단일 뿐이다. 그래서 훈련을 은혜의 수단이라고 하기도 한다. 디트리히 본회퍼는 이런 생각을 이렇게 표현했다.

> 그러므로 우리는 은혜와 훈련 간의 상호관계를 다시 진정으로 이해해야 한다. … 복 있는 사람은 제자의 도가 은혜에서 솟아나는 삶을 의미하며, 그 은혜가 바로 제자의 도라는 것을 아는 사람이다. 이런 의미에서 그리스도인이 된 자는 복이 있다. 그들은 은혜라는 단어가 자비의 원천임을 안다.[7]

몇 가지 핵심 질문들

훈련이란 무엇인가?

훈련이란 내가 직접적인 노력으로 할 수 있는 행동이며, 내가 지금은 직접적인 노력으로 할 수 없는 것을 미래에 할 수 있게 도와준다.

사람들은 가끔 '겸손의 훈련'이나 '인내의 훈련' 등에 대해 말한다. 그러나 엄밀히 말하자면, 그런 것들은 훈련이라고 할 수 없다. 그것들은 훈련의 목표이며, 훈련을 통해 우리가 얻고자 하는 것들이다.

동화 『개구리와 두꺼비가 함께』[8]에서 개구리가 쿠키를 많이 구웠다. 개구리와 두꺼비는 여기서 노력하는 것만으로는 한계가 있다는 것을 발견한다. 그들은 쿠키를 계속 먹으면서도 "우리는 그만 먹어야 돼."라고 말한다. 그리고 또 더 먹으면서 "그만 먹어야 해."라고 말한다. 쿠키를 더 집어 들면서 마침내 개구리가 말한다. "우리에게는 의지가 필요해."

두꺼비가 한 입 가득히 쿠키를 집어넣으면서 "의지가 뭐야?"라고 묻는다. "의지란 네가 몹시 원하는 것을 하지 않으려고 매우 열심히 노력하는 거야."

개구리는 의지를 발휘하도록 도울 수 있는 다양한 방법들을 이야기한다. 가령 쿠키를 상자에 담아 상자를 밀봉하고 나무 위에 높이 단다. 그러나 개구리가 여러 가지 방법들을 이야기할 때마다 두꺼비는 (계속해서 먹으면서) 그 방법의 단점을 지적한다. 방금 이야기한 경우라면, 개구리와 두꺼비가 나무에 올라가 묶여 있는 상자를 풀어 내릴 수 있다. 필사적인 심정으로 마침내 개구리는 남은 쿠키를 모두 마당에 던져버리고 말한다. "이봐, 새들이! 여기 쿠키가 있어!"

두꺼비가 슬프게 말한다. "이제 우리는 쿠키가 없어."

개구리가 말한다. "그렇지만, 우리에게는 의지가 많고도 많아."

두꺼비는 말한다. "그건 네가 다 가져. 나는 케이크를 만들러 갈 거야."

훈련이 가치 있는 이유는 의지만 가지고는 할 수 없는 것을 할 수 있게 해 주기 때문이다. 이것이 AA[9]의 중심 생각이다. AA에서 제안하는 첫 12단계는 (술을 끊으려고 정말 열심히 노력하는) 나의 의지만으로는 술을 끊을 수 없다고 인정하는 것이다. 그 다음에 할 일은 훈련이나 연습 계획에 따라 생활하는 것이다. 예를 들면, 엄격한 도덕 목록 만들기나 자백하기 등이다. 의지로 되지 않는 일이 이것을 통해 이루어진다. 술 취하지 않는 삶을 살려면 훈련에 돌입해야 한다.

영적 훈련이란 무엇인가?

영적 훈련은 성령의 열매 안에서 살도록 나를 돕는 것이다. 또한 예수님께서 가르치시고 본을 보이신 대로 살 수 있는 힘을 얻도록 돕는 모든 활동을 말한다.

영적 훈련의 종류는 몇 가지인가? 생각하기에 따라 무수히 많다. 예를 들면 혼자서 고요히 있는 것, 섬김, 자백, 성경 묵상 등이다. 이 책의 나머지 장들에서 이 모든 것들을 살펴볼 것이다. 우리의 행동은 어떤 것이든지 영적 삶을 위한 훈련이 될 수 있다.

어떤 영적 훈련을 해야 할지 어떻게 알 수 있는가?

어떤 의미에서, 그 대답은 거꾸로 생각해 보면 얻을 수 있다.

첫 번째로, 우리는 하나님 나라에서 산다는 것이 무엇을 의미하는지 이해해야 한다. 예수님께서는 진정한 영성이 무엇인지 알 수 있도록 오랜 시간 동안 사람들을 도우셨다.

두 번째로, 영적 삶을 살지 못하도록 우리를 방해하는 구체적 걸림돌이 무엇인지 알아내야 한다. 예를 들어, 우리는 서로 사랑하도록 부르심 받았음을 안다. 그런데 사랑하며 살려고 노력한 그날 저녁, 내가 깨달은 한 가지는 사랑하는 데 많은 양의 에너지가 필요하다는 것과 나는 너무 피곤해서 사랑하지 못했다는 것이다. 영적이지 않은 것처럼 들릴지도 모르지만, 그래서 나는 충분히 사랑하려면 충분한 수면이 필요하다는 것을 깨달았다. 잠이 부족할 때는 예수님처럼 생각하고 느끼고 행동하기가 매우 어렵다는 것을 알게 되었다.

〈타임〉지의 한 기사에 따르면, 미국인들의 수면 부족이 국가적 예산 적자보다 더 심각하다고 한다.[10] 더 화를 잘 내게 되는 것부터 치명적 교통사고까지 여러 가지 일들이 수면 부족 때문에 일어난다.

또 존 밸리가 잠의 신학이라고 부른 것처럼 성경에서 잠에 대해 많이 말씀한다는 것을 알고 나는 놀랐다.[11] 잠은 하나님께서 주신 선물이다.

"내가 평안히 눕고 자기도 하리니 나를 안전히 거하게 하시는 이는 오직 여호와시니이다"(시 4:8).

잠자는 것은 신뢰의 행동이다. 내가 잠들 때, 나는 이 세상이 나의 손이 아니라 하나님의 손안에 있다는 것을 다시 기억한다. 내가 깨어서 주관하려 하지 않더라도 이 세상은 매우 잘 돌아갈 것이다. 적절한 시간에 다시 나는 눈을 뜰 것이고 깨어 있는 축복을 다시 한 번 선물로 누릴 것이다.

"내가 누워 자고 깨었으니 여호와께서 나를 붙드심이로다"(시 3:5).

짐이 부족할 때 기도하려고 애써 본 적이 있는가? 엘리야가 호렙산에서 홀로 거하며 기도하는 긴 시간을 갖기 전에, 여호와의 사자는 엘리야로 하여금 한 번도 아니고 두 번이나 긴 잠을 자게 했다(왕상 19:1~9). 이것과 대조해 보자. 겟세마네 동산의 제자들은 계속 잠들었기 때문에 기도하지 못했다(마 26:36~46). 잠은 하나님께서 주신 선물이다.

"너희가 일찍이 일어나고 늦게 누우며 수고의 떡을 먹음이 헛되도다 그러므로 여호와께서 그 사랑하시는 자에게는 잠을 주시는도다"(시 127:2).

이 책을 읽고 있는 사람들 중 어떤 이들에게 지금 할 수 있는 가장 영적인 일은 독서를 중지하고 잠을 청하는 것일 수 있다.

훈련된 사람이란 어떤 사람인가?

제자와 훈련과의 관계는 매우 분명하다. 그러나 제자의 도가 딱딱해지지 않고 기계적이 되지 않기 위해서 그 올바른 정의를 아는 것이 매우 중요하다.

　훈련된 사람이란 올바른 일을 올바른 시간에 올바른 방법과 올바른 태도로 할 수 있는 사람이다.

　훈련된 사람의 모습이 아닌 것이 무엇인지에 주목하라. 훈련된 사람이란 단지 훈련을 많이 받은 사람이 아니다. 훈련된 사람은 고도로 체계적이고, 엄격한 스케줄를 따르고, 도표를 만들고, 높은 평가 점수 받기를 좋아하는 사람이 아니다. 바리새인들은 엄격하고 체계적인 사람들이었지만, 진정한 제자의 도에 비추어 볼 때 훈련된 사람은 아니었다. 훈련된 사람은 특정 순간에 필요한 일을 할 수 있는 사람이다. 훈련된 사람은 올바른 일을 올바른 시간에 올바른 방법으로 올바른 이유를 가지고 한다.

　이 정의는 예술가, 운동선수, 우주 비행사뿐 아니라 예수님의 제자들에게도 적용된다. 훈련된 예수님의 제자란 훈련을 마스터하고 매일 영적 훈련의 일정을 빠뜨리지 않는 사람이 아니다. 훈련된 예수님의 제자는 웃고, 온유하고, 침묵하고, 치유의 말을 하고, 선지자적 분노를 표출해야 할 때가 언제인지 알며, 즉각적이고 효과적이며 사랑의 태도로 그렇게 행동하는 사람이다.

지혜로운 영적 훈련의 특징

지혜로운 훈련은 성령의 자유로운 역사를 존중한다

여기서 당신은 궁금한 것이 있을 것이다. 그렇다면 영적 성장에 있어서 하나님의 역할은 무엇인가? 성경에서는 무엇보다도 변화가 하나님의 역사라고 말씀하지 않는가? 변화가 일어나는 것은 언제나 기적이다. 영적 성장을 훈련의 결과로만 이야기하는 것은 영적 성장을 우리가 조정할 수 있다는 말처럼 들릴 수 있다. 개구리가 왕자로 변할 때마다, 또는 더 친절하고 착한 개구리로 변할 때마다 그것은 항상 신비하고 놀라운 역사의 결과이다.

성경의 한 비유가 이것을 잘 설명하고 있다. 예수님께서 말씀하셨다. "바람이 임의로 불매 네가 그 소리를 들어도 어디서 오며 어디로 가는지 알지 못하나니 성령으로 난 사람은 다 이러하니라"(마 11:29).

모터보트와 돛단배의 차이를 생각해 보자. 모터보트는 우리 마음대로 조종할 수 있다. 연료 탱크를 채우고 엔진에 시동을 걸기만 하면 우리 마음대로 통제할 수 있다. 그러나 돛단배는 그와 다르다. 우리가 돛을 올리고 키를 조종하더라도, 완전히 바람에 의지해야 한다. 배는 바람에 따라 움직인다. 바람이 불지 않으면 우리가 아무리 필사적으로 노력하더라도 배는 움직이지 않는다. 우리가 해야 하는 일은 바람을 받을 수 있게 하는 것뿐이다.

영적 변화도 그와 같다. 우리가 영적 변화를 적극적으로 추구하더라도 우리 마음대로 시작하고 끝마칠 수 없다. 어떤 훈련을 통해 변화를 향해 우리 마음을 열 수는 있지만, 우리가 영적 변화를 조종할 수는 없다. 그리고 영적 변화에 대한 공로를 차지할 수도 없다.

이것을 깨달아야 한다. 이 진리는 교만과 잘못된 방향의 노력으로부터 우리를 지켜 준다. 주먹을 꼭 쥐고, 이를 악무는 노력은 보통 생산적인 결과를 낳지 못한다. 사실, 우리가 계속해서 긴장이나 부담을 느낀다면 정도를 벗어난 것이다. 예수님께서는 자신의 멍에, 즉 그분의 삶의 방식을 지친 사람들에게 제공하셨는데, 그것은 쉽고 가벼운 것이며 '영혼의 안식'을 주는 것이었다(마 11:29 참조). 많은 예수님의 제자들은 이것을 되풀이해서 말했다. 프랭크 로바흐는 이렇게 썼다. "나의 일을 주관하시는 보이지 않는 손이 나를 인도하신다는 느낌은 매일 커져 갔다. 기회를 찾기 위해 내 스스로가 필사적으로 노력할 필요는 없다. … 필사적인 노력은 좋지 않은 것 같다."12

돛단배에서 찾을 수 있는 다른 비유는 다음과 같다. 지혜로운 항해자는 자신이 해야 할 중요한 일이 무엇인지 안다. 그것은 바로 바람을 '읽는 것', 즉 분별이다. 노련한 항해자는 호수를 보기만 해도 바람이 어디에서 가장 강하게 부는지 알 수 있고, 하늘만 봐도 일기를 예측할 수 있으며, 바람을 가장 효과적으로 받으려면 어떤 돛을 올리고 어떤 돛을 내려야 할지 안다.

영적 성장을 하려면 분별력이 필요하다. 우리는 신선한 성령의 바람에 반응하는 방법을 배워야 한다. 불붙은 떨기나무는 모세가 요청하거나 계획한 것이 아니었다. 그러나 불붙은 떨기나무가 거기에 있었을 때 모세는 돌이키고 하나님의 일에 관심을 쏟을지 말지를 선택해야 했다. 하나님의 책임은 불붙은 떨기나무를 제공하는 것이다. 우리의 책임은 돌이키는 것이다. 나는 종종 이것을 잊어버린다.

얼마 전에 나는 경건 서적을 한 권 사서 그것을 연말까지 다 읽기로 목표를 세웠다. 그 책을 읽으면서 내 마음속에서 무슨 일이 일어나고 있는 것을 분명히 알 수 있었다. 계속 읽어 나가는 것을 멈추고 얼마 동안 한 단락만을 특별히 공부해야겠다고 느꼈다. 그러나 그렇게 하면 그 책을 연말까지 읽어야겠다는 나의 목표를 이룰 수 없었다. 그래서 나는 계속해서 책을 읽었다.

'정한 시간까지' 책을 다 읽는 것이 내가 생각하는 것처럼 나의 헌신을 보이는 방법이 아님을 깨달았어야 했다. 내가 책을 읽는 목적은 변화가 일어날 수 있는 자리에 나를 두는 것이었다. 만일 하나님께서 그 한 단락을 통해서 내게 말씀하실 수 있다면, 그래서 내가 죄를 깨닫고, 치유받고, 도전받을 수 있다면, 내가 할 일은 바람이 잠잠한 동안 그 자리에 머무는 것이었다. 그러다가 바람이 불어 움직일 때가 되면 움직여야 했다. 하지만 나는 돛단배를 탄 것이 아니라 모터보트를 탄 것 같았다. 나는 돌이키지 못했다.

다른 예를 들어 보자. 최근에 내 친구 한 명이 수양관에 갔었는데, 몇몇의 사람들이 침묵하며 하루를 보내고 있었다. 그 중의 한 사람이 앞을 보지 않고 걷다가 내 친구와 부딪혀서 내 친구는 거의 넘어질 뻔했다. 그런데 그 여성은 침묵하는 중이었기 때문에 한 마디도 하지 않았고, 심지어 "미안합니다."라는 말 한 마디도 없었다. 그러나 사실 침묵 훈련의 목적은 말하지 않고 얼마나 오래 버틸 수 있는지 보여 주는 것이 아니다. 우리 삶에 예수님께서 계실 공간을 만들어 우리가 예수님처럼 사는 법을 배우는 것이 그 목표이다. 그리고 예수님처럼 사는 것은 다른 사람과 부딪혔을 때 친절과 예의로 반응하는 것이다.

우리의 일차적 임무는 얼마나 많은 성경 구절을 읽었는지, 또는 얼마나 많은 시간 동안 기도했는지를 계산하는 것이 아니다. 우리의 임무는 이런 행동들을 함으로써 하나님께서 역사하실 수 있는 기회를 만드는 것이다. 그렇게 할 때 무슨 일이 일어나는가는 하나님께 달려 있다. 우리는 다만 돛을 올려야 한다. "바람이 임의로 불매…."

지혜로운 훈련은 우리의 고유한 기질과 은사를 존중한다

좋은 소식이 있다. 당신의 본성적 기질이 어떠하든, 그것은 당신의 영적 성장의 걸림돌이 아니다.

당신은 즉흥적으로 행동하는가, 아니면 미리미리 계획하고 조직적으로 행동하는가? 즉흥적인 사람들은 영적 성장에 있어서 자신들이 불리하다고 생각하기도 한다. 왜냐하면 그들은 예측가능한 일과에 따라 살아가는 것이 힘들기 때문이다. (만일 아직도 자신이 어떤 유형인지 몰라 고민하고 있다면, 당신은 즉흥적인 성향이 아닐 가능성이 크다.) 그러나 즉흥적인 성향의 사람들은 좋은 반응을 바로 보이는 장점이 있다.

영적 성장에 필요한 훈련, 인간관계, 경험 등은 사람마다 다르다. 에이브러햄 링컨은 성격 형성에 있어서 좋은 연구 대상이다. 링컨은 무질서하기로 악명 높았다. 심지어 그의 사무실에는 "다른 곳에서 찾을 수 없으면 여기를 보시오."라고 씌어 있는 파일까지 있었다.

우리는 하나님께서 우리가 어떻게 성장하기 바라시는지를 자유하게 발견해야 한다. 왜냐하면 모든 사람들에 대한 하나님의 계획이 똑같지 않기 때문이다. 하나님께서는 자연을 통해 특별한 방법으로 우리에게 말씀하시기도 하고, 어떤 사람들은 음악에 의해 영적으로 성장하게 하셨다. 어떤 사람은 침묵과 기도에 평균 이상 능력이 있을 수도 있다. 또 어떤 사람은 그림, 상징물, 미술 등에 강한 반응을 보일 수도 있다. C. S. 루이스는 이런 말을 했다. "각 사람은 하나님의 아름다움의 다른 면을 보도록 창조되었다. 다른 사람은 그것을 똑같이 볼 수 없다. 그리고 그것을 통해 모든 예배자들이 우리가 아니었다면 보지 못했을 하나님의 모습을 영원히 누리게 하셨다."[13]

지혜로운 훈련은 삶에는 때가 있음을 배려한다

좋은 소식이 또 있다. 그것은 우리 삶의 어느 한순간이 영적 성장의 걸림돌이 될 수는 없다는 것이다.

우리 교회 한 소그룹의 일원인 어떤 아기 엄마는 엄마가 되기 전이 영적 삶을 꾸려가기에 더 좋았다고 했다. 이야기를 좀 더 나누어 보니 그 아기 엄마가 이야기하는 것이 무엇인지 분명해졌다. 그녀에게는 성경 읽기와 기도, 이 두 가지만이 영적으로 중요했다. 엄마인 그녀에게 가장 큰 문제는 시간 부족이었다.

교회는 그녀에게 바로 진리를 가르치지 못했다. 그녀는 두 아이를 키우며, 매일 감사하고, 도움을 구하고, 매일의 시련을 인내로 받아들이는 것이 능력 있는 종의 자세가 되는 데 있어 가장 좋은 학교임을 배우지 못했다. 큐티를 하는 것만이 영적 헌신에 있어서 가장 중요한 것으로 여겼고, 두 자녀를 돌보는 것은 중요하게 여기지 않았다.

이 아기 엄마가 혼자 조용하게 있을 시간을 내기 위해서는 창조적인 노력이 필요했고, 그렇게 한다 해도 대학 시절에 가졌던 것만큼의 시간을 낼 수는 없었다. 그러나 아기 엄마인 그녀에게는 과거에 갖지 못했던 새로운 기회가 있었다.

삶의 어느 때이든지 그것은 우리 안에 그리스도께서 영적 성장을 이루시는 데 걸림돌이 되지 않는다. 결코 그렇지 않다.

우리가 삶의 어떤 때에 있든, 거기에는 영적 성장을 위한 기회와 도전과제가 있다. 우리가 다른 때에 있기를 바랄 것이 아니라 지금의 때에 얻을 수 있는 기회와 도전과제가 무엇인지 발견해야 한다.

삶의 모든 부분은 중요하다. 모든 순간은 하나님의 삶의 방식에 대해 인도받을 가능성이 있는 기회가 된다. 모든 순간은 하나님의 나라 안에서 사는 방법을 예수님께 배울 수 있는 기회다.

지혜로운 훈련은 인생에 기복이 있을 수밖에 없음을 인정한다

삶의 가장 기본이 되는 규칙은 리듬이다. 밤 다음에 낮이 오고, 겨울이 가면 여름이 오며, 깨고 잠들고 한다.

영적 삶에 있어서 이것을 표현하는 전통적인 용어는 리듬이다. 위로를 받을 때가 있고, 쓸쓸할 때가 있다. 위로받을 때 우리는 하나님께 기도하고 싶어 한다. 하나님께서 가까이 계신 것 같고, 성경이 생생하게 느껴지며, 죄는 악해 보이고, 모든 것이 형통하게 보이기 때문이다. 쓸쓸할 때에는 정반대다. 성경이 무미건조하게 느껴지고, 기도는 힘들어지며, 하나님은 멀리 계신 것 같다.

C. S. 루이스에 따르면, 때로 하나님께서는 우리에게 그분의 강한 임재를 보이시고, 하나님과 함께하고 싶은 갈망을 주시며, 시험을 쉽게 이길 수 있는 능력을 주신다.

> 그러나 하나님께서는 이런 국면이 오래 지속되게 하지 않으신다. 조만간 하나님은 이 모든 것을 거두신다. 그것이 아니라면, 최소한 우리가 인식하는 경험의 영역에서 그 모든 지원과 혜택을 거두신다. 하나님께서는 자신의 피조물이 스스로 서게 하시며, 재미없는 의무들을 의지만으로 수행하게 하신다. 절정기보다 이런 침체기에 우리는 하나님께서 원하시는 모습의 피조물로 더 성장할 수 있다.[14]

리듬의 법칙을 잊으면 우리는 현재의 국면이 영원히 지속될 것이라고 생각한다. 위로받는 시기에 생기는 나의 오해는 이제 내가 영적 삶에 통달했다는 것이다. 쓸쓸한 때는 내가 뭔가 잘못했거나, 하나님께서 나를 벌하고 계신다고 생각한다. 사실 이 두 시기 모두가 불가피하며, 그 두 시기 동안 모두 독특한 성장이 이루어진다.

몇 년 전에 기도하는 방법을 배우는 그룹에 열심히 참여하고 있었다. 우리 모두는 매일 오랜 시간 동안 기도하기로 합의했다. (최소한 내게는 긴 시간이었다.) 그리고 기도할 때 성경 말씀을 어떻게 사용해야 하는지를 배웠다. 우리는 가끔씩 한밤중에 일어나 기도하며 고요함을 느껴보기로 했다. 기도할 때 깊이 묵상하면서 하나님께서 언제 우리에게 말씀하시는지 인식하는 방법을 배우기로 했다.

그 그룹이 해산된 후, 나는 그 그룹에 함께 있을 때보다 훨씬 덜 기도하고 있다는 것을 깨닫고 매우 속상했다. 기도에 꽤 많이 숙달됐을 거라고 기대했기 때문이다. 그때 한 지혜로운 친구가 설명해 주기를 심한 운동을 한 후에는 보통 쉬어야 균형을 맞출 수 있다고 말했다. 그것은 정말 사실이었다. 휴식을 취한 후에 나는 기도에 대한 새로운 갈급함을 갖게 되었다.

이 자연의 법칙은, 우리의 삶에서 한 영적 일정만이 계속해서 적용될 거라는 생각은 잘못된 것이라고 가르쳐 준다. 때로 우리는 기도나 봉사에 막대한 시간을 사용하면서 크게 성장한다. 우리는 쓸쓸한 시기도 거치는데 그때는 기도가 힘들어진다. 아마도 후자의 시기에 우리에게는 더 많은 휴식이 필요할 것이다.

지혜로운 훈련은 분명한 결정에서부터 시작된다

훈련을 통해 예수님처럼 된다는 개념을 이해하게 될 때 나에게는 선택의 기회가 주어진다. 사람들은 저절로 훈련의 삶을 살 수 있는 것은 아니다.

매년 소수의 사람들이 보디빌딩 대회를 통해 인간의 육체가 어느 경지에까지 도달할 수 있는지를 보여 준다. 그들은 자신들의 몸을 단련하는 데 헌신했다. 삶의 모든 습관들은 단 한 가지 목표에 초점을 맞춘다. 이 대회를 보면서 사람들은 "우와, 저런 몸매가 만들어질 수 있는지 전혀 몰랐어!"라며 감탄한다.

이런 체격은 우연히 만들어지지 않는다. 얼마 전에 아내와 나는 조

각 같은 육체미로 유명한 액션 스타가 주연하는 영화를 보았다. 무슨 이유인지 그 주인공은 항상 상의를 입지 않았다. 그 스토리는 눈이 쌓인 산 위에서 진행되었고 다른 모든 사람들은 파카를 입고 있었는데도 말이다. 아내 낸시는 그를 보고 나서, 다시 오랫동안 나를 바라보았다. 나는 고등학교 1학년일 때 180센티미터를 좀 넘는 키에 59킬로그램 정도였고, 그 이후로 살은 붙지 말아야 할 곳에만 붙었다. 다시 화면의 남자를 보고, 또다시 나를 보던 아내는 마침내 이렇게 말했다. "나는 근육질의 남자에게는 매력을 못 느껴요."

나는 그 말을 머릿속에서 계속 생각하면서 그 말에 숨어 있다고 생각되는 칭찬의 뜻을 찾아내려고 했다. 그러나 그 칭찬은 너무 깊이 숨어 있어 찾아낼 수 없었다. 나는 영화 속의 남자처럼 보이는 것도 좋았지만, 그것은 일어나기 어려운 일이었다. 왜냐하면 나는 그 목표에 내 삶을 헌신하기로 결정한 적이 전혀 없기 때문이다.

로스앤젤레스의 한 신문은 육체미 트레이너이자 보디빌딩 대회 참가자의 말을 인용했다. "텔레비전이나 잡지에서 볼 수 있는 사람들의 그런 모습은 그들이 생계를 위해 만드는 것입니다. 그런 모습을 유지하는 데는 그들의 삶 모두가 투자됩니다. 그것은 하나의 라이프 스타일입니다. 우리 사회는 '지금 당장'을 추구합니다. 사람들은 석 달 후나, 수영복을 입을 때가 되면 근육질의 단단한 몸매가 될 것이라고 생각하며 저를 찾아옵니다. 그러니 그것은 매우 비현실적입니다."

근육질의 단단한 몸매를 갖는 것에 당신의 삶을 헌신할 가치가 있는지의 여부는 또 다른 문제이다. 그러나 어쨌든 그것은 하루아침에 이뤄지지 않는다. 그것은 그들의 삶 전체이다.

예수님께서는 제자가 될 수 있는 기회를 사람들에게 직접적으로 제시하셨다. 하나님의 임재와 통치 아래서 사는 것이 가능하다는 은혜를 선포하시러 오셨다. 그것이 예수님의 복음이다. 그렇게 사는 것은 가능하다. 사람들이 우리에게서 그런 모습을 볼 때 이렇게 말할 것이다. "와! 저런 삶을 살 수 있는지 정말 몰랐어." 그런 일은 정말 일어난다. 예수님을 따르던 많은 사람들에게 그런 일이 일어났고, 그것은 우리에게도 정말 가능하다. 이것이야말로 예수님께서 말씀하신 "값진 진주"이며, 지각 있는 사람이라면 그 진주를 위해 모든 것을 팔 것이다(마 13:45, 46).

우리는 이 경주를 위해 태어났다. 그러나 저절로 그런 삶을 살 수는 없다. 우리가 결정해야 한다.

최종 준비

이 책의 나머지 장들에서 영적 훈련에 관해 하나씩 다룰 것이다. 그것들을 살펴보기 전에 어떤 훈련이 당신의 삶에 가장 유용할지 잠시 언급하고자 한다. 영혼의 건강을 위해 사람들에게 조언해 주는 것은 의사가 환자에게 주는 조언과 자주 비교되는데, 의사의 처방은 어떤 진단을 내리느냐에 따라 크게 좌우된다.

진단의 측면에서 보자면, 죄는 크게 두 범주로 구분된다. 그것은 부작위의 죄와 작위의 죄다. 부작위의 죄는 우리가 해야 하는 것들을 하지 않음을 의미하며, 작위의 죄는 우리가 피해야 할 것들을 하는 것을 말한다.

이와 유사하게, 달라스 윌라드는 영적 훈련이 실행의 훈련과 절제의 훈련이라는 두 개의 범주로 나누어진다고 말한다.[15] 실행의 훈련이란 특정한 것들을 의도적으로 하는 것을 의미한다. 예배, 성경 공부, 교제, 헌금은 모두 실행의 훈련이다. 반대로 절제의 훈련이란 어떤 것들을 하는 것을 의도적으로 삼가는 것을 의미한다. 여기에 해당되는 것은 금식, 홀로 지냄, 침묵 등이다.

위의 내용을 이렇게 연결시킬 수 있다. 만일 내가 작위의 죄와 씨름하고 있다면, 절제의 훈련을 받음으로써 도움을 받을 수 있을 것이다. 다시 말해서, 하지 말아야 하는 어떤 것을 하는 것이 나의 문제라면, 나의 '안 하기' 근육을 강화시키는 훈련을 실행할 필요가 있다는 말이다. 따라서 만일 당신이 자랑의 문제(작위의 죄)가 있다면, 어떤 훈련이 도움이 되겠는가? 침묵이나 은밀하게 행동하기(둘 다 절제의 훈련)가 그 대답이라면 맞는 것이다. 그러나 당신이 맞혔다는 것을 아무에게도 말하지 말라!

만일 내가 부작위의 죄와 씨름하고 있다면, 실행의 훈련으로 가장 큰 도움을 받을 수 있을 것이다. 예를 들어, 나의 죄가 사랑이나 격려, 섬김을 잘 못하는 것이라면, '하기 근육'을 작동시켜 줄 훈련이 필요하다. 또 다른 예로 기쁨이 없어서 고민이라면, 모든 훈련들 중에서 내가 가장 좋아하는 훈련인, 축제의 훈련에 푹 잠겨보는 것이 좋겠다. 다음 장이 바로 당신과 같은 사람들을 위한 것이다.

훈련 vs. 노력

토론을 위한 질문

1. 당신이 훈련에 실패하고, 아무리 애써도 목표를 달성할 수 없었던 때를 설명해 보라.

그 경험에서 무엇을 배웠는가?

2. 저자는 운동 경기나 악기 연주, 새로운 언어 배우기, 사업 운영을 위해서는 훈련이 필요하다고 말한다. 사람들이 이 영역 중 한 가지를 열심히 훈련한다면 어떤 일이 일어나겠는가?

당신이 어떤 것을 준비하기 위해 훈련했던 때가 있다면, 이야기해 보라. 그리고 목표를 달성했을 때 무엇을 느꼈는지 말해 보라.

3. 저자는 철인 3종 경기를 하려면 특정 훈련 항목들이 필요한 반면, 파이 먹기 대회를 위해 준비하려면 그것과 매우 다른 훈련들이 필요함을 지적한다. 삶의 각 영역마다 성장을 위한 다른 훈련들이 요구된다. 당신의 영적 생명력과 성숙을 준비시켜 줄 핵심적 훈련들은 무엇인가?

4. 개구리와 두꺼비(70~71쪽)의 이야기를 읽으라. 그 두 친구처럼 훈련의 도

전에 직면했다고 느꼈던 때가 있었는가?

5. 영적 훈련의 정의는 예수님께서 가르치시고 본을 보이신 대로 살 수 있는 힘을 얻도록 돕는 모든 활동이다. 그룹이 함께 아래의 과정을 해 보는 시간을 가지라.

- 이 개념이 얼마나 광범위한지 알기 위해, 예수님께서 의도하신 대로 살 수 있는 힘을 얻기 위해 할 수 있는 것들의 예를 최소한 20개 적으라.

- 생각난 것을 다 적었다면 바로 세 가지를 더 생각해 내라! 창의적이고 깊이 있게 생각하는 데 도움이 될 것이다.

- 그룹은 이것을 가지고 브레인스토밍하여, 그 목록 중 하나를 당신이 실행할 새로운 영적 훈련 방법으로 삼으라.

- 어떤 새로운 훈련을 할 것이며, 그것이 당신의 영적 생활에 어떤 영향을 미치기를 바라는지 그룹원들에게 말하라.

- 그 영역에서 성장할 수 있도록 앞으로 몇 주 동안 당신을 격려해 주고 기도해 달라고 그룹원들에게 부탁하라.

> 시편 127:1~2 읽기

6. 저자는 부모가 되는 것이 한 사람의 삶에서 영적 성숙을 위한 하나님의 훈련 학교가 될 수 있다고 말한다. 인생의 이 시절에 배울 수 있는 고유한 영적 교훈들은 무엇인가?

지금 당신이 처한 인생의 시절에 어떤 이름을 붙일 수 있겠는가? 어떻게 하면 이 시절이 하나님께서 원하시는 그대로의 당신이 되기 위한 성장과 성숙의 시간이 될 수 있겠는가?

7. 우리는 모두 편히 쉬었을 때와 매우 피곤할 때의 느낌이 어떤 것인지 안다. 당신은 피곤할 때 어떤 부정적인 모습을 보이고, 푹 쉬었을 때 어떤 좋은 모습으로 변하는가?

당신의 현재 수면 패턴을 조정하는 것이 하나님과 사람들을 사랑할 수 있는 역량의 성장에 어떤 도움을 줄 수 있겠는가?

함께 기도하기
그룹원들은 장애물을 극복하고 영적 성숙의 측면에서 성장하도록 도와줄 특정한 영적 훈련들에 헌신하겠다고 말했을 것이다. 그들이 그 새로운 훈련들에 지속적으로 헌신할 수 있도록 기도하라. 그들이 이 여정을 시작하며 기쁨과 용기를 얻도록 기도하라.

삶에 적용하기
저자는 가만히 있는다고 해서 저절로 훈련의 삶을 살게 되는 것은 아니라고 말했다. 훈련에 헌신해야 한다. 새로운 영역의 영적 훈련을 받기 위해 당신이 밟아야 할 구체적인 단계는 무엇인가? 이 영역에서 당신을 격려하고, 도전을 주고, 점검해 줄 수 있는 사람으로 누구를 초청하겠는가?

삶을 위한 묵상
만일 영적 훈련들이 우리를 더 사랑하게 만들기보다 오히려 덜 사랑하게 만든다면, 그 훈련들은 실행하지 않는 것이 더 낫다고 저자는 말한다. 당신의 삶에서 사랑을 메마르게 하기 때문에 오히려 중지해야 할 영적 훈련들에는 어떤 것이 있는가?

좀 더 생각해 볼 문제들

1. 열심히 노력은 하지만, 결코 훈련하지 않는 사람에게는 어떤 일이 일어나겠는가?

2. 개인의 영적 발전을 율법적 프로그램으로 만들 때, 그것은 어떻게 기쁨보다 죄책감과 슬픔을 낳게 되는가?

3. 참된 경건을 위한 훈련을 실행할 때 어떤 기쁨과 평화를 누렸는가?

4. 성령의 바람이 불어서 돛을 높이 올리고 그 바람을 따라가야 한다는 것을 알 수 있는 징후들은 무엇인가?

4

룰루랄라 즐거운 날

기뻐하는 연습

기쁨이란 하늘나라에서의 중대 사안이다.[1]

C. S. 루이스

하루는 나의 세 자녀들을 목욕시키고 있었다. 종종 세 명을 한꺼번에 목욕시키곤 하는데, 그것은 다른 이유보다도 시간을 절약하기 위해서였다. 조니는 아직 욕조 안에 있었고, 로라는 목욕을 마치고 파자마를 입고 있었으며, 나는 맬러리를 닦아 주려 했다. 욕조 밖으로 나온 맬러리는 우리 집 아이들이 즐겨 추는 룰루랄라 춤을 추려 했다. 그 춤은 원 모양으로 계속 돌면서 반복해서 "룰루랄라, 룰루랄라"라고 외치는 것이었다. 그것은 큰 기쁨을 표현하는 간단한 춤이었다. 너무 행복해서 참을 수 없고 그 행복감을 표현할 적당한 말이 없을 때, 맬러리는 자신의 기쁨을 표현하기 위해 춤을 추었다. 그때도 맬

러리는 룰루랄라 춤을 추기 시작했다.

나는 화가 났다. "맬러리, 빨리!" 나는 맬러리를 재촉했고, 맬러리는 내 말대로 더 빨리, 더 빨리 돌면서 룰루랄라를 더 빨리 노래했다. "아니야, 맬러리, 내 말은 그게 아니야! 룰루랄라 같은 건 그만하고 이리 와. 빨리 닦아야지. 빨리!"

그러자 맬러리는 의미심장한 질문을 던졌다. "왜요?"

나는 대답할 말이 없었다. 나는 어디 갈 일이 없었고, 특별히 할 일도 없었으며, 참석할 회의도 없었고, 써야 할 설교도 없었다. 나는 단지 서두르는 데 너무나 익숙했고, 사소한 나의 계획에 너무나도 몰두했으며, 한 가지 일에서 다른 일로 빠르게 옮기는 습관에 사로잡힌 나머지, 바로 눈앞에 삶이 있고, 기쁨이 있고, 춤출 기회가 있지만, 그것을 잃어버리고 있었던 것이다.

그 진리를 깨달은 나는 바로 맬러리와 함께 룰루랄라 춤을 추기 시작했다. 맬러리는 내가 나이에 비해 춤을 잘 추는 편이라고 했다.

저녁에 이 일에 대해 깊이 묵상하면서 나는 시간을 두 가지 항목으로 나누는 경향이 나에게 있다는 것을 깨달았다. 그 두 가지 항목은 실제 삶의 순간과 삶을 위해 준비하는 시간이다. 내 삶의 대부분 시간은 삶과 삶의 전환 단계에 사용되었다. 어디 가려고 준비하고, 시작을 기다리고, 어디론가 차를 운전해 가고, 줄 서서 기다리고, 회의가 끝나기를 기다리고, 어떤 업무를 마무리하려 하고, 나쁜 일이 일어날까 봐 염려하거나 일이난 어떤 일에 대해 화내는 것 등 말이다. 이 순간에 나는 온전히 마음을 집중하지 않았고, 하나님의 음성과 목적을 인식하지 못했다. 나는 조급했고, 말 그대로 시간을 죽이고 있었다. 다시 말해서, 그것은 나 자신을 죽이는 것과 마찬가지였다. 나에게 있어서 아이들을 닦아 주는 것은 빨리 해치워야 할 일에 불과했다.

아이러니하게도 내가 기쁨을 누리지 못하는 것은 내가 자아에 너무 몰두하기 때문이었다. 이기심 때문에 다른 사람들의 기쁨에 동참하지 못할 뿐 아니라, 하나님께서 매일 내려 주시는 무수한 작은 선물들을 발견하지도, 기뻐하지도 못했다. 워커 퍼시는 지루함을 "자아로 가득 채워진 자아"라고 했다.[2]

맬러리는 나와 달랐다. 맬러리의 자아에는 여유가 있었다. 맬러리는 그저 삶을 온전히 누리며 살아갈 뿐이었다. 목욕 시간은 맬러리에게 룰루랄라의 시간이었다. 젖은 몸을 수건으로 닦을 때 역시 또 한 번의 룰루랄라 시간이었다. 물기를 닦은 후 역시 또 다른 룰루랄라 시간일 것이다. 이와 같이 맬러리에게 삶이란 연속적인 룰루랄라 시간이다. 물론 삶의 모든 순간이 행복한 것은 아니다. 눈물을 흘려야 할 때도 있다. 그러나 모든 순간에는 행복의 가능성이 있다. 맬러리는 그 가능성들을 많이 놓치지 않는다. 맬러리는 기쁨에 관한 한 나의 선생님이다.

나는 정말 그것을 배울 필요가 있다. 기쁨은 인간에 대한 하나님의 계획에서 중심을 차지한다. 그 이유는 하나님의 핵심적 본질에 기쁨이 포함되기 때문이다. 기쁨이 하나님께 얼마나 중요한 것인지 알 때에만 기쁨이 인간의 삶에 얼마나 중요한지도 알 수 있다. 나는 대부분의 우리들이 하나님께서 얼마나 기뻐하실 수 있는지를 과소평가한다고 생각한다.

기쁨이 넘치는 우리 하나님

G. K. 체스터턴은 최소한 기쁨에 있어서는 맬러리가 나보다 더 하나님을 닮았다고 할 것이다. 체스터턴은 자신의 글에서 하나님의 성품과 인간에 대한 하나님의 계획에서 기쁨이 차지하는 중심적인 위치를 역설한다.

예수님께서는 기쁨의 전달자로 오셨다. 가장 행복해 하는 어린아이에게서 볼 수 있는 기쁨은 하나님의 마음속에 있는 기쁨의 작은 한 부분에 불과하다. 체스터턴은 그의 인상적인 글에서 이렇게 말한다.

> 어린아이들은 활발하고 자유로운 정신을 가지고 있어서 활력이 넘치기 때문에 반복하지 않고 변하지 않는 것을 좋아한다. 어린아이들은 항상 "또!"라고 말하는데, 어른들은 끝없이 쏟아지는 그들의 말을 들어주다가 거의

초죽음에 이르게 될 지경이다. 다 큰 어른들은 단조로운 일에 즐거워할 만큼 강하지 못하다. 그러나 하나님께서는 단조로운 일에 즐거워하실 만큼 강한 것 같다. 하나님께서는 매일 아침 태양에게 "또!"라고 말씀하시고, 매일 저녁마다 달에게 "또!"라고 말씀하시는 듯하다. 모든 들국화들이 자동적으로 똑같게 만들어지는 것이 아니라, 하나님께서 들국화를 한 송이 한 송이를 만드실 때도 지치지 않고 똑같이 만드시는 것일지도 모른다. 하나님께서는 영원히 어린아이의 취향을 가지셨는지도 모른다. 왜냐하면 우리는 범죄하여 나이가 들었지만, 우리 하나님 아버지께서는 우리보다 어리시기 때문이다.³

만일 하나님께서 기쁨이 넘치는 분이 아니셨다면 성경이 도입부가 어떻게 시작되었을지 상상해 보자. 우리가 늘 하던 대로 하나님께서 일하셨다면 창세기가 어떻게 되었을까?

태초에 9시였다. 하나님께서 일할 시간이다. 하나님께서는 흑암과 빛을 나누시기 위해 청구서를 작성하셨다. 밤을 아름답게 하기 위해 별들과 하늘을 채울 행성들을 만들면 어떨지 생각해 보셨지만, 그러면 일이 너무 커질 것이기 때문에 "그것은 내 일이 아니야."라고 결론 내셨다. 그래서 하나님께서는 일찍 일을 끝내고 하루 일과를 마치기로 하셨다. 하나님께서는 그 하신 일을 보시고 말씀하셨다. "잘 돌아가야 할 텐데…."

두 번째 날, 하나님께서는 뭍과 바다를 구분하셨다. 그리고 하나님께서는 모든 뭍을 평평하고, 납작하고, 실용적으로 만드셔서 온 땅이 아이다호 주처럼 보였다. 하나님께서는 산과 계곡과 빙하와 정글과 숲을 만드는 것도 생각해 보셨지만, 그렇게 애쓸 만한 값어치가 없다고 결정하셨다. 하나님께서 그 하신 일을 보시고 말씀하셨다. "잘 돌아가야 할 텐데…."

그리고 하나님께서는 공중에 나는 비둘기와 물 속에서 헤엄치는 잉어와 물에서 기어 다니는 고양이를 만드셨다. 하나님께서는 다양한 크기, 형태, 색깔의 수백만의 종들을 만드는 것을 생각해 보셨지만, 그런 동물들을 만들 만한 열정이 없으셨다. (사실, 그렇게 하지 않으신 것은 하나님께서 고양이과의 동물들만을 너무 좋아하셨기 때문이 아니다.) 게다가 토크쇼를 봐야 할 시간이 거의 다 되었다. 그래서 하나님께서는 행하신 모든 것을 보시고 말씀하셨다. "잘 돌아가야 할 텐데…."

그리고 주말에는 하나님께서 너무나 지치셨기 때문에 안도의 한숨을 내쉬며 말씀하셨다. "다행이야, 금요일이군."

물론 창세기는 전혀 다르다. 그 대신 "하나님이 가라사대 … 그대로 되니라. … 보시기에 심히 좋았더라."라는 말이 후렴구처럼 계속해서 등장한다(창 1장).

첫째 날, "하나님이 가라사대 빛이 있으라 하시매 빛이 있었고 그 빛이 하나님의 보시기에 좋았더라"(창 1:3, 4). 첫째 날은 룰루랄라 즐거운 날이었다. 그래서 하나님께서는 춤을 좀 추셨다. 그 다음날 하나님께서는 빛에게 "또"라고 말씀하셨다. 그러자 다시 빛이 비취었고, 하나님께서는 다시 춤을 추셨다. 그 빛이 오늘 아침까지 계속되고 있다. 당신이 태어난 날 아침까지, 당신이 이 책을 읽는 날 그 아침까지도 계속되고 있다.

하나님은 그러하시지만, 우리는 그렇지 못하다. 왜냐하면 우리는 범죄하여 나이가 들었지만, 우리 하나님 아버지께서는 우리보다 어리시기 때문이다.

"하나님은 우주에서 가장 행복한 존재이시다."[4]라는 말을 이해하기 전까지 우리는 하나님을 이해하지 못할 것이다. 물론 하나님도 슬픔을 아신다. 예수님께서는 또한 "슬픔의 사람"(사 53:3, NIV)이셨다. 그러나 하나님의 슬픔은 하나님의 분노와 같은 타락한 세상에 대한 그분의 일시적 반응이다. 이 세상이 바로 잡힐 때, 그 슬픔은 하나님의 마음에서 영원히 사라질 것이다. 기쁨은 하나님의 근본적인 성품이다. 기쁨은 하나님의 영원한 속성이다. 하나님은 우주에서 가장 행복한 존재이시다.

그리고 하나님의 뜻은 하나님의 피조물들이 하나님의 기쁨을 반영하는 것이었다. 시편 기자는 태양을 "해는 그 방에서 나오는 신랑과 같고 그 길을 달리기 기뻐하는 장사 같아서."(시 19:5)라고 말한다. 이것은 단지 말뿐만이 아니다. 하나님의 피조물인 태양은 하나님의 지치지 않는 기쁨을 표현하고 있는데, 그 기쁨은 피조물로서 존재함에 대한 기쁨, 그렇게 존재하는 것이 얼마나 좋은지 아는 기쁨이다. 하나님의 창조의 산물이며, 하나님의 형상대로 만들어진 피조물인 우리는 삶에 대한 하나님의 강렬한 기쁨을 반영해야 한다.

성경은 일반적으로 우리가 기뻐해야 할 필요성에 대해서 말씀할 뿐 아니라, 더 나아가 기쁨이 하나님의 속성이라고 말씀한다.

예수님께서는 친구인 제자들에게 순종의 필요성에 대해 가르치신 후, 예수님의 목표는 그들이 기쁨으로 충만하게 되는 것이라고 말씀하셨다. 그 기쁨은 "내가 이것을 너희에게 이름은 내 기쁨이 너희 안에 있어 너희 기쁨을 충만하게 하려 함이니라"(요 15:11)의 기쁨이다.

예수님의 말씀에 따르면, 사람들의 문제는 하나님께서 보시기에 우리가 너무 행복하다는 것이 아니라 충분히 행복하지 못하다는 것이다.

루이스 스머즈는 그것을 이렇게 표현한다. "기쁨을 잃는 것은 당신의 존재 이유를 잃는 것이다."[5] C. S. 루이스는 말했다. "기쁨은 하늘나라의 중대 사안이다."⁶ 사도 바울은 말했다. "주 안에서 항상 기뻐하라 내가 다시 말하노니 기뻐하라"(빌 4:4).

성경 말씀에서 기쁨은 선택불가의 사항이다. 기뻐하라는 것은 명령이다. 기쁨이 없는 것은 심각한 죄인데, 특히 종교적인 사람들이 빠지기 쉬운 죄이다. 교회에서 기쁨을 목표로 훈련하는 경우는 거의 없다. 텔레비전 설교자들 중에 방송 부적합 판정을 받을 만큼 기쁨을 많이 표현하는 사람이 없다.

이 우주에는 당신이 슬픔 가운데 살기 바라는 존재가 있긴 하지만, 하나님은 아니다. 프란시스 드 살레스는 이런 글을 썼다. "악한 자 마귀는 슬픔과 우울함을 좋아하는데, 왜냐하면 그 자신이 슬프고 우울하며, 또한 영원토록 그럴 것이기 때문이다. 그리고 그는 모든 사람이 자신과 같기를 바란다."⁷

기쁨과 감사

우리는 삶의 모든 순간에 기뻐하도록 초청받았다. 왜냐하면 모든 순간이 선물이기 때문이다. 우리는 이 진리를 덮고 있는 장막이 걷혀야 그것을 똑똑히 안다.

열다섯 살 때 나는 처음으로 친한 친구가 생겼다. 척과 나는 고등학교와 대학교를 같이 다녔다. 우리는 함께 더블 데이트를 했다. (그리고 함께 퇴짜 맞았다.) 삶의 중요한 사건마다 우리는 친밀한 의논 상대이며 상담자였고, 한패였다.

몇 년 전에 척이 내게 전화를 걸어서 암에 걸렸다고 말했다. 초기의 예후는 매우 좋았지만, 그는 힘든 치료를 받아야 했다. 암 환자의 전형적인 모습인 머리를 깎은 척은 머리에 풀을 바르고 금빛 반짝이 가루를 뿌린 채 속옷 바람으로 집안을 돌아다니면서 자신을 '케모 맨'[8]이라고 불렀다.

척과 나는 3천 킬로미터 이상 떨어져 있었지만, 그가 치료받는 동안 토요일 아침마다 전화로 만났다. 약물 치료 때문에 그는 입맛을 잃었고 음식을 삼킬 수 없었다. 너무나도 수척해졌고 야위어서 그의 자녀들마저 그를 거의 못 알아볼 지경이었다. 그러나 케모 맨은 그 모든 치료를 극복하고 승리했다.

성공적인 치료 후 처음 검사를 받은 척은 그날 저녁 내게 전화를 했는데 암이 재발되었고, 의사의 말에 따르면 그 상태는 치료받기 전 수준이라는 것이다. 의사였던 척은 암이 그렇게 강하고도 빨리 재발되었다는 것은 죽음을 의미한다는 것을 알고 있었다. 그것은 사형 선고였다.

나는 할 말을 잃었다. 그날 밤 잠자리에 들기 전, 나는 기도조차 할 수 없었다. 혼자 항변하기 시작했다. "이건 실수야. 곧 아무 이상도 없다는 사실을 발견할 거야." 사람이 얼마나 현실을 빨리 부인할 수 있는지 나는 놀랐다.

다음 날 아침 6시 30분에 척이 다시 전화를 했다. "믿기 어려울 거야." 연구실에 있는 누군가가 척의 결과 자료를 아직 치료를 받지도 않은 다른 환자의 자료와 바꿔 놓는 실수를 한 것이다. 척의 암은 사라진 것으로 판명되었다. 그리고 몇 년이 지난 지금까지 재발하지 않고 있다.

친구는 말했다. "나는 살게 됐어. 나는 아이들이 크는 것을 볼 것이고, 아내와 함께 늙어갈 거야."

몇 분 동안 우리는 수화기를 든 채 함께 흐느껴 울었다. 척은 이전에 알지 못했던 감사를 느끼게 되었다고 말했다. 그는 아이들을 쓰다듬거나 아내와의 포옹을 멈출 수 없었다. 그 전에 싫어했던 일들이 이제는 아무렇지도 않게 여겨졌다. 그는 살게 되었다. 그리고 갑자기 그는 삶이 선물이라는 진리를 지식으로가 아니라 체험으로 알게 된 것이다. 삶을 우리의 노력으로 얻을 수 없고, 우리 마음대로 주관할 수도 없으며, 삶의 단 일 분도 당연시할 수 없다. 단 일 초의 시간도 하나님께서 주신 선물이며, 매일은 룰루랄라 즐거운 날이다.

삶에는 기쁨이 필요하다

우리는 기쁨의 필요성을 매우 과소평가해 왔다. 느헤미야는 슬퍼하는 백성에게 말했다. "오늘은 너희 하나님 여호와의 성일이니 슬퍼하지 말며 울지 말라 … 너희는 가서 살찐 것을 먹고 단 것을 마시되 예비치 못한 자에게는 너희가 나누어 주라 이날은 우리 주의 성일이니 근심하지 말라 여호와를 기뻐하는 것이 너희의 힘이니라"(느 8:9, 10).

기쁨은 힘이다. 그러므로 기쁨이 없으면 약해진다. 달라스 윌라드는 이렇게 말한다.

> 깊이 만족하는 삶을 살지 못하면 그 결과로 죄악된 행동이 좋아 보이게 된다. 이런 상황에서 유혹의 힘은 커진다. … 보통 우리가 기본적으로 행복한 삶을 산다면, 시험을 이기기가 더 쉬울 것이다. 우리의 육체적인 삶이나 사회생활에 관계된 즐거움을 '영적이지 않다'고 배제하는 것은 옳은 일을 행하려는 우리의 노력을 약화시키는 효과를 가져온다.[9]

영적 활기를 갖기 위해 해야 할 핵심적 일은 이것이다. 우리는 더 이상 죄가 좋아 보이지 않도록 삶을 계획해야 한다. 테레사 수녀가 복잡한 시내 한가운데서 운전한다 해도 그녀는 난폭해지거나 다른 사람들을 욕하지 않을 것이다. 왜 그럴까? 테레사 수녀에게는 그런 행동이 더 이상 흥미를 끌지 못하기 때문이다. 테레사 수녀는 더 나은 삶의 방식을 발견했고, 여호와를 기뻐함으로 힘을 얻었다.

이상하게 들릴지도 모르겠지만, 우리가 기쁨을 더 진지하게 받아들여야 할 때가 왔다. 당신은 기쁨이 넘치는 사람이 될 수 있다. 하나님의 도우심을 힘입을 때 그것은 가능하다. 그렇지 않다면 성경에서 그렇게 명령하지 않았을 것이다.

기뻐하는 것은 배워야 하는 기술이다. 당신의 기쁨은 당신의 책임이다. 당신의 친구, 부모, 배우자, 자녀, 상사가 아닌 당신의 책임이다. 우리 중 어떤 사람들은 이것을 쉽게 이루지 못할 수도 있다. 당신은 기뻐하는 것이 힘든 사람일지도 모른다. 그러나 당신은 기뻐하기 위해 분투해야 한다. 그렇게 할 수 있다.

전략적인 기쁨

기쁨의 실현을 추구하려는 사람은 주 안에서 기뻐하기를 연습해야 한다. 구약에서는 이런 이유로 절기를 매우 강조한다. 절기 기간은 묵상이나 금식 기간과 마찬가지로 변화를 체험하는 시간이었다. 주 안에서 기뻐하는 시간에는 보통 즐거움을 불러일으키는 활동들을 했는데, 그것은 사랑하는 사람들과 함께 시간을 갖고, 먹고 마시고, 노래하고 춤추는 것이었다. 영적인 축하의 시간에는 그런 활동들을 하면서 우리에게 그런 멋진 선물들을 주신 멋진 하나님을 묵상하는 것이다.

느헤미야는 주 안에서 기뻐하는 것이 어떤 것인지 잘 보여 준다. 휴일(holiday)라는 단어는 거룩한 날(holy days)에서 유래되었다. 우리는 종종 '훈련'을 즐거운 일들을 금하는 것으로 생각한다. 그러나 느헤미야는 즐거워할 시간을 마련하라고 사람들에게 명령했는데, 그 시간은 성품의 변화를 위한 훈련이 되었다. "기름진 것을 먹는 것"은 다른 번역에서 '고급 음식'을 먹는 것으로 표현되는데, 그것은 금식과 같은 일종의 훈련이었다. 우리는 선지자가 메뚜기나 채소만을 먹으라고 하거나, 또는 아무것도 먹지 말라고 했을 것이라고 예상하지만, 여기서 보듯이 느헤미야는 가장 좋아하는 어떤 음식을 먹으라고 하고 있다. 그것은 오늘날에도 마찬가지이다(느 8:10).

주 안에서 기뻐하는 것은 향락주의와 정반대이다. 향락주의는 개인적 만족을 위해 더욱 더 큰 쾌락을 추구한다. 그 결과는 수익 감소의 법칙에 따른 것으로써, 과거에 우리에게 기쁨을 주었던 행위가 오늘에는 아무 기쁨도 주지 못하는 것이다. 즉 기뻐할 수 있는 능력이 감소된다.

그러나 주 안에서 기뻐하고 즐거워하는 것은 다르다. 우리가 주 안에서 기뻐할 때, 우리는 하나님께서 주신 가장 단순한 선물을 보고 그 좋은 점을 느낄 수 있는 능력을 계발하게 되며, 그래서 과거에 깨닫지 못했던 것을 오늘은 기뻐할 수 있고, 기뻐할 수 있는 능력이 커진다.

그렇다면 우리는 어떻게 기쁨을 추구해야 할까?

지금 시작하라

기쁨을 추구하는 첫 단계는 지금 시작하는 것이다. 시편 기자는 "이 날은 여호와의 만드신 것이라 이날에 우리가 즐거워하고 기뻐하리로다."(시 118:24)라고 노래한다. 시편 기자는 "어제는 여호와의 날이었다. 그때 나는 얼마나 행복했던가!"라고 말하지 않았고, "내일은 멋진 날일 거야. 그때까지 참고 기다려야지."라고 말하지도 않는다. 여러 가지 부족한 점이 있음에도 불구하고 이날은 룰루랄라 즐거운 날이다.

우리 모두는 언젠가 내가 처한 환경이 변하면 좋은 날이 오고 기뻐할 수 있을 것이라는 환상을 가지고 산다. 학교에 다닐 때는 졸업하면 행복해질 것이라고 생각한다. 독신일 때는 결혼하면 행복할 것이라고 확신한다. 결혼하고 나서는 자녀를 가지면 행복할 것이라고 생각한다. 자녀들이 있을 때는 자녀들이 장성하여 독립하면 행복할 것이라고 생각하지만, 막상 그렇게 되면 자녀들이 아직 집에 있었을 때가 너 행복했다고 생각한다.

'이날은 하나님의 날입니다.' 라고 시편 기자는 말한다. 이날은 하나님께서 만드시고, 그리스도의 죽음으로 구속된 날이다. 만일 우리가 기쁨을 누리고자 한다면, 그날은 바로 이날, 오늘이다.

그런데 여기서 질문이 있다. 이 세상의 모든 고통과 괴로움 가운데에서 내가 어떻게 기뻐할 수 있을까? 기아와 폭력과 불의가 난무하는 세상 속에서 기뻐하는 것이 과연 옳은가?

우리는 바로 이 점에서 가장 놀라운 것을 발견할 수 있다. 종종 고통에 가장 근접해 있는 사람들이 가장 큰 기쁨을 누리는 것을 본다. 테레사 수녀는 자신의 주변에 있는 고통에 압도당하지 않고, 어려운 사람들을 위해 사역할 때 가장 기뻐했다고 그 친구들이 전한다. 디트리히 본회퍼와 함께 플로센뷔르크에 수감됐던 한 영국인 장교는 본회퍼에 대해 이렇게 묘사한다. "내가 보기에 본회퍼는 항상 가장 사소한 일에 대해서도 행복과 기쁨의 분위기를 퍼뜨리고, 자신이 살아 있다는 단순한 사실에 대해 크게 감사하는 것 같았습니다."[10]

진정한 기쁨은 개인적 행복 이상의 일에 삶을 헌신하는 사람들에게만 있다는 것은 항상 분명히 드러나는 사실이다. 성인들이나 순교자들의 특별한 삶에 잘 나타난다고 생각할 수도 있으나 우리 같은 평범한 사람들에게도 예외는 아니다.

참된 기쁨을 테스트하는 방법이 있는데, 그것은 고통 가운데서도 기뻐할 수 있는가이다. 그럴 때의 기쁨이 참 기쁨이다. 이 세상을 살아가면서 성도들이 누릴 수 있는 기쁨은 '그럼에도 불구하고'의 기쁨이다.

만일 우리가 오늘 기뻐하지 않는다면, 우리는 결코 기뻐하지 못할 것이다. 만일 완전한 환경이 조성될 때까지 기다려서 기뻐하려고 한다면, 우리는 죽을 때까지 기다려야 할 것이다. 만일 우리가 기뻐하려고 한다면, 이날에 기뻐해야 한다. 이날은 여호와께서 만드신 날이다. 이날은 룰루랄라 즐거운 날이다.

기쁨의 멘토를 찾으라

다른 사람들에게 기쁨을 전하고 다니는 몇몇 사람 정도는 알 것이다. 그 사람들 주변에 있으면 생기를 얻는다. 그들을 귀하게 여기고, 그들에게 감사하라. 무엇보다도 일부러라도 그들과 함께 있는 시간을 계획해 보라. 이것은 중요하다. 기뻐하기를 거부하고, 항상 희생자의 입장에 서려는 사람들도 있는데 그들은 우리가 기뻐하는 것도 원하지 않으며, 우주 공간에 있는 블랙홀과 같다.

어떤 농부의 이웃은 끊임없이 불평하는 사람이었다. 그 농부는 불평쟁이 이웃을 평생에 단 한 번이라도 감동시키기로 마음먹었다. 그래서 세계 최고의 사냥개 한 마리를 사서 철저히 훈련시킨 후, 기쁨 없는 친구를 초청하여 함께 사냥을 갔다. 그리고는 개가 한 시간 동안 움직이지 않고 서 있을 수 있으며, 2킬로미터 떨어진 곳의 냄새를 맡을 수 있다는 것을 보여 주었다. 그러나 그 이웃은 아무 반응도 없었다. 농부는 눈을 가리고 오리를 쏘았고, 연못 한가운데로 떨어지는 오리를 개는 멋지게 물 위를 뛰어올라 받아서 주인 발 앞에 놓았다. "어떻게 생각하나?" 농부는 이웃에게 도전적으로 질문했다. "자네 개는 헤엄을 못 치나 보지?"

우리 주위에는 이런 사람이 꼭 있다. 최선을 다해 그들을 사랑해야 하지만, 그들의 영향을 받지 않도록 매우 조심해야 한다. 그들과 함께 보내는 시간을 제한하여 그들이 우리의 심령에 영향을 미치는 것을 반드시 막아야 한다.

나는 성경에서 이 구절이 가장 당연하다고 생각한다. "웃는 얼굴은 우리를 행복하게 한다"(잠 15:30, *Good News Bible*). 이런 사람을 몇몇 찾아내야 한다. 특히 기쁨을 유지하기 어려운 상황에 있다면 더욱 그렇다. 이번 주에 그런 사람과 만날 약속을 하라. 우리는 생기를 불어넣고 기쁨을 주는 사람들과 정기적으로 많은 시간을 보낼 필요가 있다.

여기서 한 걸음 더 나아가 그 사람에게 당신의 '기쁨을 전달할 멘토'가 되도록 요청할 필요가 있다. 항상 기쁨이 넘치는 사람을 찾아 당신의 손상된 기쁨을 회복하고 싶다고 하라. 그리고 성령께 당신의 삶이 더욱 풍성한 기쁨의 열매를 맺도록 함께 기도하라.

오늘은 룰루랄라 날

만일 쉽게 기쁨을 얻지 못한다면 한 주의 하루를 개인적인 룰루랄라 날로 정해서 즐거운 일들로 가득 채우라. 그 일들은 사소한 것들일 수도 있다. 본회퍼는 감옥에서의 식사가 기쁨의 훈련 기회였다고 했다.

하나님께서는 유쾌하지 않고 무뚝뚝한 우리의 태도를 견디지 못하신다. 우리는 그런 태도로 슬프고, 우쭐하고, 서두르고, 심지어 수치스러워하는 가운데 식사한다. 하나님께서는 그런 우리로 하여금 매일의 식사를 통해 기쁨을 누리게 하시고, 노동하는 평일 중에도 휴일을 주셔서 안식하게 하신다.[11]

특정한 날을 정해 주 안에서 기뻐하도록 하여, 그 열매로 기쁨이 당신의 삶 전체에 가득하게 하라. 한 주에 하루는 좋아하는 음식을 먹고, 마음을 감동시키는 음악을 듣고, 몸을 마음껏 풀어 주는 도전적인 운동을 하고, 정신을 새롭게 하는 책을 읽고, 행복하게 해 주는 옷을 입고, 아름다운 환경 가운데서 지내라. 그러면서 하나님의 놀라운 선하심에 대해 하나님께 감사하라. 그분은 "각양 좋은 은사와 온전한 선물"을 주시는 분이시다(약 1:17).

우리는 일반적으로 영적 성숙에 있어서 즐거움의 중요성을 간과해 왔다. C. S. 루이스의 소설 『스크루테이프의 편지』에서 원로 귀신은 조카 귀신에게 사람들을 어떻게 유혹할지 조언해 준다. 스크루테이프 삼촌은 이렇게 말한다.

> 건전하고 정상적이고 만족스러운 종류의 즐거움을 다룰 때, 어떤 의미에서, 우리가 적지에 있다는 것을 명심해라. 물론 우리가 즐거움을 통해 많은 영혼들을 빼앗았지만, 즐거움은 원래 하나님의 뜻이었지 우리의 뜻이 아니었다. 하나님이 모든 즐거움을 만들었다. 수많은 연구를 해 왔지만, 우리는 아직 한 가지 즐거움도 만들어 내지 못했다. 우리가 할 수 있는 일은 우리의 적 하나님이 만들어 낸 즐거움을 사람들이 취하되, 하나님이 금지한 잘못된 때, 잘못된 방법, 잘못된 정도로 취하도록 조장하는 것뿐이다. … 욕망은 계

속 커지게 하고 즐거움은 점점 줄어들게 하는 것이 해법이다. … 사람의 영혼을 취하되 그에게 아무것도 돌려주지 않는 것이야말로 우리 아버지 마귀의 마음을 정말 기쁘게 한다.[12]

텔레비전 끄기

성경에 보면 많은 사람들이 금식하였고 예수님도 금식하셨다. 내 생각에는 만약 예수님께서 오늘날 육신으로 우리와 함께 계신다면, 다른 종류의 금식에 대해서도 말씀하실 것 같다. 그 금식은 냉장고를 비우는 대신, 가정의 오락 센터인 텔레비전의 플러그를 뽑는 것이다.

넬슨의 보고에 따르면 미국의 텔레비전은 매일 평균 여섯 시간 동안 켜져 있다. 십여 년 전 디트로이트의 한 신문사는 120가구에게 한 달 동안 텔레비전을 보지 않는다면 오백 달러를 주겠다고 제안했다. 아흔세 가구는 제안을 거절했다. (나머지 스물일곱 가구의 삶은 텔레비전이 없는 한 달 동안 매우 개선되었다. 그러나 그 기간이 끝난 후에 이전의 시청 습관으로 즉시 돌아갔다.)[13]

여기서 우리는 하나의 큰 아이러니를 찾을 수 있다. 많은 사람들이 텔레비전을 시청하는 이유는 피곤한 심신이 휴식을 얻고 싶어서이다. 그러나 이렇게 말하는 사람을 본 적이 있는가? "어제 저녁 뉴스 시간부터 심야 토크쇼까지 텔레비전을 시청했더니 생기가 돌고 활력이 넘치고 심신이 새롭고 상쾌합니다! 얼마나 굉장하고 기억에 남을 밤이었는지요! 내 삶에 텔레비전이라는 선물이 있기에 너무나 감사합니다."

텔레비전의 가장 큰 단점은 텔레비전이 우리의 마음속에 주입하는 것보다 텔레비전 때문에 우리가 못하는 것이 많다는 점이다. 텔레비전은 서로 가까워질 수 있는 대화를 없애고 생각이 계속되는 것을 끊는다. 심리치료사 돌로레스 캐런이 한 가족에게 두 주 동안 사용하는 문장을 기록하도록 했다. 놀랍게도 가장 많이 쓰는 말은 "텔레비전에서 뭐 하니?"와 "다른 데로 돌려 봐."였다.[14]

급진적인 변화를 시도해 보라. 한 주 동안 텔레비전을 켜지 않는 영적 훈련에 시작하라. 텔레비전의 플러그를 뽑으라. 그 기간을 '희년 주간'으로 선포하며 하나님의 도우심을 구하라. 해야 되는 일이나 하려고 했던 일에, 이로 인해 얻은 자유시간을 사용하라. 잠도 더 자고, 독서도 하고, 정말 유익한 대화도 나누라.

우리는 우울증의 시대에 살고 있다. 과거에 만연했던 불안 대신 오늘날에는 우울증이 마치 정서생활의 감기인양 흔하게 되었다. 특히 젊은이들의 사망 원인 중 자살의 비율이 치솟고 있다.

게다가 교회 외부에서와 마찬가지로 교회 내부에도 우울증이 전반적으로 만연해 있다. 최소한 한 가지 주목할 만한 예외가 있다. 제니스 이그랜드는 1970년대 이후 미국 암만파 신자들을 연구해 왔는데, 암만파 신자들은 미국 전체 인구에 비해 상당히 낮은 우울증 비율을 보였다.[15] (조울증의 경우만 예외인데, 조울증은 유전적 영향이 큰 것으로 보인다.)

이 얼마나 아이러니인가? 일상생활의 요구와 지루함에서 벗어나기 위해 오락 산업에 크게 의존하는 오늘날의 사회에서 모든 종류의 전자제품을 혐오하는 집단이 가장 우울증을 겪지 않는 집단인 것이다. 사실, 암만파 신자들의 독특한 생활방식 때문에 조울증 중 흥분 상태를 진단하는 것조차도 어려웠다. 결국 그들이 보인 흥분 상태로 연구된 대표적 예는 말과 마차를 너무 빨리 모는 것, 공중전화를 과도하게 사용하는 것, 엉뚱한 시간에 휴가를 계획하는 것 등이었다.

우리가 당면한 큰 과제는 이것이다. 사회의 나머지 사람들은 로버트 휴스가 말한 '불평하는 문화'[16] 속에 있다. 교회가 이 사람들을 완전히 변화시킬 수 있는가? 그리스도께서 우리에게 훈계하신 것처럼, 진정 이 세상에 있는 우리가 이 세상에 속하지 않을 수 있는가? 우울증의 경우와 같은 현실을 볼 때, 그것은 우리가 생각하는 것보다 훨씬 더 어려울 것 같다.

성경적 관점을 갖도록 당신의 생각을 훈련하라

크게 보자면, 기쁨은 사고방식으로부터 나온다. 인지심리학자들의 보고에 따르면, 한 사건과 우리의 반응 사이에는 항상 우리의 신념이나 그 사건에 대한 해석이라는 매개체가 존재한다. 그렇다면 신약 성경에 왜 그렇게 많은 기쁨이라는 주제가 나오는지 알 수 있다. 신약 성경의 기록자들은 오늘날 우리에게 익숙한 긍정적 사고가 아니라, 소위 '종말론적 사고'를 가지고 있었다. 종말론적 사고란 마지막 부활과 다시 사신 그리스도의 궁극적 승리의 관점에서 모든 사건을 바라보는 것이다.

모든 상황들이 매우 뒤틀려 잘못되고 있는 순간에도 기뻐하려면 용감해야 한다. 이런 정신을 잘 보여 준 이야기가 있는데 그것은 로버트 풀검이 쓴 결혼식 이야기이다.[17] 그 결혼식은 신부의 어머니(MOTB: Mother of the Bride)라고만 알려진 어떤 인물에 의해 주관되었다. 그 결혼식은 과거에나 볼 수 있었던 큰 규모였는데, 열여덟 개의 악기로 구성된 관현악단이 연주했고, 미국 전역에서 선물이 도착했으며, 스물네 명의 신랑신부 들러리와 꽃잎 뿌리는 사람, 반지 운반자까지 있었다. 이 복잡하고 성대했던 결혼식은 계획대로 잘 진행되고 있었다. 결혼식의 절정의 순간에 이르게 되었다.

아, 신부에 대해서 이야기하자면, 며칠은 아니지만 최소 몇 시간 동안이 나 치장을 했다. 신부에게는 이제 아무 힘도 남아 있지 않았다. 신부 들러리들이 자리로 가는 동안 신부는 아버지와 함께 교회의 연회장에 남아 있었다. 신부는 진수성찬이 차려져 있는 테이블 곁을 거닐다가 아무 생각 없이 몇 가지를 집어먹게 되었다. 처음에는 분홍과 노랑, 초록의 작은 박하 과자를 먹었다. 그 다음에는 여러 가지 견과류가 담겨 있는 은 접시에서 호두를 집어먹었다. 그 다음에는 한두 개의 치즈볼과 검정 올리브 몇 개, 한 주먹의 아몬드, 작은 소시지, 새우베이컨말이, 크래커를 먹었다. 먹은 것들을 입가심하려고 마지막으로 한 잔의 분홍색 샴페인을 마셨다. 신부의 아버지가 그것을 신부에게 주었다. 그것은 딸의 신경을 가라앉히기 위해서였다.

신부가 단상까지 행진하기 위해 출입문 앞에 섰을 때 눈길을 끈 것은 웨딩드레스가 아니라, 그녀의 얼굴이었다. 그녀의 얼굴은 창백한 흰색이었다. 단상을 향해 걷고 있는 신부는 안전핀이 뽑혀 살아 있는 수류탄이었다.

신부는 토했다.

그것은 신부의 어머니 앞을 막 지날 때였다.

'토했다'는 것은 숙녀답게 조금 욱 했다는 것이 아니다. 그녀는 게워냈다. 그것을 달리 더 좋게 표현할 말이 없다. 신부는 단상 옆 좌석에 구토를 쏟아냈다. 두 명의 신부 들러리와 신랑과 반지 운반자와 나에게도 오물이 튀었다.

...

딱 두 사람만 웃고 있었다. 한 사람은 신랑의 어머니였다. 그리고 다른 한 사람은 신부의 아버지였다.

그 다음에 풀검은 사람들이 어떻게 협력하여 조용하고 부드럽게 연회장에서 예식을 진행시켰는지 설명한다. "결혼식장에서 흔히 그렇듯이 모든 사람들은 눈물지었다. 그것은 특히 결혼식 내내 신랑이 신부를 팔로 부축해 주었기 때문이다. 그리고 어떤 신랑도 그렇게 한 적이 없을 정도로 신랑은 다정하게 신부에게 입을 맞추었다."

그러나 이 이야기의 백미는 망가진 결혼식이 아니라, 10년 후 그 재난을 기념하기 위해 파티를 열고 그 손님들이 다시 모였다는 것이다. 사람들은 10년 전에 있었던 일들을 텔레비전으로 보았다. MOTB는 세 대의 카메라를 동시에 사용하여 결혼식을 찍었기 때문이다. 그 파티는 MOTB가 자발적으로 주최한 것이었다.

모든 것이 잘못된 상황에서 어떻게 모든 사람들이 즐거워할 수 있었는가? 그 모든 혼란에도 불구하고, 신부에게 신랑이 있있기 때문이다. 결국 중요한 것은 그것이었다. 신부에게는 신랑이 있었다. 그날은 룰루랄라 즐거운 날이었다.

고통이 가득한 세상 가운데서 기쁨이 충만한 사람이 되는 것이 어떻게 가능한가? 성경의 가장 마지막 부분에 등장하는 약속의 말씀을 보자.

"우리가 즐거워하고 크게 기뻐하여 그에게 영광을 돌리세 어린양의 혼인 기약이 이르렀고 그 아내가 예비하였으니"(계 19:7).

하늘의 신랑이 신부를 맞이한다.

하나님의 백성을 위해 예비되어 있는 기쁨은 너무나 큰 것이기 때문에 그것은 사랑하는 연인 사이의 기쁨에만 견줄 수 있다. 그리고 나서 우리는 결혼식을 볼 것인데 그 결혼식에 비교하자면 이 땅의 가장 성대한 결혼식도 희미한 그림자에 불과할 것이다. 하나님께서는 그 백성과 함께 춤추실 것이다. 쇠하지 않고 방해받지 않는 기쁨이 영원히 계속될 것이다. 그때 표현하기 어려운 그 감격을 표현하려 했던 선지자의 말은 성취될 것이다.

"너희는 기쁨으로 나아가며 평안히 인도함을 받을 것이요 산들과 작은 산들이 너희 앞에서 노래를 발하고 들의 모든 나무가 손바닥을 칠 것이며"(사 55:12).

사도 요한도 그것을 말하고자 했다.

"하나님이 저희와 함께 거하시리니 저희는 하나님의 백성이 되고 하나님은 친히 저희와 함께 계서서 모든 눈물을 그 눈에서 씻기시매 다시 사망이 없고 애통하는 것이나 곡하는 것이나 아픈 것이 다시 있지 아니하리니"(계 21:3, 4).

그때 결코 끝나지 않는 기쁨의 날이 시작될 것이다.

룰루랄라 즐거운 날

토론을 위한 질문

1. 만일 당신이 '룰루랄라'의 하루를 보내고 있다면, 사람들은 무엇을 보고 그것을 알겠는가? 외적으로 드러나는 그 증거는 무엇인가?

가장 최근에 경험한 룰루랄라의 순간에 대해 말해 보라. 당신을 기쁘고 즐겁게 한 것은 무엇인가?

2. 우리에 비해 룰루랄라의 시간을 부당하게 많이 누린다고 생각하는 사람이 있는가? 우리는 그들의 기분과 열정을 어떤 식으로 짓밟는 경향이 있는가?

3. 누가 당신에게 룰루랄라 정신의 모델이 되는가? 그 사람을 보면서 기쁨에 대해 배운 것은 무엇인가? (그 사람의 나이에는 제한이 없다는 점을 기억하라.)

> 느헤미야 8:9~12 읽기

4. 하나님께서는 유쾌한 분이시며 온 우주의 모든 존재들 중 가장 행복한 분이심을 깊이 느끼게 해 준 창조세계가 있다면, 무엇인가? 당신이 그곳에 있을 때, 하나님의 기쁨은 당신에게 어떻게 전달되는가?

주님의 기쁨 안에서 사는 것이 당신에게 어떻게 힘을 주는가?

5. 삶의 상황들이 당신에게 예기치 않은 기쁨을 주었던 때를 묘사하라. 우리가 기쁨을 누리기 위해 정기적으로 할 수 있는 실제적인 일들에는 어떤 것들이 있는가?

6. 100쪽의 달라스 윌라드의 인용문을 읽으라. 윌라드는 두 가지 요지로 말한다. 첫째, 기쁨이 충만할 때는 유혹에 덜 끌린다. 둘째, 기쁨이 결여되면 유혹에 더 잘 빠진다. 이 두 원리를 당신의 삶 속에서 어떻게 경험했는가?

7. 어떤 사람들은 '기쁨 전달자'로서 기쁨을 주변 사람들에게 퍼뜨린다. 그런 사람들의 삶의 특징들은 무엇인가?

당신이 그런 특징들을 계발할 수 있는 실제적인 방법들은 무엇인가?

8. 로버트 풀검이 쓴 어떤 신부의 이야기와 "결국 중요한 것은 신부에게는 신랑이 있었다는 것이다."라는 교훈을 읽어 보라(109~111쪽). 하나님께서 당신에게 주셔서 아무도 빼앗을 수 없는, 불변의 영원한 기쁨의 선물들은 무엇인가?

어떻게 그것들이 힘든 시간들에도 기쁨의 진정한 원천이 될 수 있는가?

함께 기도하기

하나님께서 당신의 삶 속에 주신 기쁨의 선물들에 대해 구체적인 감사의 기도를 드리라.

삶에 적용하기

다음 주에 다음의 연습들 중에서 하나를 선택하여 실행하라.

- 당신에게 기쁨의 스승인 한 사람에게 편지를 쓰라. 그에게 감사하고, 멘토 역할을 계속해 주기를 부탁하라.

- 한 주, 두 주 혹은 한 달 동안 TV를 끄는 것에 대해 고려해 보라.

- 어느 하루 전체를 당신 개인의 룰루랄라 날로 삼으라. 그날에 당신은 무엇을 하겠는가? (상상의 나래를 펴 보라.) 당신이 그것을 하지 못하게 막는 것은 무엇인가? 당신이 그런 날을 계획할 수 있도록 그룹원들이 도와줄 수 있는 것이 있다면(아이 봐 주기, 할 일을 대신해 주기, 물질적 자원 제공하기 등), 당신의 룰루랄라 날을 계획하는 것을 도와달라고 부탁하라.

삶을 위한 묵상

저자는 "영적 활기를 갖기 위해 해야 할 핵심적 일은 이것이다. 우리는 더 이상 죄가 좋아 보이지 않도록 삶을 계획해야 한다."라고 했다. 유혹의 한 영역이 덜 매력적으로 보이도록 이번 주에 당신의 삶에서 조정할 수 있는 것이 무엇이겠는가?

좀 더 생각해 볼 문제들

1. 저자는 기쁨을 깨뜨리는 유별난 능력을 가진 사람들에 대해서 썼다. (이름은 거론하지 말고,) 그런 사람들이 당신의 삶에 어떤 영향을 미쳤는가? 그 사람

들이 우리에게서 기쁨을 강탈해 가지 못하도록 우리는 무엇을 할 수 있는가?

2. 조급함은 기쁨과 시간을 다 죽인다. 조급함이 시간을 죽이는 경험을 했거나 본 적이 있는가?

3. 94~95쪽의 G. K. 체스터턴의 인용문을 읽으라. 하나님을 어리고 기쁨이 충만한 분으로 보는 체스터턴의 관점이 하나님에 대한 당신의 관점과 어떻게 일치하는가, 혹은 어떻게 충돌하는가?

어린아이 시절에 가정이나 교회에서 받은 하나님에 대한 이미지는 어떤 것인가? (당신이 유년기에 하나님을 보던 관점을 가장 잘 나타내는 곳에 X표를 하라.)

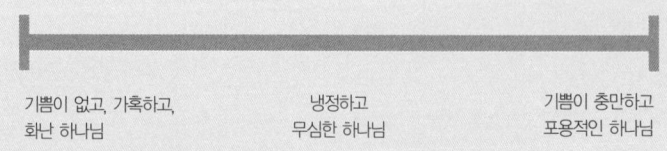

오늘에는 하나님에 대한 어떤 이미지를 가지고 있는가? (지금 이 시점에서 하나님을 보는 관점을 가장 잘 나타내는 곳에 X표를 하라.)

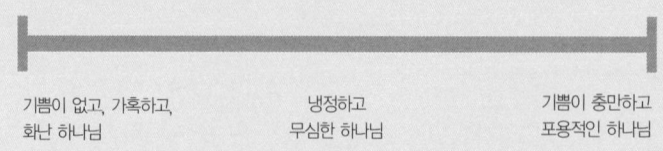

4. 당신의 그룹원들에게 당신의 기쁨 지수가 어떤지 말해 달라고 부탁한다면, 그들은 무엇이라고 말하겠는가?

5. 저자는 "기쁨의 결여는 아마도 교회에서 가장 쉽사리 관용되는 죄일 것이다."라고 말한다. 왜 교회가 기쁨의 결여를 그렇게 잘 받아들이고 심지어 권장하기까지 한다고 생각하는가?

6. 한 주 동안 자연스럽게 생길 기쁨이 충만한 순간들, 이제는 더 주목하고 즐겨야 할 순간들은 언제인가?

7. 저자는 "종종 고통에 가장 근접해 있는 사람들이 가장 큰 기쁨을 누린다."라고 말한다. 당신에게 이 진리의 본을 보여 준 한 사람과 당신이 그 사람의 삶에서 배운 것을 말하라.

5
천천히 사는 삶

'천천히 하기' 연습

오늘날의 사람들은 영원보다 일시적 시간을 더 소중하게 여긴다.[1]

토머스 켈리

시카고로 이사 온 지 얼마 안 됐을 때 나는 조언을 얻기 위해 지혜로운 한 친구에게 전화했다. 나는 최근 나의 동향과 가족들의 삶, 그리고 내 마음의 상태를 내가 분별하는 대로 자세히 설명한 다음, 내가 영적으로 건강한 삶을 살려면 무엇을 해야 할지 물었다.

오랜 침묵이 흐른 후에야 그는 마침내 말했다.

"자네의 삶에서 조급함을 단호히 없애버려야 해." 또다시 긴 침묵이 흘렀다.

얼마 후 나는 좀 조바심을 내며 그에게 말했다. "좋아. 그것을 적어 두겠네. 그 밖에 다른 것은 없나?" 나는 할 일이 많았고, 장거리 전화로 통화하는 중이었기 때문에 짧은 시간 안에 가능한 한 많은 영적인 조언들을 얻고자 조바심을 냈다.

또다시 긴 침묵이 흘렀다.

그리고 나서 친구는 "다른 것은 없네."라고 말했다.

그는 내가 아는 사람 중에 가장 지혜로운 영적 조언자이다. 그가 내 삶의 사소한 죄까지 다 안다고 할 수는 없지만 꽤 알고 있었다. 그런데 그는 영적 지혜의 무한히 큰 화살통에서 하나의 화살만을 빼들었다. "다른 것은 없네. 자네의 삶에서 조급함을 단호히 없애버려야 해."

만일 누군가가 당신에게 이런 조언을 하면서 당신 삶이 성공할지 아닐지가 조급함의 문제에 달려 있다고 말한다면 어떨까? 그 가능성은 어느 정도인가? 조급함은 오늘날 우리 삶의 큰 적이며, 우리 영혼을 파괴할 수 있는 성공적인 삶의 방해요소이다. 칼 융은 이렇게 썼다. "조급함은 마귀에게 속한 것이라기보다 마귀 그 자체다."[2]

영적인 삶을 추구하는 우리는 계속해서 서두르며 영적 전쟁을 한다. 많은 사람들이 믿음을 부인하는 것만이 신앙의 위기라고 생각한다. 하지만 신앙의 위기는 산만하고 조급하고 정신을 빼앗김으로써 미지근한 신앙에 만족하게 되는 데 있다. 그렇게 될 때, 우리의 삶은 실질적이지 않고 피상적이다.

조급증이라는 병

우리는 '조급증'이란 병으로 고통을 겪는다. 오늘날의 사람들이 갖는 큰 착각 중 하나는 서두르면 우리가 더 많은 시간을 가질 수 있으리라는 것이다. 한 자동차 정비소에 이런 광고 문구가 붙어 있었다.

"우리는 당신이 더 빨리 움직이도록 돕습니다." 그렇지만 내 최우선의 필요가 더 빨리 움직이는 것이 아니라면 어떻게 하겠는가?

〈타임〉지 기사에 의하면, 과거 1960년대에 전문가들이 경영에 관한 상원 소위원회에서 20여 년 후에는 첨단기술의 발달로 사람들의 주당 근무시간이나 연내 근무일수가 크게 줄거나 사람들이 더 일찍 은퇴하게 될 것이라 했다. 그 전문가들은 그때가 되면 여가 시간에 무엇을 할 것인가가 가장 큰 문제일 것이라고 전망했다. 그러나 그 후 30년이 지난 지금, 시간 관리에 관한 우리의 문제가 '남는 시간에 무엇을 할 것인가'라고 말할 사람은 별로 없을 것이다.

시간을 단축하여 서두를 수 있게 해 준다고 약속하는 상품이라면, 우리는 뭐든지 사려고 한다. 샴푸와 린스를 하나로 합쳐 린스의 시간을 단축시킨 샴푸는 당시 최고 판매를 기록했다. 도미노피자가 많이 팔리는 이유는, 30분 내에 피자를 배달하겠다고 고객들에게 약속했기 때문이었다. (도미노피자의 최고경영자는 "우리는 피자를 팔지 않고, 배달을 팝니다."라고 말했다.) 〈USA투데이〉지는, "도미노피자로부터 힌트를 얻은 디트로이트 시의 한 병원은 응급 환자들이 20분 내에 진찰을 받게 하겠다며, 만일 그렇지 않다면 무료로 치료해 준다고 했다."고 보도했다. 그 후 병원 이용환자가 30퍼센트나 증가되었다고 한다.

사람들이 맥도날드를 주로 찾는 이유는 그곳이 양질의 음식이나 저렴한 음식을 팔기 때문이 아니고, '패스트푸드'를 팔기 때문이다. 요즘은 차를 주차하고 식당에 들어가 주문하는 시간까지도 아까워서 차 안에서 주문하는 드라이브인 식당이 생기고 있다.

오늘의 세상은 『이상한 나라의 엘리스』에 나오는 빨간 여왕의 나라 같다. 그 여왕은 이렇게 말한다. "제 자리에 머물러 있으려면 힘껏 달려야 해. 만일 어디로 가고 싶으면, 그보다 두 배는 더 빨리 달려야 해!"

아이러니한 것은 시간을 얻기 위해 이 모든 노력을 다함에도 불구하고 우리는 시간적 여유를 느끼지 못한다는 것이다. 오히려 시간이 부족하다. 로버트 뱅크스에 따르면, 미국은 모든 상품이 풍부하지만, 단 시간은 부족하다.[3] 그 반대로, 이 세상 삼분의 이에 해당하는 다른 나라들은 물질적으로는 가난할지 모르나, 시간은 풍부하다. 몰아붙이거나 서두르지 않아도 되고 매일의 일과를 마치는 데 시간이 충분하다.

마이어 프리드먼은 조급증을 이렇게 정의한다. "간단히 말해서, 더욱 더 많이 완수하거나 성취하려 하고, 더 적은 시간에 더 많은 일에 참여하려는 계속적이고 끊임없는 시도로, 그것이 종종 사실이든지 상상이든지 다른 사람들과의 대립관계 속에서 이루어진다."[4] 예수님께서 말씀하신 것처럼, 조급할 때 우리는 "이생의 염려와 재리와 일락"에 소진되고, 우리의 마음속에 예수님의 삶의 방식이 자리 잡지 못한다(눅 8:14).

예수님께서는 그 당시부터 있었던 이런 문제들을 잘 아셨다. 앞으로 보겠지만, 예수님께서는 많은 사람들이 모인 곳이나 여러 가지 활동을 피하곤 하셨다. 제자들에게도 그렇게 하라고 가르치셨다. 바쁜 사역을 마치고 돌아와서 흥분해 있는 제자들에게 예수님께서는 "너희는 따로 한적한 곳에 와서 잠깐 쉬어라."라고 말씀하셨다. 이 상황에 대해 마가는 "오고 가는 사람이 많아 음식 먹을 겨를도 없음이라."라고 묘사하였다(막 6:31).

바쁘게 사는 것이 삶의 모토인 사람도 있을 것이다. 언젠가 하나님께서 보상하시고 "정말 훌륭한 삶을 살았구나! 너무 바빠서 식사할 시간도 없을 정도라니, 잘했다!"라고 말씀하실 거라고 상상한다. 그러나 마가의 글을 자세히 보면, 그것을 칭찬이라고 생각하지 않았다. 예수님께서는 제자들이 사역 외의 시간을 갖기를 원하셨다. 예수님을 따른다는 것은 단거리 경주가 아니다. 누군가를 따르고자 한다면, 인도자보다 빨리 가지 말아야 한다.

우리의 삶에서 조급함을 가차 없이 추방해야 한다. 이것은 절대로 바쁘지 말아야 한다는 의미가 아니다. 예수님께서는 할 일이 굉장히 많으셨지만, 사랑을 바라는 사람이 있다면 아무 방해를 받지 않고 사랑을 줄 수 있을 만큼의 범위에서 일하셨다. 예수님께서는 홀로 기도하기 위해 일 없는 시간을 정기적으로 가지셨다. 예수님께서는 종종 바쁘긴 하셨지만, 결코 조급하지 않으셨다.

조급함은 무질서한 계획표의 문제가 아니고, 무질서한 마음의 문제이다. 먼저 우리 자신을 간단히 진단해 보자. 우리에게 이 조급증이 있는지 어떻게 알 수 있는가? 그 몇 가지 증상들은 다음과 같다.

일과를 항상 빨리 처리하려 한다

조급증이 있는 우리는 시간이 충분하지 않다는 두려움에 항상 시달린다. 더 빨리 읽고, 더 빨리 말할 뿐만 아니라, 다른 사람의 말을 들을 때는 더 빨리 고개를 끄덕여서 상대방이 더 빨리 말하도록 유도한다. 기다려야 할 때도 안달한다. 정지신호에 걸렸을 때, 차선이 두 개이고 각 차선마다 차가 한 대씩 있으면, 우리는 그 차들의 생산년도, 모델을 근거로 어느 차가 가장 빨리 출발할지 추측해 그 뒤에 선다.

슈퍼마켓에서 계산하기 위해 늘어선 두 줄이 있으면, 각 줄에 몇 명의 사람이 있는지, 계산할 물건들은 얼마나 있는지 계산한다. 정말 심한 조급증인 사람은 어떤 한 줄을 선택해 기다리는 순간에도, '만약 다른 줄에 있었다면'이라고 가정한 후 어느 줄이 빠를지 재 본다. 만약 그 가상의 내 위치보다 내가 먼저 계산대를 통과하면 우쭐해지고, 그렇지 않다면 우울해진다. 이 이야기가 자신의 이야기인 사람은 조급증에 걸린 것이다.

복합 업무

조급증에 걸린 사람은 만족하지 못하고, 필사적으로 서두르면서, 한 번에 두 가지 이상을 실행하거나 생각한다. 심리학자들은 이것을 다

상활동(polyphasic activity)이라고 부른다. 더 희망적으로 들리는 완곡한 표현은 복합 업무이다. ('한 번에 두 가지 이상의 일을 하는 것'이라고도 할 수 있지만, 이렇게 부르기에는 너무 길다.) 자동차는 복합 업무를 하기에 좋은 장소이다. 조급증이 있는 사람은 운전하면서 햄버거를 먹고, 커피를 마시고, 라디오를 듣고, 면도하거나 화장도 하고, 카폰으로 통화한다. 집안에서라면 텔레비전을 보면서 뭔가를 읽고, 저녁을 먹고, 대화하는 것을 동시에 다 한다.

혼란

조급증이 있는 사람들의 삶에는 단순함이 결여되어 있다. 이 사람들은 종종 굉장히 근 시간계획표를 기지고 다닌다. 그들은 책과 잡지를 무더기로 구입한 후 읽지 못하고는 죄책감에 시달린다. 그들은 시간을 절약할 수 있는 여러 편리한 기구들을 구입하지만, 설명서를 읽고 사용법을 이해할 시간이나 인내심은 없다. 폴 퍼셀에 의하면, 이 유형에 속하는 많은 사람들은 필요 없는 물건들을 버리기를 어려워한다. 그는 이렇게 충고한다.

> 당신에게는 복잡한 옷장을 잘 정리하는 '옷장 해결사'가 필요할지도 모른다. … 신뢰할 수 있는 친구는 당신이 '다시 채우려 하는 현상'도 막아 줄 수 있다. 다시 채우기란 옷장이나 서랍을 정리하면서 새로운 물건들로 채워 넣으려 하는 것이다.[5]

덜 물질적인 다른 혼란도 있다. 거절하지 못한 일들에 대한 부담에 눌리게 되면 삶은 혼란해진다. 그러면 중요한 날이나, 약속을 잊거나, 일을 끝까지 철저하게 완수하지 못하는 혼란이 생긴다.

피상성

"피상성은 우리 시대의 저주이다."라고 리처드 포스터는 말한다.⁶ 만일 피상성이 저주라면, 조급함은 그것을 위한 주문(呪文)이다. 깊어지려면 늘 시간이 걸린다.

이것은 인격 형성에 있어서도 진리이다. 링컨이 그렇게 깊이 있는 사고를 하게 되었던 원인은 그가 자랄 때 읽을 책이 별로 없었기 때문이다. 데이비드 도널드가 쓴 링컨의 전기에 따르면, 링컨이 자랄 때 접할 수 있었던 책은 매우 적었는데, 그것은 성경과 이솝우화와 그 외 몇 가지뿐이었다. (링컨은 이솝우화를 정말 외웠다.) 링컨의 계모는 "그는 모든 것을 이해해야 했어요. 아주 사소한 것까지 자세하고 정확하게 말이죠. 그 다음에 그는 그것을 혼자서 계속 반복하곤 했답니다. … 그래서 그 내용이 기억되고 소화되면 그 사실이나 교훈을 절대로 잊지 않았죠."라고 했다.⁷

링컨도 자신에 대해, 생각이 매우 천천히 움직이고, 성인이 된 이후에도 매우 정독하며 소리 내어 읽는 사람이었다고 했다. 법률계의 그의 동료이자 그의 전기를 쓴 윌리엄 헌든은 이렇게 주장한다. "링컨은 미국에서 그의 행동반경 내에 있는 사람들 중에 가장 책을 적게 읽었고, 가장 많이 생각했다."⁸

그러나 오늘날은 지혜를 정보로 대체하였고 깊이를 넓이로 바꾸었다. 우리는 인스턴트 성숙을 원한다.

사랑하지 못함

조급증의 가장 큰 증상은 사랑할 수 있는 능력을 감소시키는 것이다. 사랑과 조급증은 근본적으로 함께할 수 없다. 사랑에는 언제나 시간이 필요한데, 시간은 조급한 사람들이 가지고 있지 않은 것 중 하나이기 때문이다.

한번은 한 비행기 조종사로부터 이런 이야기를 들은 적이 있다.

중년 부부가 비행기 일등석에 앉아 있었고, 앞에는 그 부부 때문에 계속해서 짜증이 나 있는 한 사업가가 앉아 있었다. 그 부부는 탑승구의 줄에서도 그 사업가 바로 앞에 있었고, 비행기에 타서도 그랬다. 그들은 시종일관 느긋했고 사업가는 조급했다. 기내식이 제공될 때 그들은 머리 위 선반에서 알약 몇 개를 꺼내려다 가방을 떨어뜨리는 바람에 식사 배급을 지연시켰다. "도대체 무슨 일이죠?" 마침내 그 사업가는 기내 모든 승객들이 들을 만큼 큰 목소리로 물었다. "당신들이 어딘가를 가려고 한다는 게 놀랍군요. 그냥 집에 가만히 있는 게 너 낫지 않겠어요?"

그러고는 자리에 앉아 자신의 의자를 할 수 있는 한 뒤로 젖혔다. 그 바람에 중년 남편의 선반 위에 있던 음식들이 다 쏟아져 버렸다. 승무원이 다가와 그 부부에게 정중하게 물었다. "저희가 좀 도와드릴까요?" 중년 남편은, 자신들은 지금 결혼 50주년 기념으로 여행을 가는 중이고, 비행기를 타 보는 것은 처음이라고 말했다. "그러면 와인을 약간 가져다드릴까요?" 승무원이 말했다.

잠시 후, 승무원은 그 부부에게 와인을 주었다. 마개를 열면서 중년 남편은 건배를 하려고 일어났고, 자신들 앞에 앉아 있는 그 참을성 없는 사업가의 머리에 와인 병을 부었다.

조종사는, 그때 기내에 있던 모든 사람들이 박수를 쳤다고 말했다.

저녁 무렵의 피로

조급한 사람은 사랑하지 못한다. 루이스 그랜트의 주장에 따르면, 우리는 소위 '저녁 무렵의 피로'에 시달린다. 일과를 마치고 귀가한 후에 우리는 우리의 사랑을 필요로 하고 우리가 가장 헌신해야 하는 사람들을 마치 먹다 남은 음식처럼 취급한다. 저녁 무렵의 피로란 우리가 너무 지치고, 너무 기진맥진하고, 너무 일에 몰두하느라, 가장 깊은 언약을 맺은 사람들을 사랑하지 못하는 것이다.

그랜트는 다음과 같은 징후가 있다면 저녁 무렵의 피로 증상을 겪고 있는 것이라고 했다.

- 별다른 이유가 없을 때도 서두른다.
- 항상 잠재된 긴장 때문에 날카로운 말을 하여 형제자매 간의 말다툼을 초래한다.
- 장난삼아 제안한 시합("자, 누가 제일 빨리 목욕하는지 보자." 등)은 솔직히 당신 자신에게 필요해서이다.
- 감사와 감동의 마음을 잃어버렸다.
- 피로를 피하기 위해 자기 파괴적인 일에 몰두한다. 예를 들면, 과음, 텔레비전 과다 시청, 파괴적 음악 듣기 등이다.[9]

조급함은 사랑을 잃어버리게 하기 때문에 영적 삶의 큰 적이다. 대부분 현대 사회의 분노와 좌절의 배후에는 조급함이 있다. 우리는 조급함 때문에 하나님 아버지의 사랑을 받지 못하고, 하나님의 자녀들을 사랑하지 못한다.

예수님께서는 절대 서두르지 않으셨다. 만일 예수님을 따르고자 한다면, 삶에서 조급함을 단호히 배격해야 한다. 해야 할 일을 서두르지 않고, 인내하는 사람이 돼야 한다.

조급증의 치료

그러나 우리의 힘만으로 조급증을 치료할 수 없다. 이것을 혼자서 달성할 수 없기 때문에 훈련의 삶을 살아야 한다. 조급증 치료 방법들을 살펴보자.

속도 늦추기

첫 번째 실행방법은 '속도 늦추기'이다. 이것은 기다려야 하는 상황을 의도적으로 선택함으로써 인내심을 계발하는 것이다. 처음에는 불편하고 싫을지 모르나, 정말 게임을 하는 것처럼 재미있는 면이 있다.

한 달 동안 고속도로를 달릴 때 의도적으로 느린 차선을 선택하라. 그리고 이 차선 저 차선으로 다니지 않고 한 차선으로만 달린다면, 아마 5분 정도 더 늦게 목적지에 도착할 것이다. 그러나 운전하는 동안 다른 운전자에게 화내지 않은 당신의 모습을 발견할 수 있을 것이다. 다른 운전자들을 앞지르려고 하는 대신, 다른 차들이 지나갈 때 하나님께 그들을 축복해 주시도록 간단히 기도하라. 경적을 적게 울리는 것도 훈련하라.

한 주 동안 천천히 식사해 보라. 한 번 삼키기 전에 반드시 최소한 열다섯 번 이상 씹으라. 한 달 동안 슈퍼마켓에서 계산할 때 제일 긴 줄에 가서 서라. 그리고 한 사람에게 당신의 앞자리를 양보하라. 시계를 차지 않고 하루를 보내라.

이런 항목들을 계속 나열할 수도 있겠지만, 당신은 이미 요점을 이해했을 것이다. 기다리기를 연습하고 서두르지 않을 수 있는 방법들을 의도적으로 찾아야 한다. 느리게 행했음에도 불구하고 하나님께서 도우셔서 할 일을 다 해 낼 수 있을 것이라는 믿음의 고백을 해야 한다.

사람들은 서두르지 않으면 더 많은 일을 완수하지 못할까 봐 염려한다. 그러나 연구자들은 조급함과 어떤 유형의 행동이나 생산성 사이에는 아무 상관관계가 없다고 한다.[10] 서두르지 않아도 살아남을 수 있다. 그리고 서두르지 않기를 충분히 연습한다면, 조급하지 않은 사람이 될 것이다.

혼자만의 시간이 필요하다

조급증 치료를 위한 더 전통적인 방법은 혼자만의 시간을 갖는 것이다. 예수님께서는 자주 그런 시간을 가지셨다. 사역을 시작하실 때, 예수님께서는 광야로 가셔서 긴 금식과 기도의 시간을 가지셨다. 세례 요한이 죽었다는 소식을 들었을 때도, 제자들을 선택하시기 전에도, 문둥병자를 치료하시고 난 후에도, 제자들이 사역을 시작했을 때도 예수님께서는 혼자만의 시간을 가지셨다. 예수님의 그런 모습은 그분의 마지막 날까지 계속되었는데, 그것은 겟세마네 동산에서 홀로 기도하신 것이다. 예수님께서는 사역을 시작하실 때와 마찬가지로, 사역을 마치실 때에도 혼자만의 시간을 가지셨다.

예수님께서는 제자들에게도 그렇게 하라고 가르치셨다. 제자들에게 한적한 곳으로 가자고 말씀하셨듯이 지금 우리에게도 그렇게 말씀하신다. 그리스도의 지혜로운 제자들은 늘 혼자만의 시간이 필요하고 유익하다는 것을 알았다. 혼자만의 시간은 '변화의 용광로'이다.

혼자만의 시간이 왜 그렇게 중요한가? 그 시간에 우리는 우리를 변화시키려 애쓰는 사회의 힘으로부터 자유를 얻을 수 있기 때문이다.

익숙한 비유를 하나 들어 보자. 개구리를 끓는 물에 집어넣으면, 개구리는 즉시 튀어나온다. 그러나 만일 상온의 물에 집어넣고 천천히 열을 가하면, 개구리는 계속 거기에 있다가 삶아져서 죽을 것이다. 치명적인 상황에 갑자기 처한 개구리는 도망가지만, 위험이 서서히 다가오면, 개구리는 전혀 깨닫지 못한다.

사실 확실히 드러나는 위험은 진짜 위험한 것이 아니다. 오히려 서서히 다가오며 수위 환경의 일부이기 때문에 미처 인식하지 못하는 것이 훨씬 심각한 위험이다. 더 심각한 진실은 우리가 살고 있는 환경이 이미 치명적으로 위험하다는 것이다. 미국 사회는 성공, 안전, 안락, 행복을 지향하는 생각과 가치관과 압력과 유혹으로 가득한 오늘날의 사회를 가끔씩이라도 벗어나지 않는다면, 그것을 인식조차 못할 수 있다. 토머스 머튼에 따르면, 초대 교회의 지도자들은 혼자만의 시간 갖는 데 우선순위를 두었다.[11] 그들은 사회는 난파선이며, 올바른 정신을 가진 사람이라면 생명을 건지기 위해서라도 그곳에서 헤엄쳐 벗어나야 한다고 생각했기 때문이다. 물결에 따라 표류하고 사회의 견해와 가치관을 수동적으로 받아들이는 것은 큰 재난일 뿐이라고 믿었다. 사도 바울은 그것을 이렇게 표현했다. "너를 둘러싼 세상이 너를 압박하여 그 틀 속에 밀어 넣지 못하게 하라"(롬 12:2, *Philipps*)

몇 년 전 생쥐를 대상으로 실시되었던 실험 결과를 보면, 혼자만의 공간에 분리되어 살아가는 쥐를 죽이려면 아주 많은 양의 암페타민을 투여해야 한다. 그러나 생쥐 떼에게는 그것의 이십분의 일만 투여

> **하나님과 함께 하루를 돌아보기**
>
> 1. 잠시 동안 혼자 있으면서 조용하고 고요한 마음을 가지라.
> 2. 예수님의 존재를 인정하고, 그분을 초청하여 당신을 가르치게 하라.
> 3. 잠에서 깨어난 첫 순간을 기억해 보라. 비디오로 보는 것처럼 그 장면을 회상하라. 이렇게 할 때, 인내, 더 큰 사랑, 담대함, 용서, 그 외 다른 덕목들을 위해 기도하게 될 것이다.
> 4. 하루를 한 장면에서 그 다음 장면으로 연속적으로 옮겨 가라. 어떤 장면에서는 감사할 것이고, 또 다른 장면에서는 후회할 것이다. 그것을 하나님께 솔직하게 말씀드리라. 하루 동안 관계를 가졌던 사람들 중에서 누군가를 위해 기도하도록 인도하실 것이다.
> 5. 하나님의 인자와 사랑에 대해 감사하는 기도로 마무리하라. 당신이 잠자는 동안 당신을 새롭게 해 주시도록 기도하라.

해도 각자 뛰며 서로를 흥분시키기 때문에 굉장히 치명적이다. 쥐들에게 미치는 '세상'의 영향은 너무나도 크다. 더 놀라운 사실이 있는데, 암페타민을 전혀 투여하지 않은 생쥐도 투약된 생쥐들의 그룹에 같이 있으면, 너무 많이 뛰어서 십여 분 후에 죽는다는 것이다. 연구원은 그 관찰한 것을 이렇게 표현했다. "그룹에 속해 있는 생쥐들은 마치 팝콘이나 폭죽처럼 튀어 올랐다."12

어리석은 쥐만 흥분한 다른 쥐들과 어울려서 뚜렷한 목적이나 생각 없이도 마구 행동하여 자신들의 안전과 생명을 위협할 것 같다. 그러나 그런 생각은 틀린 것일 수도 있다. 우리도 그와 비슷한 메시지를 접하기 때문이다.

"당신이 더 빨리 움직일 수 있도록 돕겠습니다. 지금 행동하십시오, 지체하지 마십시오! 당신이 손만 뻗는다면 지금 당장 살 수 있습니다. 현금이 없어도 카드 할부로 쉽게 사실 수 있습니다. 좀 더 빨리 움직이고, 좀 더 오래 일하고, 좀 더 열심히 일한다면, 당신은 그것을 가질 수 있습니다. 우리는 당신이 더 빨리 움직이도록 돕겠습니다."

키르케고르는 이렇게 말한다. "분주함은 마법처럼 그 힘을 발휘한다. … 그 힘은 어린이나 청소년들에게까지 미쳐서, 그들이 혼자서 고요히 시간을 보내며 영원한 하나님의 신비를 발견하지 못하게 한다."[13] 우리의 현재 생활을 자세히 들여다보자. 우리는 분주함에 대해 불평하면서도 그에 못지않게 분주한 삶에 이끌려 다닌다. 분주하게 사는 것이 마치 우리가 가치 있는 삶을 산다고 생각하게 하기 때문이다. 또한 분주하면 흥분하게 돼서 삶의 중심을 세밀히 살펴볼 여유가 없고, 외로움을 느낄 겨를이 없다.

홀로 있는 것이야말로 마음을 사로잡는 분주함에 대한 해결 방안이다. 그렇다면 혼자만의 시간을 갖는다는 것은 구체적으로 무엇인가? 어떤 것이 혼자만의 시간인가? 혼자만의 시간을 갖는 장소에 무엇을 가져가야 하는가?

물론 일차적인 대답은 "아무것도 가져갈 필요가 없다."이다. 어떤 사람이 처음으로 긴 혼자만의 시간을 갖기 전 무엇을 준비했는지 이야기해 주었다. 책, 메시지테이프, CD, 비디오테이프 등을 가져갔다. 그런데 사실 이런 것들은 혼자만의 시간에 멀리해야 할 것들 중의 하나이다.

혼자만의 시간의 일차적 핵심은 아무것도 하지 않는 것이다. 금식이 먹는 행위를 금하는 것이듯이 혼자만의 시간은 사회생활을 금하는 것이다. 혼자만의 시간을 시작하면 대화, 다른 사람들의 존재, 소음, 끊임없는 자극들의 걸림돌들로부터 벗어나게 된다.

헨리 나우웬은 이렇게 기록했다. "혼자만의 시간 가운데서 나는 나의 발판을 없앤다."[14] 발판이란 자신을 돋보이게 해 주고, 자신의 존재가 중요하고 아무 문제없음을 스스로 확신토록 해 주는 것이다. 혼자만의 시간에는 함께 대화를 나눌 친구도 없고, 전화 통화나 회의도 없고, 텔레비전도 없고, 마음을 채울 음악이나 책이나 신문도 없다. 찬송가의 가사처럼 '내 모습 이대로'인 것이다. 그때 나의 존재는 나의 업적이나 경력이나 소유나 사회적 관계에 달려 있지 않고, 단지 나 자신과 나의 죄성, 내가 하나님을 갈망하는지 그렇지 않는지의 사실만이 남는다.

혼자만의 시간 갖는 연습

혼자만의 시간을 갖기 위해서는 확고한 의지가 필요하다. 달력을 꺼내어 혼자만의 시간을 계획하지 않으면, 그것은 이루어지지 않는다.

정기적으로 혼자만의 시간을 가질 필요가 있다. 가장 좋은 것은 매일 갖는 것이고, 며칠에 한 번씩 갖는 것도 좋다. 또 좀 더 긴 시간의 간격을 두고 반나절이나 하루, 며칠 동안 길게 갖는 것도 필요하다.

하루를 시작하기 전 참석할 회의, 해야 할 업무, 만날 사람들 등의 일과에 대해 기도하고 그것을 하나님의 손에 맡김으로써 하루를 시작할 수도 있다.

하루를 마칠 때 하나님과 함께 하루를 되돌아보는 것도 유익하다. 일어났던 일들을 돌이켜 보고, 그 일들을 통해 하나님께서 우리에게 무슨 말씀을 하시려는지 살펴보고, 염려와 후회를 그분께 맡기는 것이다. 하루를 돌아보기에 가장 좋은 시간은 잠자기 전이다. 아침형의 인간이라면 다음 날 아침에 할 수도 있다. 이것을 통해 우리가 얻을 수 있는 가장 큰 유익은 우리의 경험을 통해 배우게 된다는 것이다.

나는 학교의 운동선수였을 때 경기 모습을 비디오에 담아 돌려 보곤 했다. 그것은 괴로운 일이었지만 똑같은 실수를 반복하지 않기 위해서는 분명히 필요한 일이었다. 똑같은 개념이 여기에도 적용된다. 혼자만의 시간을 통해 하루를 반성하면, 내가 생각보다 많이 화내고 있다는 것을 알게 되고, 내가 어떤 태도와 반응으로 나의 삶을 이끌어가고 있는지 인식하게 된다.

좀 더 긴 시간

또한 혼자만의 시간을 좀 더 길게 갖는 것도 필요하다. 나는 한 달에 하루 정도는 혼자 있는 시간으로 계획하였고, 때로 일 년에 한 번은 이틀 정도를 혼자 있으려고 한다. 게다가 그런 시간을 갖기에 좋은 수양관들이 더욱 많이 생기고 있다.

프란시스 드 실레스는 혼자민의 긴 시간을 가져야 할 필요성을 시계에 비유하여 설명했다.

> 아무리 좋은 시계라도 아침과 저녁에 한 번씩 시간을 다시 정확히 맞춰야 한다. 최소한 일 년에 한 번은 시계를 분해하여 끼어 있는 먼지를 제거하고, 휜 부품들을 펴고, 닳은 부품들을 교체해야 한다. 그와 마찬가지로 진정으로 자신의 심령을 돌보고자 하는 사람이라면 하나님을 섬기기 위하여 자신의 심령을 매일 아침과 저녁에 새롭게 해야 한다. … 뿐만 아니라 자신의 심령을 변화시키고 개선하려면 자신의 상태를 자주 성찰해 보아야 한다. 마지막으로, 적어도 일 년에 한 번은 심령을 완전히 드러내고 모든 세부적인 부분들, 즉 나의 모든 애정과 열정을 다 조사하여 어떤 결함이 발견된다면 수리해야 한다.[15]

긴 혼자만의 시간을 갖는 데 큰 방해 요인은 그것이 시간 낭비처럼 느껴진다는 것이다. 우리는 어떤 일을 해야만 우리의 존재가 인정받는다고 느끼기 때문이다. 그러나 내가 생각하는 또 한 가지 이유는 우리의 집중력이 약하여 생각이 이리저리 떠도는 경향이 있다는 것이다. 만일 긴 분량의 시간을 기도에 할당한다면, 확실하고 방해 없이 집중하여 기도를 할 수 있을 것이라고 생각했었다. 그러나 그렇게 기도하지 못했다. 내가 처음으로 혼자만의 긴 시간을 가졌을 때, 곧 나의 생각은 방랑자처럼 떠돌기 시작했다. 기도하기 시작하자마자 나는 굉장히 화를 내는 공상을 하기 시작했다. 그것은 나에게 상처를 주었던 사람이 그 잘못 때문에 괴로움을 당하고 나의 입장은 정당화되는 내용이었다. 또 다른 경우에는, 기도하기 시작하자 나도 모르게 나 자신이 과장되게 성공하는 공상을 하기도 했다.

시간이 흐르면서 깨달은 것은, 짧은 시간 기도하면서도 생각이 이렇게 방황할 수 있는데 이것 또한 내가 지금 할 수 있는 최선이라는 것이다. 물론 언젠가는 더 나아지기 바란다. 그러나 지금은 로렌스 형제의 말에서 위로를 얻을 뿐이다. "여러 해 동안 나는 기도에 실패했다는 생각 때문에 괴로웠다. 그러던 어느 날, 나는 언제나 기도에 실패할 수밖에 없다는 것을 깨달았고, 그 이후로 나의 기도생활은 훨씬 나아졌다."[16]

아마도 당신은 하나님과 단 둘이 하루 정도의 긴 시간을 보내려고 준비하고 있을지도 모른다. 혼자만의 시간을 길게 갖는 것이 다소 어렵게 느껴질 수도 있다. 옆쪽에 제시된 틀이 당신에게 도움이 될 것이다.

긴 혼자만의 시간

1. 공원이나 수양관 등 방해받지 않을 장소를 찾으라.

2. 전날 밤 짧은 준비의 시간을 가지라. 그날을 축복해 주시도록 간구하고, 그날을 하나님께 드리기 원한다고 말씀드리라. 그날은 당신이 하나님께 드리는 선물이기도 하지만, 그 이상으로 하나님께서 당신에게 주고자 하시는 선물이다. 주님께 무엇을 바라는가? 치유와 용서인가? 굳어진 심령을 자각하는 것인가? 긍휼인가? 소명을 다시 한 번 확인하는 것인가? 주님께 그것들을 간구하라.

3. 하나님의 말씀을 들을 수 있도록 계획하라.

   다음의 형식은 글랜디온 카니의 저서, *The Spiritual Formation Toolkit* (영적 성숙의 도구)에서 발췌하였다.[17]

   오전

   8:00 – 9:00   마음과 생각이 준비되도록 산책이나 그 외 어떤 것을 하여 임무와 책임에 대한 염려를 내려놓으라. 아침 시간을 미리 계획해 놓아 눈을 뜨는 순간부터 침묵할 수 있도록 하라.

   9:00 – 11:00   성경을 읽고 묵상하며, 본문을 통해 하나님께서 말씀하시는 것 같을 때는 읽기를 멈추고 그 본문에 집중하여 숙고하라.

   11:00 – 12:00   읽은 내용에 대한 당신의 반응을 기록하고, 그것을 하나님께 말씀드리라.

   오후

   12:00 – 1:00   점심을 먹고 산책하면서 아침 시간을 돌이켜 보라.
   1:00 – 2:00   낮잠을 자라.
   2:00 – 3:00   그날을 돌이켜 보면서 떠오르는 목표를 세우라.
   3:00 – 4:00   그 목표들과 그 외의 다른 생각들을 기록하라. 하나님께 드리는 편지의 형식으로 쓸 수도 있다. 다시 사회에 돌아갈 준비를 하라.

천천히 사는 삶

토론을 위한 질문

1. "건강한 영적 삶을 살려면 삶에서 조급함을 단호히 없애 버려야 해."라는 권면을 진지하게 받아들인다면, 당신의 삶에서 어떤 한 가지를 바꿈으로써 삶의 속도를 늦추어야 하겠는가?

2. 저자는 "조급함은 오늘날 우리 삶의 큰 적이다. 조급함은 우리 영혼을 파괴할 수 있다. 또 그것은 성공적인 삶의 방해요소이다."라고 했다. 당신의 삶 속에서 조급함의 파괴적인 힘을 어떻게 경험해 보았는가?

3. 분주함은 어떻게 우리를 미지근한 믿음에 안주시키고, 하나님의 임재와 능력을 깊이 경험하지 못하게 하는가?

당신의 삶에서 최고로 바빴을 때, 위의 사실을 어떤 식으로 경험했는가?

> 마가복음 1:32~39, 누가복음 5:15~16 읽기

4. 위의 두 본문과 복음서의 다른 이야기들에서, 예수님께서 서둘지 않는 삶을 사셨다는 예들은 무엇인가?

5. 몇 분 동안 그룹원들과 함께 다음 질문에 대해서 "예" 또는 "아니오"로 대답해 보라.

- 당신이 해야 할 모든 일들을 하기에 시간이 부족하다고 느끼며 사는가?
  ☐ 예 ☐ 아니오
- 할 말이 너무 많아서 더 빨리 말하곤 하는가?   ☐ 예 ☐ 아니오
- 어떤 사람이 천천히 말할 때 상대방이 좀 더 빨리 말하도록 하기 위해 빠르게 반응하는가?
  ☐ 예 ☐ 아니오
- 너무 느리게 말하는 사람의 말은 중간에 잘라버리고 싶은가? (혹은 실제로 그렇게 하는가?)
  ☐ 예 ☐ 아니오
- 안전 속도를 넘어서 운전한 적이 있는가? (심지어 급한 일이 없는데도 말이다)
  ☐ 예 ☐ 아니오
- 빨간 신호등 앞에 정지할 때, 앞에 서 있는 차들 중 어느 차선이 빠를지를 계산하여 몇 초라도 빨리 가려고 하는가?
  ☐ 예 ☐ 아니오
- 대형마트에서 어느 계산대의 줄이 가장 빨리 줄어들지 판단하여 그 줄에 서려고 하는가? 그런데 만일 당신의 줄이 결국 더 느리면 속상한가?
  ☐ 예 ☐ 아니오
- 여러 가지 일들을 동시에 하면서 한 번에 여러 일을 마치려고 하는가?
  ☐ 예 ☐ 아니오
- 언젠가는 읽어야겠다고 생각한 잡지, 신문, 책의 더미들이 있는가?
  ☐ 예 ☐ 아니오
- 당신의 생활은 스케줄에 쫓기는가?   ☐ 예 ☐ 아니오
- 어떤 사람이 당신의 스케줄에 한 가지 항목을 더할 일을 부탁하면 거절하기 어려운가?
  ☐ 예 ☐ 아니오

위 질문들에서 "예"라고 대답한 횟수를 이야기하고, 이것이 당신 삶 속의 조급함에 대해 무엇을 나타내고 있는지에 대해 이야기해 보라.

6. 저자는 "사랑과 조급함은 근본적으로 함께할 수 없다."라고 말한다. 다음 관계들에서 어떻게 조급함이 사랑의 원수가 되는가?

- 당신과 하나님의 관계
- 당신과 가족의 관계
- 당신과 다른 그리스도의 제자들과의 관계
- 당신과 아직 예수님을 모르는 사람들과의 관계

7. 우리를 조급한 생활 스타일로 몰아가는 사회의 가치들과 태도들은 무엇인가?

그 가치들과 태도들에 맞서는 성경의 진리들 중 우리가 적용할 수 있는 것들은 무엇인가?

함께 기도하기

평화의 성령께서 당신의 마음, 가정, 직장, 사고방식을 충만히 채우시도록 기도하라. 생명을 주는 속도 늦추기 훈련을 당신에게 가르쳐 주시도록 하나님께 간구하라.

삶에 적용하기

앞으로 며칠 간 다음 도전들 중의 하나를 해 보는 시간을 가지라.

- 한 주 동안 서행 차선으로 운전하며 당신을 추월하는 모든 사람들을 위해 한 마디씩 축복기도하라.
- 식사를 천천히 하며(비행기 안에서 말고), 음식을 반드시 열다섯 번씩 씹어서 맛을 음미하라.
- 하루 동안 손목시계를 차지 말라.
- 하루를 혼자 지내라(137쪽의 지침을 활용하라).

삶을 위한 묵상

만일 내 삶이 심하게 분주하다면, 항상 그렇게 일에 몰두해야만 하도록 나를 몰아붙이는 것은 무엇인지 생각해 보라. 무엇을 성취하기 위해 그렇게 바쁜가? 누구에게 잘 보이려 하는가? 지금 내가 하고 있는 모든 일들은 정말 하나님께서 내게 하라고 하신 일들인가?

좀 더 생각해 볼 문제들

1. 삶에서 정말 속도를 늦추고, 모든 경험을 즐겼던 때가 있는가?

그 쉼의 시간으로 당신을 인도했던 것은 무엇인가?

2. 일하고 있지 않거나 뭔가를 생산해 내고 있지 않을 때, 당신의 기분은 어떤가?

6
천국에 개입하다

기도의 실행

기도는 영혼을 하나님께로 연합시킨다.[1]
노르위치의 줄리언

미식축구의 플레이를 가리키는 말 중, 특이하게도 종교적 색채를 띤 것이 있다. 얼마 전 시카고 베어스의 경기에서 그 플레이가 나왔다. 그때 베어스가 하나의 터치다운을 뒤진 상태에서 시계는 마지막 몇 초를 남기고 있었으며, 골라인은 몇 미터나 떨어져 있었다. 역전은 불가능해 보였다. 최선을 다하던 베어스의 모든 공격수들은 엔드 존으로 달려갔고, 쿼터백은 불가능할 것 같은 거리에서 필사적으로 공을 던졌다. 공은 몇 사람에 맞고 튀어 결국 베어스 선수에게 떨어졌고, 그가 몸을 뒤로 날려서 터치에 성공함으로써 베어스는 극적으로 승리할 수 있었다.

이것이 바로 헤일 메리 패스(hail Mary pass)라고 불리는 플레이다. 개신교도이건 가톨릭교도이건 무신론자이건 누구든지 이 플레이는 이렇게 부른다. 그렇게 부르는 이유를 논리적으로 보자면, 이길 수 없을 것 같은 절박한 상황 속에서 던진 패스는 어떤 신의 개입이 있어야만 성공할 수 있다는 것이다. 때로는 쿼터백이 "기도를 던졌다"(threw up a prayer)라고 표현되기도 한다.

'헤일 메리'라는 말은 누가복음 1장에서 천사가 마리아에게 "은혜를 받은 자여 평안할지어다(Hail Mary)" 라고 문안한 것에 근거하는 가톨릭의 기도문에서 나왔다.

왜 유독 그 플레이에만 기도문에서 나온 이름이 붙었는가? 경기를 시작할 때의 "헤일 메리 킥오프"나 더 흔한 복음주의적 기도에서 따온 "주여, 간구합니다"란 첫 쿼터 드로 플레이는 없다.

경기의 마지막 플레이에 마리아의 이름이 붙은 것은, 절박한 기도와 마리아가 연관 있기 때문일 것이다. 이 용어 배후의 개념은 경기의 대부분은 나 자신의 역량에 의존하겠다는 것이다. 내 경기 계획과 내 인력에 의존하겠다는 것이다. 시간과 기회가 더 이상 없고, 인간의 꾀와 유한한 힘이 바닥나고, 다른 모든 대안들이 사라진 위기와 절박함의 순간이야말로 "헤일 메리"의 기도를 할 때라는 것이다.

절박한 사람들은 기도한다. 생각할 겨를도 없이 기도한다. 누구에게 기도하는지, 누가 듣기나 하는지 잘 모르면서도 기도한다. 궁지에 빠진 사람들도 기도한다. 힘들게 이혼한 사람, 자녀가 가출한 사람, 검사 결과 종양이 악성이라는 판정을 받은 사람들이 기도한다. 우리의 수단이 한계에 도달했을 때, 본능적이고 반사적으로 기도한다. 그것은 마치 산소가 모자라는 사람이 숨을 쉬려 헐떡이고, 추락하는 사람이 뭔가 잡을 것을 찾는 것과 같다.

위기의 시간에 기도하는 것이 나쁘다는 것은 아니다. 하나님의 속성 중 가장 놀라운 것은 사람들이 오랜 세월 동안 하나님을 무시하다가, 순전히 자기가 힘들고 급해서 하나님을 찾더라도 받아줄 정도로 겸손하시다는 것이다.

절박한 상황에서의 기도는 많은 사람들이 영적 삶을 시작하는 계기가 되었다. 그러나 그것만으로는 영적 삶을 지탱하기에 충분치 않다. 많은 사람들이 위기나 고통을 겪을 때만 기도하고, 나머지 시간에는 자신의 힘과 꾀를 의존하는 패턴에 빠져 있다.

이런 패턴은 우리가 기도에 관해 정말 믿는 것이 무엇인지 보여 준다. 우리는 대부분 보통 때는 기도가 상황을 정말 바꾼다고 믿지 않는다. 많은 사람들은 그들이 드리는 기도가 하나님의 행동을 바꿀 거라고 믿지 않기 때문에 기도가 무슨 쓸모가 있는지 의심한다. 달라스 윌라드가 말한 대로, 우리가 기도하든 안 하든, 모든 일들은 원래대로 일어날 것이라는 생각이, 믿음을 진실하게 고백하는 사람들에게 불안 요인이 되고 있다.[2] 그런 생각은 심리적으로 기도하지 못하게 만들고, 기도를 기껏해야 죽은 요식 행위 따위로 만들어 버린다.

천국에 이르는 기도

성경 저자는 기도를 얼마나 중요하게 여겼는지 살펴보자. 요한계시록 8장에서, 요한은 인간의 죄와 하나님의 심판이 기록된 두루마리의 인이 떼어진 후 하늘에서 일어나는 광경을 묘사한다.

그 인이 떼어진 후 놀라운 일이 일어난다. 요한은 "하늘이 반시 동안쯤 고요하더니"(1절)라고 기록한다. 그 동안에 한 천사가 금향로를 제단에 가져와서 많은 향을 드린다. 그것은 땅에서 올라오는 기도들을 나타낸다. "향연이 성도의 기도와 함께 천사의 손으로부터 하나님 앞으로 올라가는지라"(4절). 이후에 땅에서 대심판이 이뤄지며, 그것은 뇌성과 음성과 번개와 지진으로 묘사된다. 그러나 무엇보다도 충격적인 것은 이 사건들이 성도들의 기도에 대한 응답으로서 일어난다는 사실이다.

보통 우리는 천국에서의 일들은 땅의 사건들에 간섭하는 것으로 생각한다. 그러나 여기서는 반대다. 천국의 모든 것은 정지된다. 천군 천사들이 쉬지 않고 하던 노래와 찬양이 갑자기 멈춘다. 왜 그럴까? 누군가 기도하고 있기 때문이다. 천국의 모든 것이 멈추고, 성도들의 기도, 당신과 니의 모든 기도가 하나님 앞에 올라갈 수 있도록 한다. 하나님께서 기도를 들으신다. 기도는 중요하다. 당신과 나 같은 진짜 인간의 기도가 천국에 개입하는 것이다.

그 다음으로, 땅 위에 일어나는 일은 사람들이 기도하기 때문에 일어나는 일이다.

월터 윙크는 이 본문에서 요한이 말하는 메시지에 대해 이렇게 말한다. "중보자들, 믿음과 기도로 미래를 만들어 내는 자들에게 역사는 속한다."[3]

역사는 권력자나 부자나 권세자나 군대나 대기업이나 세계적 언론 재벌들에 속하지 않는다. 그들이 하나님과 상관없이 자력으로 하는 일들은 한동안 인상적으로 보일 수 있다. 그러나 인간의 모든 행위들은 죽은 과거의 잿더미 위에서 잊혀질 날이 온다.

중보자들, 즉 믿음과 기도로 미래를 만들어 내는 자들에게 역사는 속한다. 중보는 예수님께서 지금 하고 계신 일이다. "죽으실 뿐 아니라 다시 살아나신 이는 그리스도 예수시니 그는 하나님 우편에 계신

자요 우리를 위하여 간구하시는 자시니라"(롬 8:34). 예수님께서 가르치신 사역은 지상에서 삼 년 동안 지속되었지만, 예수님의 중보 사역은 이천 년 동안 지속되어 왔다.

기도의 능력

기도에 대한 성경의 가르침은 한 가지 결론으로 명백하게 귀결된다. 기도는 상황을 변화시킨다. 성경에 기록된 첫 번째 긴 기도는 아브라함이 여호와께서 소돔 성을 멸망시키려 하신다는 것을 알게 되었을 때였다. 여기서 인상적인 것은 아브라함이 얼마나 주의 깊게 자신의 논쟁을 전개하며 자기 생각을 설파하는가이다. 그는 자신의 말을 통해 영향을 받고 행동이 달라질 수 있는 인격체와 이야기하고 있다고 믿은 것이 분명하다. "주께서 의인을 악인과 함께 멸하시려나이까 그 성 중에 의인 오십이 있을지라도 주께서 그곳을 멸하시고 그 오십 의인을 위하여 용서치 아니하시리이까 … 불가하니이다 세상을 심판하시는 이가 공의를 행하실 것이 아니니이까"(창 18:23~25).

　하나님께서 승낙하시고 오십 명의 의인을 위해서 그 성을 멸하지 않겠다고 말씀하셨다. 그때 아브라함은 또 머리를 굴렸을 것이다. "계속해도 될까?"

　그는 계속한다. "티끌과 같은 나라도 감히 주께 고합니다. 사십오 명은 안 될까요?"

　하나님께서 그 요청에도 동의하신다. 아브라함은 사십, 삼십, 이십으로 점점 숫자를 줄여 가다가, 마지막에 이렇게 말한다. "주는 노하지 마옵소서 내가 이번만 더 말씀하리이다 거기서 십 인을 찾으시면 어찌 하시려나이까"(창 18:32).

하나님께서는 다시 한 번 더 고개를 끄덕이시고 승낙하신다. 결국 하나님께서는 롯과 그 가족을 구하셨지만 그들은 네 명에 불과했고, 게다가 롯은 그곳의 원주민이 아닌 이주자였다. 월터 윙크에 따르면 이 이야기의 교훈은 하나님과 흥정하면 보상이 있다는 것이다. "비위에 맞춘 번드르르한 기도는 성경과는 전혀 다르다. 성경의 기도는 뻔뻔하고, 끈덕지고, 부끄러운 줄 모르고, 체면을 차리지 않는다. 그것은 교회에서 흔히 하는 예의바른 긴 독백보다 동양의 시장에서 벌어지는 흥정과 더 비슷하다."[4]

기도는 상황을 변화시킨다. 문학적으로 대성공하고 싶었던 젊은이 도머스 머튼은 왠지 모를 이유에 이끌려, 긴 시간 동안 기도하는 남자들의 신앙 공동체에 참여했었다. 그 공동체를 떠나 생활로 돌아왔을 때 그는 '보통' 생활에서 경험하는 조급증과 긴장에 충격을 받았다. "내 마음이 쿵 내려앉았다. '내가 어디로 돌아온 거지? 이것이 이전에 내가 쭉 살아온 삶이란 말인가?'" 기도에 헌신한 그 공동체의 사람들이 비록 소수일지라도 진실로 "나라를 위해 어떤 군대나 의회나 대통령도 할 수 없는 것을 하고 있다. 그들은 나라에 하나님의 은혜와 보호와 우정을 임하게 한다."는 생각이 들었다.[5]

당신이 어떤 사람들에게 용기를 주시라고 하나님께 간구했을 그 순간에 많은 사람들이 힘을 얻었을 것을 상상해 보라. 당신이 사람들의 건강을 위해 기도했기 때문에 많은 사람들이 병상에서 일어났을 것을 상상해 보라. 당신이 사람들의 영혼을 위해 기도할 때, 많은 영적 탕자들이 집으로 돌아왔을 것을 상상해 보라. 우리의 기도에 어떤 효과가 있었는지 이 땅에서는 아무도 모를 것이다. 그러나 우리가 아는 것은 역사가 중보자들에게 속한다는 사실이다.

그러나 기도는 저절로 되지 않는다. 내 느낌으로는 모든 영적 훈련들 중에서 기도야말로 사람들이 가장 죄책감을 느끼는 부분인 것 같다. 왜 그런지 모르지만, 여하간 우리는 하나님을 정말 사랑하기만 한다면 어떤 수고나 훈련 없이도 기도가 우리에게서 줄줄 흘러나와야 한다고 여긴다. 그러나 사실은 예수님의 첫 제자들조차 그렇지 않았다.

첫 제자들은 역사상 가장 위대한 기도자가 기도하는 것을 가장 가까이서 지켜보았다. 그리고 그가 기도하실 때 일어나는 일들을 보았다.

한번은 예수님께서 베드로, 야고보, 요한을 데리고 산으로 올라가셔서 기도하셨다. "기도하실 때에 용모가 변화되고 그 옷이 희어져 광채가 나더라"(눅 9:29). 당신이 기도할 때도 그런 일이 일어나는가?

예수님의 제자들은 자신들도 그렇게 하나님을 알기를 원했다. 그래서 어느 날 한 제자가 생각했다. '어떻게 하면 그렇게 할 수 있는지 예수님께서 우리에게 알려 주시면 어떨까? 우리도 그렇게 기도할 수 있을까?'

마침내 그는 용기를 내어 요청했다. "주여, 우리에게 기도를 가르쳐주옵소서"(눅 11:1).

유대인 제자들이 기도에 대해 정통했을 것임을 생각할 때, 그들이 이런 요청을 한 것은 놀라운 일이다. 그들은 식사 전에도, 안식일 아침에도, 회당에 가기 전에도, 하루 종일 기도하며 생활하는 법을 배웠을 것이다. 그들은 단지 무슨 말을 해야 하냐고 물은 것이 아니다.

제자들은 예수님께서 기도를 고대하실 뿐 아니라, 갈망하심을 목격했다. 음식이 배를 채우는 양식이듯이, 기도가 예수님 영혼의 양식이 되는 것을 그들은 보았다. 예수님과 하나님 아버지 사이에 활발한 교류가 이루어지는 삶을 보았다. 세례 요한의 죽음으로 인해 슬픔에 잠기셨을 때나, 어떤 필요가 있을 때나 사역에 지치셨을 때처럼 위기 상황에서 일관된 반응으로 기도하시는 것을 그들은 주시했다. 그들은 예수님처럼 기도의 윤택함을 누리기를 원했다. 그래서 그들은 가르쳐 달라고 청했다.

여기서 교훈을 얻을 수 있다. 기도는 학습되는 행동이다. 태어날 때부터 기도의 전문가인 사람은 아무도 없다. 기도를 완전히 마스터한 사람은 아무도 없다. 토머스 머튼이 그의 책 *Contemplative Prayer*(묵상 기도)에서 말한 것처럼, "우리는 초보자이고 싶어 하지 않는다. 그러나 우리는 평생 초보자일 수밖에 없다는 사실을 받아들이자!"[6]

소매를 걷어붙이고 나서 보자. 기도를 어떻게 배울까?

기도의 패턴

아주 처음부터 시작하자. 기도하는 법을 배우려면 두 가지가 필요하다. 그것은 시간과 장소다. 리네트 마틴은 정규적인 기도 시간을 확보하기 위해 필요한 가장 중요한 하나의 규칙에 대해 썼다.

> 시작은 급해서는 안 된다. 나는 하루에 5분을 권장한다. 어처구니없이 짧다고 느껴질지 모르지만, 짧은 시간이라도 확보하는 것이 처음부터 긴 시간으로 시작했다가 나중에 포기하는 것보다 낫다. 기분이 좋다고 더 길어서도 안 되고, 기분이 나쁘다고 더 짧아서도 안 된다. 열정이 뜨거워서 더 오래 하고 싶은 날이라도, 5분으로 자제하기 바란다. 날마다 똑같은 분량의 짧은 시간을 따로 배정하라. 가능하다.[7]

매일 기도에 집중할 시간을 선택하라. 매일 같은 시간으로 하라. 우리는 모두 바쁜 사람들이다. 그래서 많은 사람들이 불가능하다고 생각할 것이다. 그러나 매일 시간대를 달리 한다면, 어느새 중단될 수 있다.

많은 사람들이 정체된 기도생활을 하고 있다. 그들은 기도를 전혀 하지 않고, 그냥 오랜 시간을 지내다가 죄책감을 느끼면 기도 습관을 바꾸어야겠다면서 장시간 기도하기로 결정하고 능력 이상으로 시도한다. 그러다가 더 이상 지탱할 수 없게 되면 포기하고, 다시 죄책감을 느낄 때까지 그렇게 지낸다. 그 사이클을 깨뜨리라. 매일 5분을 지키라. 우리는 하룻밤 새에 기도의 대가가 되고 싶어 하지만, 그렇게 되지는 않는다.

며칠이나 몇 주가 지난 후에 (당신이 인간이라면) 중단하고 싶은 유혹을 받을 것이다. 낙심하거나 지루할 것이다. "오늘은 쉬고, 대신 내일 10분 동안 기도해야겠다."라고 말하지 말라. 그러다 보면 결국 주말에 35분을 기도해야 할지 모른다. 만일 하루를 놓치더라도 죄책감에 빠져 시간을 낭비하지 말라. 다음날도 역시 5분만 기도하라.

기도할 환경에 특별히 신경 쓰라. 복음서는 예수님께서 그렇게 하셨다고 말씀한다. "새벽 오히려 미명에 예수께서 일어나 나가 한적한 곳으로 가사 거기서 기도하시더니"(막 1:35). 그리고 예수님께서는 제자들에게도 그렇게 가르치셨다. "너희는 따로 한적한 곳에 와서 잠깐 쉬어라 하시니 … 이에 배를 타고 따로 한적한 곳에 갈새"(막 6:31, 32).

예수님께서는 정신이 산만하지 않을 장소를 찾는 것을 중요시하셨다. 마가복음 1장에는 기도하시는 예수님을 베드로가 찾는 장면이 나와 있다. 예수님을 찾은 베드로는 "모든 사람이 주를 찾나이다."라고 했다. 이 말에는 약간의 질책의 의미도 담겨 있는 것 같다. '호출기나 핸드폰도 안 갖고 가시고, 팩스 번호도 남겨 놓지 않으시다니, 도대체 왜 그러셨어요?'라고 말하는 것 같다. 연락할 수 있는 매개체를 끊는 것이야말로 예수님의 정확한 목표였음을 베드로는 깨닫지 못한 것이 분명하다. 평소에는 들리지도 않던 작은 소음들이 기도할 때는 방해가 되므로 조용한 환경을 찾는 것이 중요하다.

예수님께서 산이나 갈릴리 바다 등 아름다운 자연 속에서 주로 기도하셨음을 주목해 보라. 요즘 경건 서적 저자들은 사람들마다 하나님께로 나아가는 영적 통로가 다르다고 말한다. 예수님께는 자연이 그 통로였던 것이 분명하다. 예수님께서 그 자연들을 창조하셨음을 생각해 본다면, 그리 놀랄 일은 아니다.

나는 기도에 도움이 되는 장소를 발견하는 것이 중요하다는 것을 세월이 흐르면서 알게 되었다. 나는 집에서는 아름다운 전망이 펼쳐진 창가에 앉아 기도한다. 때로는 의자 하나를 곁에 두어 기도란 단지 나 혼자서 생각하는 것이 아니라, 예수님께서 실재로 임재하신다는 것을 기억하게 하기도 한다. 좀 더 장시간의 기도를 위해서는 호수나 바다로 종종 나가기도 한다. 때로는 단순히 초 하나를 켜 놓고 기도하기도 하는데, 그것은 하나님의 임재와 지혜의 빛이 나를 인도해 주신다는 성경의 반복적 가르침을 상기시켜 준다.

이렇게 반복하다 보면, 기도하기 위한 최적의 장소가 성별된다. 커플들마다 좋아하는 식당이 있거나 친구들이 식당에서 매번 앉는 특정 좌석이 있는 것처럼, 오랜 세월 동안 기도 가운데 하나님을 만나 온 장소를 갖는 것은 당신의 영혼에 귀중한 선물이 된다. 내가 아는 한 여자는 수십 년 동안 눈물로 적셔 온 기도 의자를 가지고 있다. 나의 다른 친구는 사무실 한쪽에 유물들을 소장하고 기도하는데, 그것은 가시 면류관이나 그가 간구할 때 종종 붙잡는 목자의 지팡이 등이다. 이런 장소들이나 물건들은 사람들이 기도에 더 깊이 들어가도록 도와준다.

그렇다면 하루 중 어느 때 기도해야 하는가? 내가 해 주고 싶은 말은 당신의 최고의 시간에 기도하라는 것이다. 아침에 기도해야 한다고 배운 사람들이 있을 것이다. 앞에서 언급된 마가복음 1장에서도 "새벽 오히려 미명에 예수께서 일어나 나가 한적한 곳으로 가사 거기서 기도하시더니"라고 말씀하셨다.

그러나 만일 아침이 당신에게 하루 중 최악의 시간이면 어쩌겠는가? 예수님도 당신과 아침에 대화하고 싶지 않으실 것이다. 예수님께 당신의 최고의 시간을 드리라. 하나님께서 모든 사람들을 다 각각의 모습으로 다르게 만드셨다. 모두가 다 아침기도형 사람은 아니다. "하나님께서는 종달새 외에 다른 많은 새들도 만드셨다."[8]

신경을 많이 써야 하는 여느 일들과 마찬가지로 기도에는 준비가 필요하다. 특히 오늘날 이 시대에는 더 그렇다. 지난 수세기의 사람들보다 현재를 사는 우리는 기도하기가 더 어렵다고 생각한다. 현재 삶의 속도는 우리의 생각을 빨라지게 한다. 우리의 여가 시간을 텔레비전이나 영화가 자주 차지하기도 하는데 그것들은 외적 자극과 소음을 사용하여 우리가 지루해지는 것을 막는다. 만일 우리가 지루해지면 채널을 즉시 돌릴 수 있도록 리모콘이 대기하고 있다. 우리는 하루 종일 소음에 둘러싸여 있다. 게다가 우리 대부분은 잠이 너무 부족해서 몇 분만 조용해지면 잠들고 만다. 이것은 매우 심각한 문제다. 하루나 반나절의 기도 수련회를 인도할 때 보면, 사람들이 가장 힘들어하는 최대 장벽은 깨어 있지 못하는 것이다. 계속 집중하며 조용히 주목하는 능력에 있어서 필시 우리는 역사상 최저일 것이다.

이것은 우리가 기도를 시작하는 데는 도움이 필요하다는 것을 의미한다. 헨리 나우웬은 우리가 기도하러 갈 때, 바나나 나무에서 뛰어다니는 원숭이들처럼 우리 머릿속에 생각들이 불쑥불쑥 떠오른다고 한다. 그래서 기도를 시작하기 전 몇 분 동안은 그 원숭이들을 가라앉히는 것이 중요하다. 간단하게 심호흡을 몇 번 하고 생각을 가라앉히라. 꽃 한 송이나 초처럼 시선을 집중시킬 물리적 사물이 있는 것도 좋다. 조용히 "하늘에 계신 아버지"라고 여러 번 불러 보라. 그러면 생각이 정돈되고 더 깊이 나아갈 준비가 될 수도 있다.

단순한 기도

우리는 무엇에 대해 기도해야 하는가? 너무나도 많은 책들이 이것에 대해 다루고 있다. 이 장은 초보자들을 위한 것이므로 그 중에서도 리처드 포스터가 말한 '단순한 기도'에 초점을 맞추려 한다.[9]

연말 보너스를 받게 될까? 내가 인도할 회의가 순조롭게 진행될까? 저녁에 뭘 먹을까? 이런 것들은 하나도 영적으로 보이지 않는다. 그래서 우리는 선교사들이나 세계 평화 등, 더 숭고해 보이는 것들을 위해 억지로 기도하려 한다. 내가 기도해야 할 것과 내가 실제로 생각하고 있는 것 사이에 차이가 생기는 것이다.

이 차이를 제거하는 것이 단순한 기도가 하는 일이다. 단순한 기도는 내 마음에 있어야 할 것이 아니라, 실제로 내 마음에 있는 것을 위해 기도하는 것이다. 포스터는 이렇게 말했다. "우리는 하나님 앞에 결점과 단점들을 가지고 있는 모습 그대로 온다. 사랑이 가득한 아버지 앞에 선 어린이처럼, 우리는 마음을 활짝 열고 요청한다. 우리는 좋은 것과 나쁜 것을 가리려 하지 않는다. … 예를 들어, 우리는 사무실의 동료나 길 건너의 이웃 때문에 얼마나 속상한지 하나님께 말씀드린다. 우리는 음식, 좋은 날씨, 건강을 요청한다."

그렇게 사소하고 심지어 이기적으로까지 보이는 기도를 드린다는 것에 놀랐을 수도 있다. 그러나 실제의 내 모습보다 더 고상한 척하면서 기도하는 것보다, 기도를 더 빨리 망치는 것은 없다. 달라스 윌라드는 이렇게 말한다.

> 솔직히 말하자면, 우리에게 중요하지 않은 '선한 것들'에 대해 기도하려다 보면 기도가 소멸된다. 그 선한 것들을 위해 진짜 의미 있는 기도를 하기 위한 길은, 정말 관심 있는 것들을 위한 기도를 먼저 시작하는 것이다. 그렇게 하다 보면 하나님의 큰 사랑 속에서 우리 관심의 반경이 반드시 넓어질 것이다. … 훌륭하긴 하지만 자신과 거리가 멀고, 관심이 전혀 없으며, 심지어 잘 알지도 못하는 필요들만을 위해서 기도해야 한다고 생각하기 때문에 많은 사람들에게 기도가 불가능해진다.[10]

단순한 기도는 성경에서 가장 흔한 유형의 기도이다. 예수님께서도 일용할 양식을 위해 기도하라고 우리에게 친히 가르치셨다. 때로 그런 기도는 엄청나게 비영적으로 보인다. 예를 들어 기드온이 하나님을 신뢰해야 하는 몇 가지 이유를 더 달라고 했을 때, 혹은 모세가 자신이 맡은 일에 대해 불평했을 때가 그렇다. "이 모든 백성을 내가 잉태하였나이까 내가 어찌 그들을 생산하였기에 주께서 나더러 양육하는 아비가 젖 먹는 아이를 품듯 그들을 품에 품고 주께서 그들의 열조에게 맹세하신 땅으로 가라 하시나이까"(민 11:11, 12). 또 괄목할 만한 예는 엘리사가 그를 '대머리'라고 놀리는 아이들 때문에 불평하며 기도한 것이다(왕하 2:24을 보라).

물론 나는 내가 성장함에 따라 나의 관심사가 훨씬 덜 이기적이기를 바란다. 그러나 기도는 다른 여타의 관계와 마찬가지로 정직함 속에서 시작되어야 성장할 수 있다. C. S. 루이스는 우리가 기도 속에서 "우리 안에 있어야만 하는 것이 아니라, 우리 안에 있는 것 그대로를 하나님 앞에 드러내야 한다."라고 했다.[11]

현재에 온전히 집중하기

솔직해지자. 기도할 때 생각이 오락가락한 적이 있는가?

나는 그렇다. 장시간 동안 순수하게 기도에만 초점을 맞출 수 있는 날이 올 것이라고 생각했지만, 아직까지 그런 일은 일어나지 않았다. 나는 기도할 때면 종종 영적 주의집중장애에 걸린 것 같다.

오랫동안 나는 그것에 대해 죄책감을 느껴 왔다. 그것이 일종의 실패라고 생각했다. 물론 우리가 앞서 말한 것처럼, 때로는 다시 주의를 집중해야 할 필요도 있다. 그러나 시간이 지나면서 내가 알게 된 것은, 만일 특정한 주제가 계속 생각난다면 필시 그 주제가 나의 가장 큰 관심사이므로 그것을 하나님께 말씀드릴 필요가 있다는 것이다.

어느 날 기도하려고 앉았는데, 내가 전에 섬기던 교회의 한 리더에게 마구 화를 내는 공상을 하고 있는 것이 아닌가. 그 공상 속에서 나는 그에게 노골적으로 비난을 퍼붓지는 않았다. 그렇게 하는 것은 목사답지 않기 때문이다. 그 대신 그 사람이 은근히 부끄러움을 느끼게 함으로써 그가 얼마나 잘못된 행동을 했는지 깨닫게 하고 있었다.

내 안에 원망과 용서에 관련된 문제가 있다는 생각이 들었다. 그리고 그런 공상을 억누르고 원래 기도하려던 내용으로 돌아가는 대신, 원래의 기도 계획을 중지한 나는 나의 분노에 대해 하나님께 말씀드렸다.

때로 기도하다 보면 거창한 업적을 성취하거나 대단한 용기가 필요한 일을 해 내는 공상을 하기도 한다. 그럴 때는 나 자신의 중요성을 느끼려는 욕구가 내게 있고, 그 욕구를 부적절한 방법들로 채우려 한다는 것을 하나님께 말씀드려야 한다. 또 하던 기도를 중단하고, 단지 하나님께서 나를 만드셨고 나를 구속하셨기에 나를 사랑하신다는 것을 기억해야 한다.

당신의 생각이 한군데 집중하지 못하고 떠돈다면, 아마도 그것은 하나님께 말씀드릴 필요성이 가장 큰 생각일 것이다. 그 방황하는 생각들을 기도의 장애물이라고 생각하기보다는 초석으로 생각하는 것이 훨씬 더 좋다고 한 친구가 내게 말해 주었다.

그것은 기도할 때 정신을 온전히 집중하는 방법의 일부이다. 다른 데 정신이 팔려 있거나 다른 것에 골몰하고 있으면서 몸만 있는 사람과 대화하는 것이 어떤 것인지 우리는 잘 안다. 기도할 때도 똑같다. 그래서 나는 기도하는 중에 내 안에 무슨 일이 일어나는지 인식하고 그것을 하나님께 말씀드리는 것을 훈련하였다.

나는 한 영적 디렉터와 정기적으로 만나서 기도에 대해 배우는데, 한번은 이것을 배웠다. 나는 기도할 때 무슨 일이 일어났는지 돌이켜 보며 일지에 쓰곤 한다. 그 영적 디렉터와 이야기하면서 예를 들어, "월요일에 기도할 때 상당히 피곤했어요."라고 하면, 그녀는 "그것을 주님께 말씀드렸어요?"라고 물었다.

"아니오."

"그렇게 하는 것이 좋다고 생각하죠?"

"예."

나는 이 교훈 하나를 배우는 데 얼마나 오랜 시간이 걸렸는지를 보

기도 되돌아보기

사람들이 기도에 대해서 더 이상 배우지 않는 것은, 그들이 기도할 때 실제적으로 무슨 일이 일어나는지 깊이 생각하지 않기 때문이다. 이것은 기도하는 것을 배울 수 있도록 돕기 위한 연습이다.

좋은 친구를 만나고 돌아온 후 흔히 우리가 무엇을 하는지를 생각해 보라. 몇 분 동안 홀로 친구와 함께 보낸 시간에 대해 생각한다. 특별히 친하게 느꼈던 순간들이나, 갈등이나 혼란이 있었던 순간들을 회상한다. 마무리되지 않았거나 해결해야 할 것들에 대한 이야기를 기억한다. 그리고 그 친구와 함께 보낸 그 시간에 대해 감사한다.

당신의 기도를 돌이켜 보는 방법이 다음에 있다.

- 기도를 마친 후에 3~4분 정도 곰곰이 생각해 본다. 이것은 기도의 한 부분이 아니라, 별개의 연습이다.
- 기도가 어떻게 시작되었는가? 하나님께서 임재하심을 인식했는가, 아니면 단지 당신 혼자서 생각하고 있다는 느낌이었는가?
- 당신이 기도할 때, 기도의 어떤 부분들이 특히 '생명력 있게' 느껴졌는가? 강한 확신이나 뜨거운 감정을 느낀 시간이 있었는가? 만일 그렇다면 어떤 것이었는가? 그것이 당신을 하나님께 더 가까이 가게 했는가, 아니면 더 멀어지게 했는가?
- 어떤 어려움을 만났는가? 진부함이나 지루함을 느꼈거나, 다른 어떤 장애물들을 경험했는가? 당신의 생각이 이리저리 떠돌았는가? 만일 그렇다면 어떤 것으로 그랬는가? 무엇을 놓고 기도할 때 그런 일이 일어났는가? 당신은 어떻게 반응했는가?
- 응답하라 또는 어떤 행동을 하라는 부르심을 느꼈는가? 만일 그렇다면 그것은 무엇인가?
- 기도의 전반적 '어조'는 어떤 것이었는가? 따뜻하고 사랑스러웠는가? 어렵고 고통스러웠는가? 어두웠는가? 확신에 찼는가? 명료했는가? 모호했는가?

이 점검의 결과를 기록해 보라. 기도를 배우는 데 도움이 될 것이다.

면서 새삼 겸손해졌다. 기도할 때 내 안에 무슨 일이 일어나는지, 피곤한지, 지루한지, 신나는지, 산만한지 인식하고, 그 다음에 일어나고 있는 일을 하나님께 직접 말씀드리는 것은 내 삶 속에서의 기도를 훨씬 더 생기 있게 만들었다.

다른 사람들을 위해 중보하기

단순한 기도가 성경에서 가장 많이 실행하는 기도라면, 중보기도는 성경에서 가장 많이 명령되는 기도일 것이다. 디트리히 본회퍼는 "개인과 공동체는 매일 중보기도의 욕조 속에서 깨끗이 씻겨야 한다."라고 했다.[12] 내가 다른 사람들을 위해 기도할 때 내 관심의 영역은 나 자신 이상으로 확장된다. 뿐만 아니라 내가 다른 사람들을 위해 중보할 때, 내가 알지 못하는 방식으로 하나님께서 역사하신다.

나는 중보기도에 관련된 토니 캠펄로의 이야기를 좋아한다.[13] 그가 한 오순절 교단의 대학교 채플에서 말씀을 전하게 되었을 때, 예배 전에 그를 위한 기도회가 열렸다. 여덟 명의 남자가 토니를 예배당 뒤쪽의 방으로 데려가서 그를 무릎 꿇게 하고, 그의 머리에 안수하며 기도하기 시작했다. 그것은 좋았지만, 그들은 너무 오래 기도했고, 기도가 길어질수록 피곤해진 그들은 그의 머리에 더 기대었다. "여덟 명의 남자가 당신의 머리에 체중을 싣는 것은 별로 기분 좋은 일이 아니라고 말할 수 있을 것입니다." 토니는 이렇게 말했다.

설상가상으로 그 중의 한 남자는 토니를 위해 기도하고 있지도 않았다. 그는 찰리 스톨츠퍼스라는 어떤 사람을 위해 끝없이 기도했다. "주님, 찰리 스톨츠퍼스를 아시지요. 그는 이 거리에서 1킬로미터 정도 떨어진 이동주택에 삽니다. 그 이동주택을 아시지요. 주님, 그 길 오른쪽에 있습니다." (토니는 하나님께 지리를 알려 드릴 필요는 없다고 그 사람에게 말해 주고 싶었다.) "주님, 오늘 아침에 찰리가 제게 말하길, 아내와 아이들을 떠나겠다고 했습니다. 하나님, 개입하셔서 어떻게 해 주십시오. 그 가족이 다시 함께 모이게 해 주십시오."

토니는 겨우 그 오순절 교단 설교자들의 기도를 받고 메시지를 전한 후, 차를 타고 집으로 향했다. 펜실베이니아 간선도로로 막 들어서려 할 때, 한 여행자가 자동차를 얻어 타기 위해 손을 흔들고 있었다. 이제부터 그의 이야기를 직접 들어 보자.

몇 분이 지난 후에 내가 먼저 말을 걸었다. "안녕하세요, 저는 토니 캠펄로라고 합니다. 성함이 어떻게 되세요?" "제 이름은 찰리 스톨츠퍼스입니다." 나는 믿어지지 않았다!

나는 바로 다음 인터체인지에서 그 도로를 빠져 나와 반대 방향으로 향했다. 그것을 보고 좀 불안해하던 그는 몇 분 후에 말했다.

"저를 어디로 데려가시는 겁니까?" "당신 집으로 데려가는 겁니다."

그는 미심쩍은 눈으로 "왜요?"라고 물었다.

"왜냐하면 당신이 방금 부인과 세 자녀를 두고 떠나왔기 때문이에요. 맞죠?"

그는 깜짝 놀랐다. "예! 예, 맞아요." 충격의 표정이 역력한 채, 그는 차 문에 몸을 바싹 붙이고 내게서 한시도 눈을 떼지 못했다.

그런 다음 내가 그가 살던 은색 이동주택 바로 앞에 차를 세우자 그는 더욱 놀랐다. 그는 눈이 둥그레져서 물었다. "제가 여기 사는 걸 어떻게 아셨습니까?" "하나님께서 제게 말씀하셨습니다." (나는 정말 하나님께서 내게 말씀하셨다고 믿는다.)

그가 이동주택의 문을 열자 그의 부인이 외쳤다. "당신, 돌아왔군요! 돌아왔군요!" 그는 부인의 귀에 대고 작은 목소리로 말했고, 이야기를 듣던 부인의 눈이 점점 더 커졌다.

그때 나는 아주 권위 있는 목소리로 말했다. "두 사람, 앉으세요. 제가 말할 테니 두 사람은 잘 들으십시오!" 그들은 내 이야기를 들을 수밖에 없었을 것이다. 그 오후에 그 두 젊은이는 예수 그리스도께로 돌아왔다!

물론 이렇게 극적으로 기도가 응답되는 경우는 (최소한 나의 경험으로는) 흔하지 않다. 그러나 그것이 핵심은 아니다. 예수님께서는 중보기도에 대해 자주 가르치셨는데, 예수님의 가르침을 한 단어로 요약해 본다면 필시 그것은 '끈기'일 것이다. 예수님께서는 자신의 요구를 절대 철회하지 않는 사람들의 이야기를 기도에 비유하셨다. 아무 권력도 없으면서 부패한 재판관을 계속 귀찮게 졸랐던 고집스런 과부, 음식을 얻기 위해 이웃의 문을 계속 두드린 궁핍한 사람, 아버지에게 단호하게 요구하는 어린이 등이다. 이 이야기들은 모두 같은 것에 대해 이야기하고 있다. 자신을 거부하고 무관심하게 대하는 사람을 상대할 때도 이렇게 자신의 요구를 변함없이 구할 수 있는 인간은 사랑과 지혜의 소유자이신 하나님 아버지께는 더 많은 끈기를 가지고 나아가야 할 것이다.

관계로서의 기도

다른 어떤 행위보다도 기도는 우리가 하나님과의 관계 속으로 초청받는다는 사실의 확실한 표현이다. 달라스 윌라드가 말한 대로 "우리가 하나님과 함께하는 일을 하나님과 얘기하는 것"이 기도이다.[14] 기도를 통해 되는 모든 일들 중에서 가장 위대한 일은 인간의 마음이 하나님의 마음과 연합되는 것이다. 나는 인생의 끝에 도달한 많은 사람들의 임종을 지켰고, 그들이 지난 세월의 행동들에 대해서 후회하는 것을 들었다. 너무 많은 일에 몰두하며 허비한 세월, 돈을 좀 더 벌기 위해 던져 버린 시간 등. 그러나 인생의 끝에서, 기도에 보낸 세월을 후회하는 사람은 한 명도 보지 못했다. 기도가 풍성한 곳에는 사랑이 풍성하다.

리처드 포스터는 두 살짜리 아들을 데리고 쇼핑몰에 갔던 한 친구의 이야기를 썼다.[15] 짜증을 내며 보채는 아이는 아버지가 무엇을 해도 울음을 그치지 않았다.

아무것도 소용이 없자, 아버지는 마침내 아들을 안고는 노래를 만들어 부르기 시작했다. "나는 너를 사랑해. 나는 네가 웃는 게 좋아. 내가 네 아빠라서 기뻐."

그 노래는 다른 어떤 것도 하지 못했던 일을 해 냈다. 아들은 눈을 크게 뜨고 울음을 그치고 미소 지으며, 아버지의 품에 포근히 안겨 차에 갈 때까지 그 노래에 귀 기울였다.

아버지가 아들을 차에 태우고 안전벨트를 매 주자 아들은 팔을 내밀며 "그 노래를 다시 불러 주세요, 아빠. 다시 불러 주세요."라고 말했다.

기도는 그런 것이다. 우리가 단순한 마음으로 하나님의 품에 안겨서 우리에 대한 하나님의 사랑 노래를 듣는 것이다.

다시 불러 주세요.

천국에 개입하다

토론을 위한 질문

1. 만일 우리의 모든 수단이 소진되고 마지막 수단으로 기도만 남아서 필사적으로 기도한다면, 그것은 다음의 항목들에 대한 우리의 관점이 어떻다는 것을 보여 주는가?

   - 기도
   - 우리 자신
   - 하나님

2. 당신이 기도해도 아무것도 달라지지 않고, 당신이 기도하지 않는다 해도 "모든 것들은 원래대로 일어날 것"이라고 정말 믿는다면(146쪽 달라스 윌라스의 말 참조), 당신의 기도생활이 어떤 영향을 받겠는가?

3. 당신이 기도하고 나서 분명하고 확실한 결과들을 보았던 때를 설명하라. 기도의 응답이 당신의 기도생활에 열정을 더했는가?

4. 월터 윙크는 "중보자들, 믿음과 기도로 미래를 만들어 내는 자들에게 역사는 속한다."라고 했다. 윙크의 말이 맞는다면, 다음 사항들에는 어떤 함축된 의미가 있겠는가?

   - 당신 개인의 기도생활
   - 교회의 기도 능력

- 당신이 부모라면, 자녀들에게 주는 기도에 대한 가르침

누가복음 11:1~4, 마태복음 6:9~13 읽기

5. 예수님께서 제자들에게 기도를 가르치실 때, 어떤 핵심적인 이슈들을 다루고 계신가?

당신은 기도할 때, 이 영역들 중 어디에 초점을 맞추는 경향이 있는가?

당신은 어디에 좀 더 초점을 맞추어야 하겠는가?

6. 당신은 어떤 상황들과 삶의 경험들을 겪을 때, 가장 자연스럽게 기도하게 되는가? 어떻게 하면 하나님께서 주신 그 순간들을 이용하여 더 자주 열정적으로 기도할 수 있는가?

당신을 기도하지 못하게 하는 상황들과 경험들은 무엇인가?

어떻게 하면 그 순간들을 기도 가운데서 하나님을 찾는 기회로 만들 수 있겠는가?

7. 기도하기 위한 구체적인 시간과 장소를 정하는 것은 어떤 가치가 있는가?

만일 당신이 기도를 위한 시간과 장소를 따로 확정해 두었다면, 그것이 당신의 기도생활에 어떤 도움이 되었는지 그룹원들에게 이야기해 보라.

만일 아직 기도를 위한 구체적인 시간과 장소를 확정하지 못했지만 그러기를 원한다면, 언제, 어디서 기도하기를 계획하는지 그룹원들에게 말하라. 그 새로운 영적 훈련을 위해 격려해 달라고 부탁하라.

함께 기도하기
하나님과의 관계 속으로 당신을 불러 주신 것을 감사하는 시간을 가지라. 하나님과 기도로 대화할 수 있는 것이 얼마나 놀라운 영광이요 특권인지를 우리는 때때로 잊어버린다. 기도 가운데 하나님 아버지와 대화할 수 있는 길을 만들어 주신 예수님께 감사하라.

삶에 적용하기
이번 주에 20분 동안 다른 일에 방해받지 말고, 필기도구를 가지고 책상 앞에 앉거나 컴퓨터 앞에 앉는 시간을 가지라. 당신이 꾸준히 기도해 온 삶의 한 영역이나 한 가지의 기도 제목을 정하라. 그것에 초점을 맞추어 두 가지 기도문을 쓰라.
첫째로 공손하고, 안전하고, 주의 깊은 기도문을 쓰라. 불필요한 위험을 감수하지 말고, 너무 열정적으로 쓰지 말라. 너무 많이 기대하지 말고, 하나님께서 금방 응답하시거나 풍성하게 응답하실 것을 기대하지 말라.
둘째로 월터 윙크가 제안한 태도를 반영하여 기도문을 쓰라. 뻔뻔하고, 끈덕지고, 부끄러운 줄 모르고, 체면을 차리지 않고, 응답을 기대하는 기도문을 쓰라. 당신에게 편한 범위를 넘어선 간구를 하고, 기대하며 간구하라.
두 기도문을 다 쓴 후에 소리 내어 읽고 그 중 어느 것이 하나님께서 그분의 자녀들에게서 듣기 원하시는 기도일지 자문해 보라.

삶을 위한 묵상

첫 제자들은 기도의 대가이신 예수님과 얼굴을 마주했다. 복음서에 기록된 예수님의 삶을 생각할 때, 당신은 기도에 대해 무엇을 배울 수 있으며, 그 교훈들이 당신의 기도에 어떤 영향을 미치는가? 만일 지금 생각나는 것이 없다면, 한 달 동안 복음서를 읽으면서 예수님의 기도생활에 초점을 맞추어 살펴보라.

좀 더 생각해 볼 문제들

1. 기도가 경기의 막바지에서야 어쩔 수 없을 때 최후의 수단으로 사용되며, 절박한 순간에만 '헤일 메리' 패스로만 사용되지는 않는가? 이에 대해 어떻게 생각하는가?

2. 당신이 달리 바라볼 곳이 없다는 것을 깨닫고 기도의 무릎을 꿇어야만 했던 때에 대해 말해 보라. 일단 당신이 무릎 꿇고 기도하기 시작했을 때, 무슨 일이 일어났는가?

7
적당히 작아지기
종처럼 살기 연습

우리는 모두 벌레들이다. 그렇지만 나는 내가 빛을 내는 벌레라고 생각한다.[1]
윈스턴 처칠

레온, 조지프, 클라이드는 모두 메시아 콤플렉스[2]를 겪고 있다. 이 세 명은 미시간 주 입실란티 시의 한 병원에 입원 중이며, 만성적 정신질환, 과대망상, 정신착란 불안정으로 진단받았다. 그들은 각자 자신이 예수 그리스도가 다시 성육신한 사람이라고 주장했다. 세계가 자신을 중심으로 돈다고 믿었다. 말하자면, 그들은 세 명의 작은 메시아들이었다.

심리학자 밀턴 로키치는 이 사람들을 돕기 위해 자신이 시도했던 치료 방법을 가지고 The Three Christs of Ypsilanti(입실란티의 세 명의 그리스도)라는 책을 썼다.[3] 이 책을 통해 그들이 자기들의 실체를 알고, 보통의 레온, 조지프, 클라이드라는 그들 모습을 찾길 바랐던 것이다. 로키치는 이 년 동안 그들과 함께 지냈다. 그러나 변화는 어려웠다. 그 환자들은 자신들이 메시아라고 믿지 않고서는 살아갈 자신이 없는 듯했다. 로키치의 말에 의하면, 그들은 삶의 다른 국면들에서는 매우 이성적일 수도 있었지만, "우스꽝스럽고 자기 방어적 현실 왜곡인" 메시아로서의 착각을 계속 고수했다.

밑져야 본전이라고 생각한 로키치는 한 가지 실험을 시도했다. 이 세 명은 이 년 동안 한 방에서 자고, 함께 식사하고, 함께 같은 일을 하고, 함께 한 가지 주제로 토의하는 시간을 가졌다. 서로 다른 메시아를 만나 지내면서 자신의 착각을 깨우치기를 바랐던 것이다. 이것은 일종의 메시아 12단계 회복 그룹[4]이라고 할 수 있었다.

실험 중 흥미로운 대화가 오고 갔다. "나는 메시아이며, 하나님의 아들입니다. 나는 사명을 가지고 이 땅을 구원하기 위해 이곳에 보냄 받았습니다." "그것을 어떻게 압니까?" 로키치가 물었다. "하나님이 내게 말씀하셨습니다."

그러자 다른 환자 한 명이 되받아쳤다. "나는 너에게 그런 말을 한 적이 없다."

결국 그들의 메시아의 논쟁은 세 명의 희극 연기로 끝났다. 즉 그들이 삼위일체에서 그들의 위치를 논쟁하는 것으로 끝났기 때문이다.

여기서 볼 수 있는 심각한 역설은 그 끈질긴 망상 때문에 자신들의 삶으로부터 단절된다는 것이다. 메시아이기를 그만두는 것은 그들에게 두려운 일이었다. 그러나 그들이 그렇게 할 수만 있었다면, 그 상황으로부터 구원되었을 것이다.

그들이 조금이라도 호전되었다면, 그것은 그들이 함께 있었던 결과였다. 그러나 그 변화는 아주 미비했고, 현실에 대한 인식이 분명해지거나 오래 지속되지는 않았다.

자신이 메시아라는 착각을 유지하려면, 그와 반대되는 어떤 증거도 배제해야 한다. 스스로 신이 되고자 한다면, 단 한 사람만이 살 수 있는 작은 방을 우주로 삼고 거기에 만족해야 한다. 그러나 내 친구의 말대로 "적당히 작아지고자" 한다면 당신의 세계는 무한히 커질 수 있다.

가장 오래된 죄

나에게도 메시아 콤플렉스가 있다. 그렇다고 입실란티에 가야 할 정도는 아니지만, 레온, 조지프, 클라이드의 딜레마만큼이나 심각하고 비합리적인 면이 있다. 당신도 예외는 아닐 것이다.

교만의 죄는 성경에서 가장 오래된 죄이다. 뱀이 하와를 유혹하여 에덴동산에 있는 선악과를 먹게 한 것은 교만을 통해서였다고 창세기의 저자는 단언한다. "너희가 그것을 먹는 날에는 너희 눈이 밝아 하나님과 같을 줄을 하나님이 아심이니라."(창 3:5)라고 말하면서 뱀은 하와의 마음을 부추겼다. 그 이후 우리는 나름대로 하나님의 위치에 서기 위해 노력해 왔다. 그런 면에서 우리는 모두 같은 죄를 지었다.

우리가 어떻게 우리 자신의 교만을 알 수 있는가? 좀 심하지 않은 교만의 특징부터 살펴보자.

허영

허영은 나의 외모나 이미지에 심취하는 것을 포함한다. 만일 몸에 달라붙는 스판덱스 운동복을 입고 운동한다면, 교만의 문제가 있을 가능성이 크다. 만일 벽에 거울이 붙어 있는 체육관에서 운동하면서 거울에 비친 모습을 바라본다면, 그것 역시 교만의 문제가 있을 강한 징후이다. 만일 사진을 새로 뽑았을 때, 사진 속의 다른 사람들을 보는 척하면서 자신만을 보고 있다면, 문제가 있을 가능성이 크다.

허영심은 가장 일반적인 형태의 교만이다. 그것은 짜증스럽고 어리석지만, 다행히 가장 위험한 교만은 아니다.

고집

"자주 책망을 받으면서도 목이 곧은 사람은 갑자기 패망을 당하고 피하지 못하리라."(잠 29:1)라고 잠언서에 기록되어 있다. 고집이라는 교만이 있을 때 우리는 잘못을 고치려 하지 않고, 자기 변명을 멈추지 않는다. 누군가가 잘못과 실수를 지적할 때, 우리는 얼버무려 넘기거나 부인하거나 다른 사람을 비난한다. (이런 행동은 변화되기 어렵다. 방어적인 사람들은 자신들의 방어적인 태도에 대해 지적받을 때 고마워하지 않기 때문이다.)

배척

가장 심각한 교만은 마음속에 하나님과 다른 사람들이 있어야 할 정당한 자리에서 그들을 모두 배척하는 것이다. 예수님께서는 영적 삶의 본질이 하나님과 사람을 사랑하는 것이라고 말씀하셨다(막 12:30 참조). 그런데 교만은 사랑할 수 있는 능력을 파괴한다. 욕심 많거나 탐욕스러운 사람은 최소한 어떤 종류의 사랑은 할 수 있지만, 교만은 사랑과 정반대이다. 교만은 포용하는 대신 배척한다. 교만은 하나님을 경배하지 않고, 거울 앞에서 자기 자신을 경배한다. 교만은 섬기지 않고, 정죄하게 한다. 교만은 우리가 똑똑하고 부유하기를 원할 뿐 아니라, 우리 주위에 있는 사람들보다 더 영리하고 부유하게 되기 전까지는 만족하지 못하게 한다. 교만은 본질적으로 비교한다.

예수님께서 기도하는 두 사람에 대해 말씀하실 때(눅 18:9~14), 이것을 언급하셨다. 세리의 죄는 모든 사람이 보기에 명백했는데, 그것은 욕심, 부정부패 등이었다. 바리새인은 자신이 그와 다른 부류의 사람임을 하나님께 감사드렸다. "나는 다른 사람들 곧 토색, 불의, 간음하는 자들과 같지 아니하고 이 세리와도 같지 아니함을 감사하나이다 나는 이레에 두 번씩 금식하고 소득의 십일조를 드리나이다." (이 바리새인은 특별히 더 칭찬받고 싶었던 것 같다. 왜냐하면 일 년에 하루만 금식하도록 규정되어 있었는데 일주일에 두 번씩 금식했기 때문이다.)

바리새인이 기도하는 사람을 두 부류로 나눈 것은 옳았지만, 어느 쪽이 옳으냐에 대해서는 잘못 생각했다. 하나님의 첫 번째 명령대로 사랑하는 데 실패했고, 하나님의 도우심이 필요하다는 것을 깨닫지도 못했기 때문에 하나님의 관점에서 볼 때에 합당하지 않았다. 그는 죄인들을 포용하지 않았다. 그는 자신의 죄가 세리의 죄보다 더 크다는 것을 인식하지 못했다. 그는 그 장소에서 자신이 가장 큰 죄인이라는 것을 깨닫지 못했다.

누가는 예수님께서 자기가 의롭다고 믿고 다른 사람을 멸시하는 자들에게 이 이야기를 해 주셨다고 기록했다. 교만과 사랑 없음은 항상 병행된다.

겸손의 혼란스러운 개념

한때는 교만이 치명적인 약점으로 인식되었는데, 오늘날에는 칭찬의 대상인 것 같다. 우리는 크리스토퍼 래쉬가 "자아도취의 문화"라고 부르는 시대에 살고 있다.[5] "나는 최고다"라는 무하마드 알리의 사인 문구는 우리가 무엇을 추구하는지 잘 보여 준다. 권투 프로모터인 돈 킹은 〈로스앤젤레스타임〉지에 인용된 "나는 나 자신에 대해 계속 감탄하기를 금할 수가 없다."라는 말에 덧붙여 "나는 겸손하게 그것을 말한다."고 했다. 만일 그가 겸손하다면 어떻게 그런 말을 할 수 있었겠는가?

예수님께서는 우리를 교만 대신 겸손의 삶으로 초대하신다. "자기를 낮추는 자는 높아지리라"(마 23:12). 그러나 우리는 겸손에 대해 매우 혼동하고 있다. 우리는 겸손해야 한다는 것을 알지만, 그것이 바람직한 것인지 확신하지 못한다. 심지어 우리는 어떤 사람이 겸손한 사람인지도 잘 모른다.

일상생활에서 자신을 겸손하게 한다는 것은 무엇을 의미하는가? 진지하게 생각해 보자. 어떤 사람이 우리의 외모에 대해 칭찬한다고 하자. 우리는 하나님의 나라에 합당하고, 예수님께서 우리의 입장이라면 보이셨을 반응으로 대하려고 노력한다. 그때 어떻게 해야 할까?

- 고개를 푹 숙이고는 "나는 정말 매력적이지 않아요. 다 조명발이죠."라고 말한다.
- 대담하게 진실을 밝힌다. "정말 흥미롭군요. 좀 더 이야기해 주세요. 좋은 생각을 함께 기뻐합시다."
- 신체적 외모에만 초점을 맞추는 사람에게 충고하기 위해 잠언 11장 22절을 인용한다. "아름다운 여인이 삼가지 아니하는 것은 마치 돼지 코에 금 고리 같으니라." (이렇게 하면 칭찬받을 문제가 너무 많이 없어질 것이다.)
- 요점을 직접적으로 말한다. "너는 나를 교만하게 하는 자다. 사탄아 내 뒤로 물러가라."

- 미소 지으며 "고맙습니다."라고 말하고는 더 이상 아무 말도 하지 않는다.

겸손은 나 자신이나 다른 사람에게 내가 매력적이지 않고 무능하다고 확신시키는 것이 아니다. 또한 우리를 실패자나 아무것도 아닌 존재로 만드는 것이 아니다. 만일 하나님께서 우리를 아무것도 아닌 존재로 만들고자 하셨다면 그렇게 하셨을 수 있었겠지만, 하나님은 그렇게 하지 않으셨다.

겸손은 자발적으로 복종하는 것과 관계가 있고, 건전한 자기 망각을 포함한다. 현재 순간에 충실하고 자신에게 집착하지 않는 모습은 성령의 능력에 의한 것이며, 그때 우리는 더 겸손해지기 시작한다. 다른 사람들과 함께 있을 때 마음을 다하고, 그들이 우리에게 유익이 될지 안 될지를 재보지 않는 것이 겸손이다.

진짜 겸손이란 우주가 우리를 중심으로 돌지 않음을 자각하는 코페르니쿠스적 영혼의 개혁이다. 겸손은 항상 우리 마음을 편안하게 해 준다.

더욱 겸손해질 때, 겸손은 부담이 아닌 어마어마한 선물이 된다. 겸손이란 우리의 참모습이 아닌 다른 어떤 모습이 되기 위해 애쓰는 것을 멈추고, 적당히 작은 우리의 모습을 받아들이는 것이다. 루터의 말을 빌리자면, 겸손이란 "하나님께서 하나님 되시도록" 결단하는 것이다.[6]

달성하기 어려운 추구

그러나 바로 여기서 우리는 어려움에 봉착한다. 도대체 우리는 어떻게 겸손을 추구할 수 있는가? 영적 성장을 추구하는 사람들에게 있어서 교만은 끈질긴 문제다.

나는 가끔씩 식이요법으로 음식 조절을 한다. 그럴 때면 음식을 먹는 사람들을 보면서, 나도 모르게 이런 생각들이 든다. "사람들은 도대체 어떻게 이런 음식을 먹지? 어떻게 자신의 몸을 저렇게 관리할 수 있지? 고칼로리에다가 영양가 없는 음식은 건강에 해롭다는 것을 모르나? 이 사람들은 아무 훈련도 안 받았고, 자제심도 없는가? 사도 바울이 '저희의 마침은 멸망이요 저희의 신은 배라'고 말한 사람들이 바로 이 사람들이 아닐까?"

사실 나도 식사를 조절하기 전인 어제는 그들과 똑같은 음식을 먹었고, 다음 주에 음식 조절이 끝나면 그 음식을 먹을 것이다. 그럼에도 불구하고 나는 그런 생각을 한다. 더 정확하게 말하자면, 그런 사실 때문에 그런 생각을 하는 것이다.

문제는 이것이다. 내가 어떤 좋은 일을 하려고 할 때면, 내가 좋은 일을 하고 있다는 사실을 매우 강하게 인식한다. 또한 나와 똑같이 행동하지 않는 사람들을 인식하고는 그들도 나처럼 해야 한다고 생각한다.

하지만 그 결과는 교만, 비교, 비판적 태도, 사랑의 결여일 뿐이다. (내가 비판한 다른 사람들은 다른 수천 가지 면에서 나보다 훌륭한 사람일 수 있다. 그 사람들은 나보다 훈련받았을 환경, 격려와 가르침이 부족했을 수 있다. 그러나 그때는 이런 생각이 절대 떠오르지 않는다.)

이 세상에서 가장 힘든 일 중 하나는 탕자의 삶을 그만두면서도 큰아들과 같은 사람이 되지 않는 것이다. 어떻게 겸손할 수 있을까?

종의 자세로 예수님 따르기

리처드 포스터는 이렇게 말한다.

겸손의 은혜는 다른 어떤 방법보다도 섬김의 훈련을 통해 이루어진다. …
무질서한 육의 욕망을 훈련시키는 데 섬김만큼 적절한 것이 없고, 은밀히
섬기는 것만큼 육의 욕망을 변화시키는 것이 없다. 섬김을 싫어하여 투덜
대는 육은 은밀한 섬김에 대해서는 비명까지 지르며 싫어한다. 육은 영예
와 인정을 얻으려 열심히 노력한다.[7]

영적 삶의 모든 면이 그렇듯이 겸손 역시 예수님께서 우리의 스승
이시다. 주님께서는 "섬김을 받으려 함이 아니라 섬기러" 오셨다고
말씀하셨다(마 20:28). 섬김은 하나님께 속한 일이다.

하나님께서 말씀하신 종의 자세에 대한 개념은 제럴드 호손이 번
역한 빌립보서 2장 6~11절에 잘 표현된다. 많은 성경학자들은 이 구
절이 원래 찬송으로 존재했던 것이고, 초대 교회의 가장 오래된 고백
중 하나라고 생각한다. 이 본문은 그리스도와 동일한 자세나 마음가
짐을 가져야 한다고 말씀한다. 그리스도께서는 "근본 하나님의 본체
시나(being in very nature God[8]) 하나님과 동등됨을 취할 것으
로 여기지 아니하시고 오히려 자기를 비어 종의 형체를 가지셨다."

그리스어에서 being은 상황 분사이다. 그 분사를 어떻게 해석하
느냐는 문맥, 즉 그 분사를 둘러싼 '상황'에 달려 있다. 상황 분사는
목적, 결과, 기간, 기타 몇 가지 특성을 표현하는 데 사용된다. 몇 가
지 예를 살펴보자.

> 시카고 불스 팀의 팬으로서(being Chicago Bulls fans), 우리는 우리 팀
> 이 우승할 것이라고 예상한다.

이 문장에서 being은 원인을 나타낸다. 따라서 우리는 이렇게 해

석할 수 있다. "시카고 불스 팀의 팬이기 때문에, 우리는 우리 팀이 우승할 것이라고 예상한다."

시카고 컵스 팀의 팬으로서(being Chicago Cubs fans), 우리는 우리 팀이 우승할 것이라고 예상한다.

컵스 팀은 1908년 이래로 월드 시리즈에서 우승을 차지하지 못했을 뿐더러, 최근 불스 팀을 이긴 적이 없다. 따라서 우리는 이 경우의 being을 양보의 뜻을 가진 분사로 해석할 수 있다. "컵스 팀의 팬임에도 불구하고, 우리는 우리 팀이 우승할 것이라고 예상한다."

그렇다면 그리스도의 종 되심에 대한 바울의 송영을 어떻게 해석할 수 있을까?

being을 양보의 의미로 해석할 수 있다. 바울은 우리가 그리스도와 같은 마음가짐을 가져야 한다고 말한다.

그는 근본 하나님의 본체이심에도 불구하고 하나님과 동등됨을 취할 것으로 여기지 아니하시고 오히려 자기를 비어 종의 형체를 가지셨으니.

인간의 관점으로 보기에는 이것이 완전히 타당하다. 우리는 본문 구절을 이렇게 해석한다. 예수님께서는 하나님이심에도 불구하고 종이 되셨다. 그러나 호손은 그런 해석이 바울이 그리스도에 대해 말하는 핵심을 놓친 것이라고 말한다. 호손이 말하는 바울의 생각을 정확하게 이해할 수 있는 방법은 그 분사를 그리스도의 행동의 원인으로 해석하는 것이다. 다시 말하자면, 이것이다.

당신의 태도는 그리스도 예수의 자세와 같아야 한다. 그분은 하나님의 본체이셨기 때문에 하나님과 동등됨을 취할 것으로 여기지 아니하시고 자기를 비어 종의 형체를 가지셨다.

이렇게 해석할 때, 우리는 하나님의 온전한 선하심을 깨달을 수 있다.

고대 그리스 신화에서 제우스와 헤르메스가 가난한 노예들로 변장하여 지상에 내려왔다. 그들은 인간들을 속이고, 사람들이 신들을 얼마나 공경하는지 살펴보고자 했다. 제우스와 헤르메스는 사람들이 자신들을 얼마나 공경하는지 알자, 넝마 같은 옷을 던져 버리고 올림포스의 영광 가운데 자신들을 드러냈다. 그것은 마치 이수룩힌 클라크 켄트가 사라지고 슈퍼맨이 등장하는 것 같았다. 제우스와 헤르메스는 종의 외형을 가졌으나, 그것은 가장에 불과했다.

예수님께서는 종의 '외형'을 가지신 게 아니다. 바울은 예수님의 종 되심과 신성을 표현할 때도 모르페(morphe; 모양, 모습, 형태)라는 똑같은 단어를 사용한다. 예수님께서 종의 형체로 오신 것은 하나님이 어떤 분이신지를 감추고 가장하신 것이 아니고, 하나님이 어떤 분이신지를 계시하신 것이다.

언젠가 한 강사가 교만이 인간에게는 금지된 것이지만, 하나님께는 괜찮다고 말하는 것을 들은 적이 있다. 왜냐하면 하나님은 결국 하나님이시기 때문이라는 것이다. 그러나 그것은 틀린 생각이다. 하나님은 위대한 종이시고, 온 우주에서 가장 겸손한 존재이시다. 예수님께서는 하나님이시라는 사실에도 불구하고 종으로 오신 것이 아니다. 예수님께서는 하나님이시라는 바로 그 사실 때문에 오셨다.

제자들을 위한 예수님의 계획

예수님께서는 제자들이 메시아 콤플렉스 때문에 고민할 것을 아셨다. 그래서 제자들을 소그룹에 넣기로 결정하셨다. 이 년 동안 제자들은 함께 식사했고, 매일 만나 그룹 토의를 했으며, 어디를 가든지 함께 갔다. 그리고 당연한 일이겠지만, 그들은 자신들 중에 '누가 가장 큰지' 서로 다투었다(막 9:34). 인간이 모인 곳이라면 어디에서든 그런 일이 일어난다. 한 무리의 사람들이 함께 오래 지내다 보면 메시아 콤플렉스의 추한 모습이 드러난다.

디트리히 본회퍼는 이렇게 말한다.

> 우리는 기독교 공동체에 이런 생각을 심은 자가 누구인지 안다. 그러나 기독교 공동체가 형성되는 즉시 이 불화의 씨앗이 심겨진다는 것은 미처 생각하지 못하는 것 같다. 그리스도인들의 공동체가 시작되는 초기에, 잘 드러나지 않고 무의식적이지만, 치열한 경쟁이 발생한다. 성경에 "그들 가운데 변론이 일어났다."라는 초대 교회에 대한 기록이 있듯이, 오늘날에도 이런 문제로 말미암아 교제가 깨어질 가능성이 충분히 있다.[9]

예수님께서는 어린아이를 데리고 와서 제자들을 불러 모으시고, 그들이 할 일은 어린아이를 환영하고, 영접하고, 섬기는 것이라고 말씀하셨다. 그것은 어린아이를 위해서만이 아니고, 자기 자신들을 위해서였다. 종의 자세를 가질 때만, 제자들은 자신들의 실상을 볼 수 있기 때문이다.

나는 슈퍼맨이 아니다

어린 시절에 나는 슈퍼맨을 매우 좋아했는데, 그것은 슈퍼맨이 강한

사람이기 때문이었다. 클라크 켄트의 연약함은 연기일 뿐이며 사람들을 속이는 것이었다. 그 사람의 본질은 철인이었다. 슈퍼맨은 약하고 곤경에 처한 사람들을 돕는 데 결코 두려워하거나 혼란스러워하지 않았다. 슈퍼맨은 부모님과 고향이었던 행성을 갑자기 잃었지만, 12단계 회복 프로그램 같은 것은 받지 않았다. 그는 늘 혼자였지만, 외로운 사람들을 위한 모임에 참석하지 않았고, 평상복 안에 파란색의 꼭 끼는 옷을 입고 망토를 두르고 있었지만, 심리치료를 받지 않았다.

　나는 슈퍼맨이 되고 싶었다. 투시 능력을 갖고 싶었고, 맨손으로 쇠를 구부리고 싶었고, 무엇보다도 슈퍼맨처럼 크고 빨간 S자를 쓸 수 있는 넓은 가슴을 갖고 싶었다. 내 가슴은 소문자 l이나 i를 쓸 수 있을 정도일 뿐이다.

때로 어른인 우리도 슈퍼맨이 되려고 한다. 우리는 실제 우리의 모습보다 더 똑똑하고, 더 성공적이고, 더 영적으로 보이려 하고, 알지도 못하는 질문에 대답하려 한다. 그러나 다 자란 지금에는 슈퍼맨이 되려고 하는 것은 큰 짐이 된다.

초인이 되지 않고도, 사람들을 도울 수 있는 다른 방법이 있다. 예수님께서 종의 삶을 살도록 우리를 부르시는 일차적 이유는 다른 사람들이 우리의 섬김을 필요로 하기 때문이 아니다. 그것은 섬길 때 우리에게 일어나는 일 때문이다.

왜냐하면 진정한 섬김과 치유는 관계가 있기 때문이다. 어니스트 커츠의 탁월한 저서 *Not-God: A History of Alcoholics Anonymous* (하나님이 아닙니다: AA의 역사)에 그 관계가 잘 표현된다.[10]

알코올중독자인 빌 윌슨(AA에서 빌 W로 통한다)은 알코올중독으로부터 벗어난 지 얼마 되지 않아 또다시 술에 빠지려 한다는 것을 알았다. 필사적으로 노력하던 중, 그는 알코올중독자인 밥 박사를 만나 자신이 겪은 사연을 이야기해 주었다. 마침내 밥 박사도 알코올중독에서 벗어났고, 빌 W와 함께 AA를 공동 설립하였다.

빌 W는 자신이 밥 박사를 돕기 위해 자신의 사연을 이야기한 것이 아님을 깨달았다. 만약 빌 W가 자신이 가진 것을 나누어 주지 않았다면, 다시 술에 빠졌을 것이다. 또 빌 W는 자신이 강하고 밥 박사는 약했기 때문에 자신이 그를 도울 수 있었던 것이 아님을 알았다. 빌 W 자신이 약했기 때문에 도울 수 있었고, 도울 때 그 역시 힘을 얻었다.

이 진리는 더욱 확산되었다. AA가 알려지면서 빌 W는 많은 인터뷰를 하게 되었고, AA의 설립자로 알려지게 되었다. 그는 점점 바빠졌고, 가족을 소홀히 하기 시작했다. 그러나 그는 많은 알코올중독자들에게 자신이 필요하다고 합리화했다. 그의 친구들이 그에게 현실을 충고했다. "너는 지금 죽음의 길로 가고 있어. 너는 자신이 독특하고 예외적인 존재라고 생각하는데, 그것이야말로 전형적인 알코올중독자의 생각이야."

빌 W의 경험에 비추어 보듯이 우리는 우리가 메시아나 초인이 아님을 깨닫고, 우리의 한계를 인정해야 한다. 바로 거기서 우리는 힘을 얻을 수 있다. 하나님께서는 우리가 알코올중독자들을 구할 수 있는지 없는지에 대해 조바심을 내시는 것이 아니다.

우리는 연약한 중에 봉사해야 한다. 우리가 다른 사람들을 돕는 이유는 우리가 강하고 그들은 약하기 때문이 아니라, 만일 우리가 그들을 돕지 않는다면, 우리가 말라비틀어질 것이기 때문이다.

왜 AA는 익명성을 주장하는가? 알코올중독자라는 사실이 외부에 노출되지 않고 AA 모임에 참석할 수 있게 하려는 것만은 아니다. 또 다른 목적이 있는데, 그것은 아무도 AA를 명성을 얻는 수단으로 사용하지 못하게 하려는 것이다. 설립자들은 자신들이 유명인사가 되는 것이 치명적인 유혹임을 깨달았다. 삶을 얻을 수 있는 유일한 방법은 술 취한 사람들과 교제를 나누면서 서로를 돕는 것이었다.

예수님께서는 바로 그런 종의 자세를 갖도록 우리를 부르신다. 우리는 서로를 돕는 죄인들의 공동체이다.

종의 삶

우리는 어떻게 종의 삶을 살 수 있는가?

1. 평범한 사람들의 사역

예수님께서는 어린아이를 안으시고 말씀하셨다(마 18:1~5; 막 9:36, 37; 눅 9:46~48 참조). "너희의 사역은 이것이다. 높은 지위나 권력을 주지 못하는 자들에게 헌신하라. 너희에게는 이 어린아이가 필요하다. 너희가 이 어린아이를 돕는 것은 이 어린아이를 위해서가 아니고, 너희 자신들을 위해서이다. 그렇게 하지 않는다면, 너희의 삶 전체는 누가 가장 큰지를 놓고 어리석게 경쟁하는 것에 휩쓸리게 되기 때문이다. 그러나 만일 너희가 이 어린아이를 섬기되, 자주, 열심히, 즐겁게, 빛도 없이 섬긴다면, 언젠가 '내가 얼마나 훌륭한 일을 했나.'라고 생각하지 않고 섬길 수 있는 날이 올 것이다. 그때 너희는 자연스럽게, 애쓰지 않고, 섬김 자체가 기쁨이 되어 섬기기 시작할 것이다. 그때 너희는 하나님 나라의 삶이 어떤 것인지 알게 될 것이다."

이것은 '평범한 사람들의 사역'이라고 부를 수 있다. 이런 사역의 기회는 매일 무수히 주어진다. 직장 동료가 프로젝트를 도와달라고 요청할 수도 있고, 갑자기 차가 멈춰 버린 어떤 사람을 도울 수도 있다.

가정에서도 마찬가지이다. 한밤중에 아이가 울면, 깊이 잠든 척하다가 아내가 아이들에게 갈 때 잠에 매우 취한 듯 "내가 가려 했는데, 먼저 깼네."라며 한두 마디 던진다. 그렇게 함으로써 나는 돕고자 했다고 인정받는 동시에 침대에 머무르는 편안함을 누릴 수 있다.

그러나 이렇게 할 수도 있다. 아내보다 먼저 일어나 딸을 돌보고, 짜증내는 대신 딸아이가 살아 있다는 사실에 대해 감사할 수 있다. 만약 상황이 낮이라면, 딸 때문에 하지 못하는 모든 사역 업무에 초점을 맞추는 것이 아니라, 딸을 돌보기 위해 내가 존재한다는 사실에 초점을 맞출 수 있다. 만일 이렇게 한다면, 나는 나 자신만을 위한 삶에서 벗어날 수 있다. 또 나는 "야, 내가 얼마나 훌륭한 남편이고 아빠인가!"라고 자신을 칭찬하고 스스로 위안하지 않으면서도 다른 사람을 섬길 수 있을 만큼 더 자유로워질 수 있다.

당신은 이런 종류와 같은 종의 자세를 즐길 수 있다. 섬김을 통해서 우리는 더 큰 친밀감과 공동체 의식을 가질 수 있다. 아내인 낸시는 내가 그녀를 섬길 때 가장 큰 친밀감을 느꼈다고 한다. 그녀는 내가 청소기를 돌릴 때 그녀를 소중히 여기는 행동으로 느꼈고, 차고를 청소했을 때는 강한 일체감과 결속감을 가졌다고 한다. 또 내가 아이들을 목욕시키는 것을 보았을 때, 나에게 육체적 매력을 느꼈다고 한다.

가정은 종의 자세를 연습하기에 좋은 곳이다. 물론 아이를 돌보느라고 영적 성장을 추구할 수조차 없다는 것은 정당화될 수 없다. 자녀를 돌보는 것이 기도와 은혜와 우리에게 있는 활력 가운데 이루어진다면, 그 자체는 영적 변화의 가장 강력한 수단이 될 것이다.

한 가지 경고를 하자면, 일반적으로 실제로 섬기는 것보다 섬김에 대한 이론을 듣는 것이 더 쉽다. 내가 아는 한 여자 분이 중요한 수술을 앞두고 남편에게 주말 동안 아이들을 돌봐 달라고 부탁했다. 남편은 거절했다. 그는 중요한 '남자를 위한 집회'에 참석해야 했는데, 그 집회는 그리스도인 남편과 아버지는 어떻게 살아야 할지에 대한 것이었다. 그가 아내를 섬기기를 거부한 이유는 아내를 섬기라는 가르침과 격려를 받을 집회에 참석하기 위해서였다!

진정한 공동체의 특징은 다른 어떤 것보다도 상호 종의 자세를 갖는 것과 상호 복종이다. 예수님께서 나중 된 자가 먼저 되고, 가장 작은 자가 큰 자가 되고, 종이 가장 큰 자가 될 것이라고 하셨을 때, 그것은 어떤 명령이 아니다(마 20:25~28; 막 10:42~45). 단지 예수님께서는 하나님의 공동체에 대한 진리를 설명하셨고, 그 공동체가 세상에서 보통 일이 이루어지는 방법과 얼마나 다른지를 설명하신 것이다.

2. 방해받기를 감수하는 사역

또 다른 형태의 섬김은 다른 사람의 필요에 맞추어 나의 시간을 내어주는 사역이라고 할 수 있다. 러시아 정교회에는 푸스티니키라는 사람들이 있는데, 그들은 기도의 삶에 전적으로 헌신하는 자들이다. 그들은 사막(푸스티니아)에 칩거하며 홀로 살았지만, 사회로부터 고립된 삶은 아니었다. (러시아어에서 홀로 거한다는 것은 '모든 사람들과 함께함'을 의미한다.) 틸덴 에드워즈에 따르면, 관습상 그들의 집 문에는 빗장이 없었는데, 그것은 언제나 개방되어 있으며 이용 가능하다는 표시였다. "푸스티니키의 우선순위는 언제나 이웃의 필요였다(기도뿐 아니라 추수철에 일손을 거들어 줄 수도 있었다)."[11]

때로는 일하는 도중에 계획에도 없는 일 때문에 업무를 방해받을 수 있다. 때로는 문의 빗장을 열고 살아야 한다. 때로는 문제가 있는 사람들과 이야기를 나누고 그들을 위해 기도해 줄 수 있는 사람이 되어야 한다. 우리가 치료해 줄 수 없고, 우리의 경력에 보탬이 되지 않는 사람들에 대해서도 말이다.

이것을 실천하기 위해 나는 가끔씩 전혀 일을 하지 않고 집에만 있는, '비밀 봉사의 날'을 정했다. 이날은 가족의 필요를 찾아서 채워 줄 뿐이며, 나 자신의 계획이나 일이나 업무는 없다. 나의 일이 다른 사람들의 필요에 부응하는 것일 때에는, 방해받는다는 개념 자체가 성립되지 않는다. 그날의 목표는 섬기는 것일 뿐이다. 그렇게 정했음에도 불구하고 자꾸만 나만의 계획을 세우려고 하는 나 자신을 볼 때마다 나는 더 겸손해질 뿐이다.

때로 섬긴다는 것은 모든 사람이 따르는 규칙을 준수할 때 생기는 지연과 방해를 감수하는 것이다. 전해 들은 이야기에 의하면, 어느 날 무하마드(가장 위대한 자) 알리는 비행기 내에서 좌석 벨트 매기를 거부했다고 한다. 승무원이 좌석 벨트 매기를 여러 번 요구하자 끝내 알리는 입을 열었다. "슈퍼맨에게는 좌석 벨트가 필요 없어요." 그러자 승무원은 이렇게 대답했다. "슈퍼맨에게는 비행기가 필요 없지요."

우리는 모두 자칭 슈퍼맨이다. 날지는 못하지만, 최소한 규칙에서 예외가 될 만큼 우리 자신이 특별하다고 생각한다. 심각한 교통 체증 한가운데서 인내심을 가지고 기다리고 있는데 한 차선에서 다른 차선으로 옮겨서 더 빨리 가려는 유혹을 받을 때, 도로는 우리만의 것이 아님을 상기해 보면 어떨까? 도로에 있는 다른 사람 역시 우리 못지않게 중요하다.

섬김이라 다른 사람에게 시킬 수도 있는 자질구레한 일상의 일들을 스스로 하는 것이기도 하다. 링컨에 관한 한 일화가 있는데, 이 일화는 허구일 가능성이 있긴 하지만, 링컨의 성품을 잘 보여 준다. 어느 날 링컨이 자신의 구두를 닦고 있는 모습을 한 각료가 보았다. 그는 미국 대통령이 자신의 구두를 손수 닦는 것에 매우 놀랐다. 그러자 링컨은 이렇게 말했다. "그러면 내가 누구의 구두를 닦아 줘야 한다고 생각합니까?"

섬김이란 우리가 아무 일도 하지 않거나 평범한 일들만 하는 것이 아니다. 우리의 하루가 다른 사람들로부터 받는 방해로 가득 차야 한다는 것도 아니다. '평범한 자들의 사역'을 언제 해야 할지를 알기 위해서는 분별력과 지혜가 필요하다. 자신을 더 많이 과장할수록 '평범한 자들의 사역'이 더 필요하다.

평범한 자들의 사역은 다른 사람들에게도 유익하지만, 무엇보다도 우리 자신에게 유익하다. 이 사역은 우쭐한 마음을 쫓아낸다. 디트리히 본회퍼는 이 사역을 '적극적으로 돕기'의 사역이라고 했다.[12] 처음에는 사소하고 외적인 일들을 보조해 주는 것으로 시작할 수 있다. 사람들이 함께 사는 곳이라면 어디에서든 그런 일들을 수없이 발견할 수 있다. 너무 고귀해서 가장 비천한 일을 못할 사람은 없다. 작은 도움을 주느라고 자기의 시간을 잃어버릴까 봐 염려스럽다면, 그는 자신과 자신의 경력을 지나치게 중요시하는 것이다. 본회퍼가 탁월한 신학자, 작가, 교수, 목회자, 신학교 학장, 반나치지하운동의 리더였음을 생각해 보라.

3. 약점과 한계를 받아들이기

얼마 전에 나는 너무 많은 출장과 회의와 상담으로 완전히 지쳐 버렸다. 나에게는 평생의 우정을 다짐한 한 친구가 있는데, 그 친구 역시 교회 사역을 하는 친구였다. 우리는 매주 사역과 영적 삶에 대해 이야기를 나누곤 했다. 나는 그 친구에게 내 스케줄에 대해 불평하며, 그의 동정을 구했다. 그런데 친구가 왜 내가 그렇게 살기로 선택했는지를 물어보는 바람에 나는 매우 놀랐다. 나는 내 스케줄이 내가 선택한 것이라고 생각하지 못했다. 나의 바쁜 삶은 선택이 아니라 주어진 것이라고 생각하는 것이 더 매력적이었던 것이다. 대기 오염 문제나 시카고 컵스 팀의 팬이 되는 것처럼 그것은 선택할 수 없고, 운명적으로 주어진 것이므로 최선을 다해 적응하는 길밖에 없다고 생각했던 것이다.

"왜 자네는 그렇게 바쁘기를 선택하나?"라고 친구는 계속해서 물었다. 그래서 나는 불편한 마음이 되어 그것에 대해 생각해 보아야 했다. 다른 어떤 대답보다 정직하고 유일한 대답은 나 자신을 돋보이게 하고 싶었기 때문이라는 것이다. 나는 기회들을 거절하면 더 이상 기회가 생기지 않을까 봐 염려했다. 기회를 잡지 못하면 덜 중요한 인물이 될 것이고, 덜 중요한 인물이 되는 것은 끔찍한 일이었다. 분명히 그 이유 때문에 나는 영적으로 보이도록 나의 스케줄을 치장했다. 그 모든 것은 섬기는 일이라고 나 자신을 납득시킬 수 있었지만, 동시에 그것은 나 자신을 돋보이게 하려는 것이었다. 나는 나에게 분명한 한계가 있고, 휴식이 필요하며, 내가 슈퍼맨이 아니라는 사실을 인정하거나 받아들이고 싶지 않았다.

이렇게 나 자신을 바로 본 이후, 나는 작은 '개인 스케줄 그룹'을 만들었고 그룹 사람들이나 가족들과 먼저 토의하지 않고서는 새로운 책임을 맡지 않기로 약속했다. 또한 이 친구와 함께 우리의 스케줄뿐 아니라 그 배후의 동기에 대해서 완전히 숨김없이 이야기하기로 했다.

이런 책임감 없이 살아가는 것은 위험하다. 거의 오십 년 동안 복음 사역을 해 오신 친구의 아버지가 있다. 그분은 최근에 친구에게 이렇게 말씀하셨다고 한다. "얘야, 내가 내 스케줄을 잘 관리하게 된다면 곧 우리는 많은 시간을 함께 보내게 될 거야." 내 친구는 내게 이렇게 말했다. "39년이라는 나의 인생 동안 아버지께서는 늘 스케줄을 '잘 관리하게' 되기만 하면 우리가 무슨 일을 할 것인지 늘 나에게 말씀해 오셨지." 친구의 아버지께서는 언젠가 스케줄이 저절로 잘 관리될 것이라고 정말 생각하시는 듯했다. 더 심각한 문제는, 그분께서 왜 자신의 스케줄이 통제되지 않고 있는지 그 진짜 원인에 대해 이야기하거나 인정하지 않으려 하신다는 것이다.

4. 혀를 다스리는 사역

오늘날 가장 실천하지 못하는 종의 자세는 아마도 본회퍼가 말한 '혀를 다스리는 사역'일 것이다.

우리가 악한 생각에 대해 가장 효과적으로 영적 전투를 할 수 있는 방법은 그것을 절대 말로 표현하지 않는 것이다. … 떠오르는 생각 중 많은 부분을 말로 표현하지 않도록 금하는 것이 모든 기독교 공동체의 분명한 규칙이 되어야 한다.[13]

이것은 요즘의 보편적인 지혜와는 상반된다. 요즘은 '떠오르는 모든 생각'을 말하는 것이 정신 건강의 핵심적인 요소로 여겨지지만, 때로는 '입을 닫는 사역'을 통해 하나님 나라가 승리하기도 한다.

회의를 할 때 논의를 하면서 우리는 이렇게 생각할 수도 있다. "내가 얼마나 많이 아는지 모든 사람에게 알릴 기회다. 내가 얼마나 중요한 존재인지 은근히 강조하는 이야기를 할 기회다. 다른 사람의 틀린 점을 지적하고 나의 능력을 과시할 기회다."

하루는 몇몇 임원들이 비교적 사소한 결정사항에 대해 토의하고 있었다. 나는 의자 끝에 걸터 앉아서 큰 손짓과 함께 목소리를 점점 높이고 있었다. 그러다가 깨달은 것은 내가 그 결정사항 자체에 관심이 있는 것이 아니라, 누구의 의견이 이길지 경쟁에 몰입하고 있다는 것이었다.

때로 혀를 다스리는 사역은 우리 자신의 영적 성장에 대해 말하지 않는 것을 포함한다. 프란시스 드 살레스는 이렇게 말한다.

우리는 종종 우리가 아무것도 아니고, 비참하며, 세상의 찌끼와 같다고 말하면서도 어떤 사람이 이 말을 그대로 받아들이면 매우 유감스럽게 생각한다. … 우리는 모임에서 마지막이 되려 하고, 좌석의 끝자리에 앉기를 원하지만, 사실 그것은 그렇게 하면 쉽게 제일 윗자리로 옮겨갈 수 있다고 생각하기 때문이다. 진정한 겸손은 드러나지 않고, 눈에 띄게 겸손한 방법

으로 말하지도 않는다. 겸손은 다른 모든 덕목을 숨기려 할 뿐 아니라, 겸손 자체도 감추려 한다.[14]

또 그 사역은 책임을 맡은 임무에 대해 너무 안달하거나 조급해 하지 않는 것도 의미한다. 루이스 스머즈는 교황 요한 13세에 대한 훌륭한 일화를 소개한다.[15] 원로원의 한 사람이 이 문제 저 문제를 고쳐야 한다고 교황에게 끊임없이 잔소리하고 있었다. 그는 마치 자신만이 교회와 세상이 당면한 문제의 심각성을 알며, 자신의 경고가 없으면 모든 것이 무너질 것같이 말했다. 이 충고를 충분히 들을 대로 들은 교황은 마침내 그를 따로 불렀다. 교황은 자신도 때로는 세상의 운명이 자신에게 달린 깃처럼 느끼고, 그렇게 실도록 유혹받는다고 고백했다. 그런 교황에게 한 천사가 나타나 그를 도왔다. 그 천사는 가끔씩 교황의 침상머리에 나타나 말하곤 했다. "이봐, 조니야, 너무

심각해지지 마."

우리에게도 우리가 메시아가 아니라는 것을 일깨워 줄 천사가 필요하다. 더구나 우리는 교황도 아니다.

5. 견디는 사역

우리는 서로의 짐을 지도록 부르심 받았다. 이것은 서로의 필요를 위해 기도하거나, 서로가 고통 가운데 있을 때 위로하는 것을 포함한다. 그런데 때로는 그런 관계가 부담스럽게 느껴지기도 한다. 그렇다면 아마도 사람들을 온전히 사랑할 수 있을 때까지 '사람들을 참아야 할' 필요가 있다.

나는 열 명 정도의 교회 사역자로 이루어진 기도 그룹에 참석하고 있다. 우리 모임의 명시된 목표는 지난 한 주 동안 기도한 경험에 대해 나누고 그것을 통해 배우는 것이었다. 그 그룹의 리더가 사려 깊은 조언을 했다. 그녀는 사람들과 사람들의 말을 평가하려는 우리의 경향을 배제하고 하나님께서 사람들을 통해 말씀하시는 것을 들어야 한다고 했다.

나는 나의 태도가 그녀의 제안과 반대였다는 것을 깨달았다. 첫 모임부터 나는 반사적으로 그룹의 사람들을 평가하기 시작했었다. 한 사람이 말할 때, 나는 "이 사람은 불안정하고, 우는 소리를 하고, 내적 치유에 과도하게 집착하는 타입의 사람이야."라고 생각했다. "그리고 이 사람은 전통에 충실하고, 지나치게 이성적이고, 옛날 선생님 스타일의 성격이라서 자신의 깊은 마음을 자각하거나 표현하려고 하지 않을 사람이야. 저 사람은 내가 배울 것이 많은 지혜롭고, 매우 유능한 사람이야." 나는 계속해서 사람들의 성숙도를 평가하면서, 더 성숙한 것으로 보이는 사람들에 대해서는 그들의 이야기를 듣고 그들과 관계를 맺으려 했고, 뒤쳐진 것으로 보이는 사람들에 대해서는 인내할 준비를 했다.

리더는 내가 미처 깨닫지 못했던 나의 평가하는 태도를 버리고 하나님께서 다른 사람을 통해 말씀하시게 하라고 했다. 그것은 내가 사람들의 말을 듣는 방법에 대한 완곡하고 친절한 비평이었다. 내가 내렸던 평가는 완전히 근거 없는 것은 아니었지만, 나는 내가 평가하던 사람들보다는 나 자신을 평가해야 할 필요가 있었다. 더욱 중요한 것은, 다른 사람들의 말을 평가하느라 하나님께서 그 사람들을 통해 내게 하시는 말씀을 들을 수 없었다는 것이다. 나의 그런 태도 때문에 나는 우리 모두가 하나님께 도달하는 여정 중에 있으며, 가장 뒤쳐진 자와 가장 앞선 자와의 간격이 하나님과의 간격에 비하면 아무것도 아니라는 진실을 알지 못했다.

서로에 대해 인내하는 사역은 단순히 힘든 사람을 관용하는 것 이상이다. 그것은 그들을 통해 하나님께서 하시는 말씀을 듣는 것이고, 그들의 '유익을 구하는' 법을 배우는 것이고, 내가 가장 다루기 어려운 사람이 나 자신이라는 것을 배우는 것이다.

내가 행하도록 부르심 받은 사역은 사람들을 가두어 놓은 나의 작은 정신의 감옥에서 그들을 해방시키는 것을 포함한다. 필요하다면 우리는 반복해서 그렇게 해야 한다. 그 대상은, 내가 말씀을 가르치는 방법에 대해 사랑하는 마음으로 공정하게 이야기하는 사람일 수도 있고, 경멸하면서 공정치 못하게 비난한 사람일 수도 있다. 아무튼지 간에 나는 나의 내면에 있는 것과 같은 갈등이 그 사람의 내면에도 있음을 알아야 했다.

'그들을 참는 것'은 가장 절친한 친구가 되어야 한다는 것이 아니라, 그들의 안녕을 기원해 주고, 우리가 그들에게서 받은 상처를 되돌려 주지 말아야 하며, 십자가라는 우리의 공통된 신앙을 기억하는 것이다.

우리의 갈망이 순수하고 진실할 때, 우리가 언제나 원하는 삶은 겸손한 삶임을 분명히 알 수 있다. 그런 겸손의 삶은 예수님에게서 가장 분명하게 볼 수 있다.

예수님에게서는 자신을 과장하는 모습을 전혀 발견할 수 없다. 사람들이 예수님을 잘 알아보지 못한 이유의 한 가지가 그것이기도 하다. 가장 오래된 기독교 이단 중 하나인 도케티즘[16]이 나타난 까닭은 하나님께서 연약함과 고통을 당하실 수 있다는 개념을 사람들이 받아들이지 못했기 때문이었다. 그들은 예수님께서 단지 인간의 모습만을 가지셨을 뿐 실질적인 인간은 아니셨다고 믿는다. 하지만 사도 요한은 예수님께서 '육으로' 오신 것을 부인하는 것이 바로 적그리스도의 영이라고 말했다(요일 4:2, 3 참조).

예수님은 슈퍼맨이 아니셨다. 예수님께서는 뒷짐 지신 채, 적들의 공격에도 아무 상처도 입지 않고 가슴에서 총알이 발사되어 적들을 물리치는 분이 아니셨다. 로마 병정들의 채찍질에 진짜 피를 흘리셨고, 가시 면류관은 진짜 살을 찔렀으며, 손발에 박힌 못은 말할 수 없는 고통을 주었고, 예수님께서는 십자가에서 정말 돌아가셨다. 그리고 이 모든 것에도 불구하고 예수님께서는 사람들을 참으셨고, 용서하셨고, 끝까지 사랑하셨다.

메시아 콤플렉스에 대한 하나님의 위대하고, 거룩한 농담이 있다. 지금까지 살았던 모든 사람들 가운데 메시아 콤플렉스를 겪지 않은 사람은 단 한 분, 메시아뿐이시다.

적당히 작아지기

토론을 위한 질문

> 창세기 3:1~7 읽기

1. 사탄은 아담과 하와를 유혹하는 미끼로 인간의 허영심을 어떻게 사용했는가?

원수는 어떻게 오늘날의 세상에서도 여전히 똑같은 술책을 사용하여 우리를 유혹하는가?

2. 저자는 "교만은 본질적으로 비교한다."라고 말한다. 우리 자신을 남들과 비교하는 것이 다음의 일들을 어떻게 일으키는가?

   - 교만을 조장한다.
   - 공동체를 깨뜨린다.
   - 반(反) 사랑의 요소로 작용한다.

3. 우리 사회는 교만한 정신을 어떤 식으로 수긍하며 심지어 권장하기까지 하는가?

교만을 긍정하는 사조가 우리 문화의 바탕에 어떤 결과를 파급시키는가?

4. 한 그룹원이 177쪽에 있는 리처드 포스터의 인용문을 읽으라. 봉사, 특히 숨겨진 봉사는 어떻게 교만의 치료제가 될 수 있는가?

우리가 은밀한 봉사를 더 많이 하지 못하도록 막는 것은 무엇인가?

> 마가복음 10:45, 빌립보서 2:6~11 읽기

5. 예수님께서 이 땅 위를 걸으셨을 때 하신 섬김의 행동에는 어떤 것들이 있는가?

섬기실 때 예수님의 마음과 태도는 어땠는가?

6. 저자는 우리가 분주함에 휩쓸려서 모터가 과속될 수 있다고 말한다. 아래의 주행 기록계로 볼 때, 지금 당신은 RPM을 어떻게 작동시키고 있는가? 당신에게 해당되는 한 가지 질문에 대답하라.

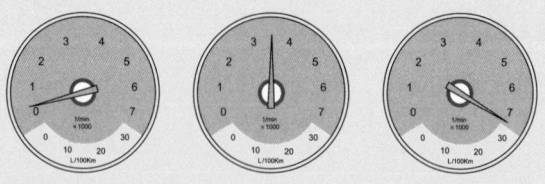

만일 지금 당신의 RPM이 너무 느리다면, 제 속도를 내도록 돕기 위해 무슨 일이 이루어져야 하는가?

만일 지금 당신의 RPM이 적당한 위치에 있다면, 건강한 상태와 균형을 유지하면서 과속 회전을 방지하기 위해 무엇을 할 수 있겠는가?

만일 지금 당신의 RPM이 적색 위험 경고에까지 다다랐다면, 삶의 속도를 늦추고 건강과 균형을 회복하기 위해서 무엇을 할 수 있겠는가?

7. 만일 당신을 아끼고, 당신을 잘 알고, 당신에 대해 정직하게 말해 줄 수 있는 사람들이 당신을 위한 스케줄 팀을 만든다면, 그들은 당신의 지난달 스케줄을 점검하고 어떤 평가를 하겠는가?

그들은 당신에게 무엇을 그만두라고 하겠는가?

그들은 당신에게 무엇을 시작하라고 하겠는가?

함께 기도하기

> 마가복음 10:45 읽기

당신의 그룹원들 각 사람에게 은밀하고 겸손히 섬기려는 갈망을 주시도록 하나님께 기도하라.

삶에 적용하기

이번 주에 다음의 영역들 중 당신이 할 수 있는 평범한 봉사의 예를 하나 들라.

- 친구 관계
- 일터
- 가정
- 동네
- 교회

당신이 별로 좋아하지 않는 가사노동, 업무, 일 중 한두 가지를 잠깐 생각하라. 다음 몇 달 동안, 그 중 한 가지 일에 정기적으로 헌신하면서 그 일을 할 때마다 성령의 인도를 구한다면, 당신은 무엇을 배우게 되겠는가?

삶을 위한 묵상

다음 사항들을 어떻게 함으로써 당신의 문빗장을 풀고 남들의 필요에 더 부응할 수 있겠는가?

- 하루의 스케줄
- 다가갈 수 있는 사람, 시간을 내 줄 수 있는 사람이라는 인상 주기
- 가정, 사무실 등 사람들이 당신과 접하는 환경 새롭게 꾸미기

좀 더 생각해 볼 문제들

1. 허영심은 세상 속에서의 삶뿐만이 아니라, 우리의 영적 생활의 핵심에까지 타격을 줄 수 있다. 우리에게 영적 교만이 틈타고 있다는 징후는 무엇인가?

> 누가복음 18:9~14 읽기

2. 예수님께서 우리 마음의 상태와 행동의 관계에 대해 무엇을 가르치셨는가?

3. 진실한 칭찬에 어떤 반응을 보일 수 있는지를 한 그룹원이 읽으라(174~175쪽). 참되고 진정한 겸손은 어떤 모습인가?

거짓된 겸손은 어떤 모습이며, 그 차이를 어떻게 구별할 수 있는가?

4. 190쪽에 있는 본회퍼의 인용문을 읽으라. 혀를 제어해야 했지만, 그렇게 하는 데 실패했던 때에 대해 말해 보라. 그 결과로 어떤 영향이 얼마나 오래도록 남았는가? 당신이 혀를 제어했고, 침묵할 수 있는 지혜와 자제력을 가졌던 때에 대해 말해 보라. 당신의 침묵을 통해 하나님께서 무슨 일을 이루셨는가?

8
후회 이상의 삶

자백의 실행

> 많은 그리스도인들은 의인들 중에 진짜 죄인이
> 갑자기 발견되는 것을 상상할 수 없을 정도로 두려워한다.
> 그래서 우리는 우리의 죄와 함께 홀로 남아서, 거짓과 위선 속에서 살아간다.
> … 자신의 죄를 가지고 홀로 있는 사람은 진짜 외톨이이다.[1]
> 디트리히 본회퍼

몇 년 전에 우리는 나의 낡은 폭스바겐 비틀을 팔고서 그 돈으로 우리의 첫 번째 새 가구인 고급스런 꽃분홍색 소파를 샀다. 그것은 설사약 색깔이었지만, 그것을 큰 돈을 들여 산 우리는 '꽃분홍색'이라고 부르기로 했다.

가구점 주인은 아이들이 있는 집에는 그 소파를 권하지 않는다고 했다. "꽃분홍색 소파보다는 어두운 색을 사는 게 좋을 겁니다."라고 그는 여러 번 경고했다. 그러나 젊은 부모인 우리는 순진한 낙관주의

자였다. "우리는 우리 아이들을 다룰 줄 알아요. 그 꽃분홍색 소파를 주세요."

그 순간부터 우리 식구 모두에게는 집안에서 지켜야 할 최고 규칙이 생겼다. 꽃분홍색 소파에 앉지 말라. 꽃분홍색 소파를 만지지 말라. 꽃분홍색 소파 근처에서 놀지 말라. 꽃분홍색 소파에 앉아서 음식을 먹지 말고, 거기 앉아서 숨을 쉬지도 말고, 그것을 쳐다보거나 생각하지도 말라. 에덴동산의 금지된 나무를 기억하는가? "집안의 각종 의자에는 네가 임의로 앉되 이 소파, 즉 꽃분홍색 소파에는 앉지 말라. 네가 앉는 날에는 정녕 죽으리라."

그리고 나서 타락이 일어났다.

어느 날 꽃분홍색 소파에 얼룩이 졌다. 빨간 얼룩. 빨간 젤리 얼룩이었다.

꽃분홍색 소파를 사고서 매우 좋아했던 아내는 당장 세 명의 아이

들을 그 앞에 세웠다. 네 살짜리 로라와 두 살짜리 맬러리, 6개월짜리 조니가 그들이었다.

"저게 보이니, 얘들아?" 아내가 질문했다. "얼룩이야. 빨간 얼룩. 젤리 얼룩이야. 가구점 아저씨가 이 소파에 남은 얼룩은 지워지지 않는다고 했어. 영~원히. '영원'이 얼마나 긴지 아니, 얘들아? 누가 꽃분홍색 소파에 얼룩을 만들었는지 너희들 중의 한 명이 말할 때까지 우리는 이렇게 영원히 서 있을 거야."

맬러리가 먼저 무너졌다. 눈에 눈물을 가득 담고 떨리는 목소리로 맬러리는 "로라 언니가 그랬어요."라고 했다. 로라는 완강히 부인했다. 아주 긴 시간 동안 침묵이 흘렀다. 누구도 한 마디 말이 없었다. 나는 아이들이 말하지 않을 것을 알았다. 왜냐하면 엄마가 그렇게 화가 난 것을 처음 보았기 때문이었다.

그리고 나는 아이들이 말하지 않을 것을 알았다. 왜냐하면 만일 말한다면 벌 받는 의자에 영원히 앉아 있어야 할 것이라는 것을 아이들이 알기 때문이었다.

그리고 나는 아이들이 말하지 않을 것을 알았다. 왜냐하면 꽃분홍색 소파에 빨간 젤리 얼룩을 만든 사람은 바로 나였기 때문이었다. 그리고 나도 아무 말 하지 않을 작정이었다. 나는 안전하게 고백할 수 있는 곳을 찾을 수 있을 거라고 생각했다. 예를 들면, 내가 쓸 책에 말이다.

죄의 얼룩

사실 우리 모두가 소파를 더럽혔다. 우리가 낸 어떤 얼룩들은 작고 잘 눈에 띄지 않는다. 그러나 어떤 얼룩들은 우리의 인생 전체에서 번져 나온다. 그것들은 우리가 잠들지 못하고 뒤척이며 '그 순간으로 돌아가 다시 살면 제대로 할 수 있을 텐데…' 라고 후회하는 얼룩들이다.

그 얼룩들은 후회해야 할 것들이며, 우리가 제대로 된 마음을 가지고 있다면, 당연히 후회할 것들이다. 코르넬리우스 플랜팅어의 괄목할 저서의 제목을 빌리자면, 우리 모두는 "우리가 마땅히 되었어야 할 모습이 아니다."

사람들은 죄에 대해 더 이상 이야기하고 싶어 하지 않는다. 플랜팅어는 그것을 이렇게 말했다.

이전에는 죄에 대한 인식이 우리의 어두운 그림자가 되었다. 그리스도인들은 죄를 미워하고, 두려워하고, 피하고, 통탄했다. 우리의 할머니 할아버지들은 그들의 죄에 대해 고뇌했다. 심하게 화를 냈던 남자는 성만찬에 참여해도 될지 염려했다. 자기보다 더 매력적이고 똑똑한 자매를 오랫동안 시기해 온 여자는 이 죄 때문에 구원받지 못하는 것은 아닌지 염려했다. … 오늘날의 집단적으로 하는 자백에서는 그런 두려움을 보기 어려워졌다. 새로운 교회 용어는 모호하다. 예를 들면 "인간관계 적응의 역학에 관한 우리의 문제를, 특히 네트워킹에 있어서 우리의 연약함을 자백합시다."라거나 "우리가 거룩을 성장의 한 영역으로 삼아야 한다는 필요성을 나누고 싶습니다."라고 한다. 죄가 관련된 곳에서, 이제 사람들을 불분명한 말을 웅얼거린다.[2]

우리 모두는 얼룩진 소파 앞에서 시간을 좀 보낼 필요가 있다.
나는 많은 사람들이 지금 찾고 있는 것이 하나님의 너그러운 용서를 다시 확인시켜 주는 또 다른 메시지는 아니라고 믿는다. 물론 놀라운 사실이지만, 그것을 아는 것만으로는 하나님의 용서와 해방을 경험하고 성장하는 데 충분하지 않다. 우리들 중 많은 사람들이 이 순간에도 고투하는 것은 용서의 메시지를 이해하는 면에서가 아니라, 그 실재 속에서 사는 문제 때문이다.

자백: 우리의 치유를 위하여

이런 용서의 실체를 받아들이지 못하기 때문에 하나님께서 우리에게 자백이라는 실행방법을 주셨다. 때로 사람들은, "내가 그리스도인이고 하나님께서 이미 나의 죄를 용서하셨다면, 왜 내가 자백해야 하지?"라고 의아하게 여긴다. 이것은 자백을 잘못 이해한 것이다.
일차적으로, 자백은 하나님께서 필요하셔서 우리에게 하게 하신 것이 아니다. 어린아이가 마지막 한 개의 쿠키를 얻으려고 눈치를 보는 것처럼, 하나님께서 그 손가락으로 꼭 붙잡고 계신 자비를 우리가 구걸해야 하는 것이 아니다. 우리가 자백해야 하는 이유는 치료받고 변화되기 위해서이다.

또한 자백은 "그 죄가 하나님의 장부 차변에 있었는데, 이제 내가 자백했으니 지워졌어."라고 하는 단순한 회계 절차도 아니다. 자백은 기계적이지 않다. 자백은 지혜롭게 실행되면, 우리를 변화시킨다.

우리가 올바른 자백을 할 때 두 가지 일이 일어난다. 첫째로는 우리가 죄책감에서 해방된다. 둘째로, 최소한 자백하지 않았을 때보다는 미래에 똑같은 식의 죄를 지을 가능성이 줄어든다. 죄가 덜 매력적으로 보이고 덜 매력적으로 느껴질 것이다.

그렇다면 우리의 영혼을 치료하는 자백을 어떤 식으로 할 수 있을까? 우리처럼 죄로 얼룩진 사람들에게 어떤 소망이 있을까? 용서의 위력을 경험하게 하는 자백은 일회성 행위가 아니라, 과정이다. 자백을 영적 얼룩 제거의 6단계 과정으로 생각해 보자.

준비

첫 번째 단계는 준비이다. 우리 자신을 성령의 돌보심에 맡기고 도움을 간구함으로써 시작한다. 이것 없이 자백하는 것은 위험하다. 우리들 혼자서는, 죄책감을 갖지 말아야 할 것에 대해 스스로 정죄감을 갖거나, 주의를 기울여야 할 정말 추한 오점을 간과하기 쉬운 경향이 있다. 우리는 성령의 도움을 받아야 한다.

클립턴 파디먼은 20세기 초에 제너럴일렉트릭(GE) 사의 천재 전기 기술자였던 찰스 스타인메츠에 대한 놀라운 이야기를 들려준다.[3] 그가 은퇴한 후, 하루는 GE의 기술자들이 복잡한 기계가 고장 나서 쩔

쩔매고 있었다. 결국 스타인메츠를 불러서 기계를 보고 문제를 정확하게 지적해 달라고 부탁했다. 스타인메츠는 몇 분 동안 기계 주위를 걸어 다니다가 주머니에서 분필 하나를 꺼내어 그 기계의 한 부분에 X표시를 했다. 놀랍게도, 기술자들이 그 부분을 해체해 보니 고장이 일어난 정확한 위치였다.

며칠 후 스타인메츠로부터 그 당시로서는 굉장히 큰 액수인 1만 달러의 청구서를 받았다. 터무니없다고 느낀 회사 측은 그 청구서를 돌려보내면서 항목별로 명시해 달라고 요청했다. 얼마 후, 그들은 다른 명세서를 받았다.

X표 표시한 것 : 1달러
어디에 표시할지 아는 것 : 9,999달러

자기 점검에서 가장 어려운 일은 어디에 X표시를 해야 할지 아는 것이다. "자기 허물을 능히 깨달을 자 누구리요 나를 숨은 허물에서 벗어나게 하소서."라고 시편 기자는 말한다(시 19:12). 자백의 시작은 우리 자신을 하나님의 보호 아래 거하게 하면서, 하나님께 올바른 자리에 X표를 해 달라고 요청하는 것이다.

자기 점검

다음 단계는 자기 점검이다. 시간을 정해 우리의 생각, 말, 행동을 돌아보고 죄를 인정하는 것이다. 역사적으로 이것은 우리 양심의 상태를 조사하는 '점검의 기도'(prayer of examen)로 알려져 왔다. 여러 시대에 걸쳐 점검의 기도생활을 하는 것은 매우 중시되었을 뿐만 아니라 당연한 것이었다. 프란시스 드 살레스는 "양심의 점검에 관해서는 … 모든 사람이 그것을 어떻게 하는지 안다."고 했다.[4]

자기 접근의 유용한 방법은 여러 항목의 죄에 대해 깊이 생각하는 것이다. 가장 흔한 죄는 사망에 이르게 하는 일곱 가지 죄, 즉 교만, 분노, 정욕, 시기, 탐욕, 게으름, 탐식일 것이다. 우리는 각 영역 중 어디에 위치하는가? 마르틴 루터는 그의 삶을 점검하기 위해 십계명을 사용했다.

자백은 구체적이고, 실제적이고, 자세해야 한다. "상사와 문제를 만들고 싶지 않아서, 일하지 않으면서 일하고 있다고 거짓말했습니다."가 "저는 진실하지 못했습니다."라는 식의 스무 가지 표현보다 더 정직하며 큰 변화를 가져온다. 이런 점을 적용하기 위해 빌 W는 AA에서 사용하는 열두 단계 중 용기 있고 대담한 도덕적 질문을 하는 시간을 네 번째 단계에 배치했다.

자백의 핵심에는 자기 행동에 대한 책임이 포함된다. 쉬운 일이 아니다. 슬쩍 벗어나려 하거나, 처음에는 자백을 하려고 노력하지만 결국 변명으로 끝나기도 한다. "당신에게 소리 지르려는 의도는 없었어. 하지만 난 하루 종일 굉장히 힘들었거든."

자백한다는 것은 우리의 행동이 단지 잘못된 가정교육이나, 유전적 열성, 시기심 많은 형제자매, 혹은 과자를 너무 많이 먹어 생긴 화학적 불균형의 결과만이 아니라는 사실을 깨끗이 인정하는 것을 의미한다. 이 모든 요인들의 일부나 전부가 모두 관련이 있을 수 있다. 인간의 행동은 복합적인 것이다. 그러나 자백한다는 것은 그 요인들 중 어딘가에 우리의 선택이 포함되어 있으며, 그 선택은 우리가 한 것이므로 핑계대거나, 해명하려 하거나, 이해시키려 해서도 안 된다는 것을 의미한다. 그 신덕은 용서를 빌아야 한다. 과거의 오류가 깨끗이 청산되어야 한다.

인식

우리의 죄를 바라보는 새로운 시야, 죄에 대한 새로운 이해가 필요하다. 모든 죄는 부인을 포함한다. 죄의 가장 나쁜 점 중 하나는 죄의 존재를 감지하는 능력을 손상시키는 도덕적 근시를 가져온다는 것이다.

새로운 관점으로 보면 사실이 극단적으로 달라 보일 수 있다. 남북전쟁을 연구하는 사학자인 제임스 맥퍼슨이 남부 대농장의 소유주였던 제임스 해먼드라는 사람에 대해 쓴 글이 있다.[5] 그는 하원의원이자 주지사이며, 만족할 줄 모르는 야심가에다 열렬한 노예제도 지지자인 것 외에도, 성적 쾌락을 탐닉했다. 1839년에 그는 18세의 노예인 샐리와 그녀의 어린 딸, 루이자를 샀다. 그는 샐리를 첩으로 삼고 그녀에게서 서너 명의 자녀를 두었다. 그리고 루이자가 열두 살이 되었을 때, 루이자 역시 첩으로 삼고 서너 명의 자녀를 더 두었다. 그의 정치 권력이 일시적으로 중단되었던 적이 있는데, 그것은 부유한 처남인 웨이드 해밀턴이 그가 자신의 십대 딸들을 성적으로 추행한 것을 공개하겠다고 위협했기 때문이었다.

게다가 해먼드는 수많은 노예들과 가축들을 같은 범주로 생각했다. 전염병이 창궐하여 많은 노예들과 가축들이 다 죽었을 때 해먼드가 일기에 쓴 내용이다.

> 내 주변의 모든 것들이 시들어 가는 것을 볼 때, 나는 절망의 나락으로 떨어진다. 흑인들, 소들, 노새들, 돼지들 등 내 주변의 모든 생명체들은 어떤 숙명적인 저주 속에서 고뇌하는 것 같다. … '위대한 하나님이시여, 제가 무엇을 했나이까. 이렇게 저주받은 사람은 일찍이 없었습니다. … 이런 운명을 겪어야 할 정도로 제가 하거나, 하지 않은 일이 무엇입니까?' … 어느 누구도 나에게 지극히 사소한 관용도 베풀지 않는다. 나의 어떤 것도 관용되지 않고, 아무것도 용서되지 않는다.

우리는 해먼드 같은 괴물은 아닐 것이다. 그처럼 사람들을 노예로 삼거나 인간 존재를 유린하지 않았을 것이다. 그러나 더 소소하고 조용하게 그와 똑같은 자기 기만이 우리 안에서 작동할 수 있다. 우리는 고통을 피하기 위해 거짓말을 하고서, 그렇게 했다는 것조차 인식하지 못할 수 있다. 아첨하거나 뭐든지 내 뜻대로 하려고 하면서도, 마치 자동으로 그렇게 된 것처럼 그 사실을 인식조차 못할 수 있다. 불의나 사람들의 필요를 장기간 동안 무시하면서도, 아무런 도덕적 경고를 듣지 못할 수 있다.

이 자백의 단계에서는 정직한 인식이 필요하다. 우리의 죄들을 새로운 렌즈로 보아야 한다. 우리의 범죄 대상이 된 상대방의 눈으로 우리의 죄들을 보아야 한다. 하나님의 눈으로 우리의 죄들을 보기 위해 싸워야 한다.

예수님께서도 다른 시각을 가져야 한다고 종종 말씀하시면서, 종교 지도자들에게 판단하지 말라고 경고하셨다.

"어찌하여 형제의 눈 속에 있는 티는 보고 네 눈 속에 있는 들보는 깨닫지 못하느냐 너는 네 눈 속에 있는 들보를 보지 못하면서 어찌하여 형제에게 말하기를 형제여 나로 네 눈 속에 있는 티를 빼게 하라 할 수 있느냐 외식하는 자여 먼저 네 눈 속에서 들보를 빼어라 그 후에야 네가 밝히 보고 형제의 눈 속에 있는 티를 빼리라"(마 7:3~5).

우리의 한쪽 눈에 들보(나뭇가지가 아니라, 카누 정도의 크기)가 있을 때는 인식 능력에 영향을 준다. 바로 그런 일이 예수님의 말씀을 듣는 사람들에게 일어났던 것이다. 그 사람들은 창기와 협잡꾼들의 죄를 보았고 그들과 관계하지 않았다(마 9:10~13; 막 2:15~17; 눅 5:30~32). 그들은 자신들의 영적 우월성에 대한 자부심이 있었다. 그러나 예수님께서는 그들이 현실을 부인하고 있다고 지적하셨다. 그들은 자신들의 행동을 새로운 시각으로 인식하기 위해 영혼의 라식 수술을 받을 필요가 있었다.

예수님의 말씀을 가슴에 새기며 제자들은 이렇게 말했을 것이다. "이제 내 행동의 진실을 알겠어. 내가 창기들이나 협잡꾼들과는 거리가 멀었지만, 의의 깃발을 들고 있지 못했어. 나 자신의 오만과 교만을 키웠을 뿐이야. 사랑하지도 못했어. 이 '누추한 죄인들'이 나보다 더 큰 사랑을 갖고 있어. 그들이 나보다 더 의로워. 하나님, 저를 도우소서."

우리는 새로운 눈으로 우리의 죄를 보아야 한다. 우리가 상처를 주었던 그 사람의 눈으로 우리의 죄를 보아야 한다.

두 가지 질문: 왜, 무슨 일이 일어났는가?

우리가 새로운 인식을 가질 수 있도록 도와주는 두 가지 구체적인 질문들이 있다. 첫째는, "내가 왜 그것을 했는가?"이다.

알고 보면 우리는 우리가 한 행동의 결과를 피하려고 계속 거짓말을 했을 수 있다. "죄송합니다, 경관님. 제 차의 속도계가 고장 난 것 같습니다. 제한속도를 넘지 않은 줄 알았습니다." 우리가 어떤 사람에 대해 한 험담은 알고 보면, 우리 자신이 무가치하다고 느끼거나 시기심 때문일 수 있다.

이 질문은 결정적인 핵심 질문이다. 왜냐하면 죄는 보통 이런저런 필요와 연관되기 때문이다. 사실 종종 죄는 합법적인 필요를 불법적으로 채우려는 시도이다. 우리가 그 필요를 적절한 방법으로 처리하지 않으면, 우리는 곧 죄를 짓게 된다. 만약 우리가 하나님의 사랑을 더욱 충만히 경험하게 된다면, 험담을 참을 수 없게 하는 사소한 시기심에서 해방될 것이다. 거짓말을 하면 난처한 입장에서 빠져 나올 수는 있겠지만, 진리를 말해야 한다는 높은 수준의 정서적 고통을 감내해야 할 것이다.

두 번째 질문은, "내 죄의 결과로 무슨 일이 일어났는가?"이다. 얼마 전, 나는 내가 좋은 친구에게 거짓말을 했다는 것을 깨닫고는 무척 고통스러웠다. 그 결과, 나는 죄책감의 먹구름 밑에서 살았고, 친구와의 관계에는 조용한 틈이 생겼으며, 내가 다음번에도 거짓말을 할 가능성은 좀 더 높아졌고, 나 자신은 하나님을 피하고 있었다.

이 모든 것을 깨달았을 때, 나는 친구에게 고백해야 한다는 것을 알았다. 내가 한 일을 알리기까지는 시간이 좀 걸렸다. 그러나 내 행동들의 결과들을 할 수 있는 한 정직하게 보았을 때, 멋진 일이 일어났다. 나는 그것을 다시 하고 싶지 않아진 것이다.

죄의 동기와 결과에 얽힌 매듭을 푸는 데는 우리의 끈기 있고 조용한 영이 필요하다. 그러나 우리 눈에서 들보를 빼내기 위해서라면 어떤 값인들 치르지 않겠는가?

새로운 느낌

이해는 다른 방식의 느낌을 부른다. 참된 자백은 단지 정보의 교환만이 아니라, 우리가 상처를 준 사람의 고통에 참여하고, 죄에 대한 하나님의 고통에 참여하는 것을 포함한다.

야고보서에서는 이렇게 말씀한다. "죄인들아 손을 깨끗이 하라 두 마음을 품은 자들아 마음을 성결케 하라 슬퍼하며 애통하며 울지어다 너희 웃음을 애통으로, 너희 즐거움을 근심으로 바꿀지어다"(약 4:8, 9).

나는 이것이 우울한 말이라고 생각했지만, 사실 이것은 큰 은사를 가리키는 것이다. 많은 영적 상담가들은 우리가 기도를 시작할 때, 하나님께 우리가 원하는 것을 간구해야 하며, 자백을 할 때는 '눈물의 은사'를 간구해야 한다고 말한다. 참회가 우리의 영혼에 유익한 것은 고통이 우리 몸에 유익한 것과 마찬가지이다.

한편, 이 말을 다른 말로 균형을 맞춰 보자면, 자백은 은혜로 이루어지는 행위이다.

자백은 은혜를 배경으로만 안전하게 이뤄질 수 있다. 회한의 감정은 진정한 회개를 보장하지 못하며, 매우 파괴적일 수도 있다.

사도 바울은 슬픔을 두 가지로 구분했다. "하나님의 뜻대로 하는 근심(godly sorrow)"은 우리의 잘못에 대해 합당한 정서적 반응이다. 그것은 우리를 복구시키고 회복시킨다. 그것은 우리가 변화되고 성장하게 한다. 그것은 우리를 은혜로 인도한다. 그것에는 독성이 없다. 다른 종류의 슬픔을 바울은 "세상 근심(worldly sorrow)"이라고 부른다. 이것은 생명으로 인도하는 대신, 사망을 낳는다(고후 7:10).

어느 바쁜 아침 시간, 나는 출근을 서두르고 있었다. 시간에 쫓기고 있던 나는 아이들에게 무뚝뚝하게 잘라 말했고 출근 준비로 정신이 하나도 없었다. 내가 문밖으로 나서는데 아들 조니가 그날 수업에 있을 학부모 초청 시간에 참석할 거냐고 물었다. "아니."라고 잘라 말하려는 순간, 나를 제지하는 어떤 힘을 느꼈다. 무엇인가, 혹은 누군가가 내게 다시 생각해 보라고 했다. 나는 그날 아침에 나의 사랑하는 사람들에게 주지 않아도 됐던 상처들과 나의 조급함 때문에 부끄럽고 마음이 아팠다. 그 고통은 성령께서 하신 사역의 일부였다고 믿는다. 나는 최선을 다해 조니에게 사과하면서 학교에 가겠다고 말했다.

조니의 교실에 도착해 보니, 두세 명의 어린이들을 제외하고는 모든 아이들의 부모들이 와 있었다. 조니의 얼굴은 환하게 빛났다. 그 다음 삼십 분 동안 조니는 내 무릎에 앉아서 함께 공부를 했다. 우리는 함께 그림을 그렸는데, 직선을 똑바로 그리지 못하는 나로서는 좋아하는 수업은 아니었다. 설상가상으로 내 옆의 아빠는 미켈란젤로처럼 그렸다. 그는 집의 벽난로 주위 풍경을 그렸는데, 원근법과 명암법을 사용했다.

"아빠, 파랑으로 칠해요." 그의 아들이 말했다.

"안 돼. 그렇게 하면 나의 색 구도가 망가져." 미켈란젤로가 말했다.

선생님이 와서 그 남자의 그림을 보더니 다른 부모들에게 그것을 잘 보라고 했다. 그리고 그녀는 나의 그림도 들고는 일종의 대조적인 연구 대상으로 삼았다.

이제 나는 다른 종류의 가책을 느꼈다. 무능한 예술가로서의 가책 말이다. 그러나 그것은 한 생명체로서의 고통이었지, 회개가 요구되는 것은 아니었다. 나는 나의 무능함에 대처할 다른 방법을 찾아보아야 했다. 그래서 나는 옆의 아빠가 보지 않을 때를 기다렸다가 그의 그림에 파란 크레용을 칠했다. 그러고 났을 때, 나는 비로소 자백할 것이 생겼다.

나는 조니의 그림을 보았다. 구름, 눈, 나무 한 그루, 공룡처럼 보이는 사람의 얼굴을 그렸다. 그리고 아들은 그림 밑에 이렇게 써 놓았다. "하나님과 나의 아빠와 눈에 대해 감사합니다."

부모들이 갈 시간이 되었을 때, 조니는 나를 붙잡고 "아빠가 안 갔으면 좋겠어요."라고 말했다.

떠나기 전에 나는 몇 분 동안 문간에 서서 나의 아들을 보았다. 내가 1학년의 어린아이였던 때가 불과 몇 년 전 같았다. 이제는 아들이 서 있었다. 지금은 아들의 때이다. 그의 작은 세계가 거기 있다. 그의 서투른 작품이 칠판에 있고, 작은 책상이 있고, 가느다란 손가락들이 연필을 잡고서 글자를 어떻게 쓰는지 배우고 있었다. 그리고 불과 며칠이 지난 것 같은데, 그때 또다시 조니의 아들이 거기에 앉아 있고, 조니는 나처럼 문간에 서 있을 것이다.

"오지 않았으면 어쩔 뻔했어." 나는 중얼거렸다. "다른 아이들은 부모와 같이 있는데 조니만 혼자 앉아 있었다면 어땠을까? '하나님과 나의 아빠와 눈에 대해 감사합니다.'라는 저 작은 그림을 나는 얼마나 오래도록 내 마음속에 간직하게 될까?"

그 작은 찌르는 고통이 나를 다시 생각하고, 달리 결정하게 했다. 그것을 교회에서는 성령의 깨닫게 하시는 능력이라고 말한다. 우리 모두가 그것을 경험할 수 있다. 그 세미한 음성은 우리의 옆구리를 찌르며 말한다. "너는 어떤 사람에게 상처를 주는 신랄한 말을 했어. 돌아가서 바로잡아야 해."

"너는 세금을 속였어. 상환해야 해."(그리스도인 고객들을 대상으로 일하는 한 재정전문가의 추산에 따르면, 그의 고객 중 오십 퍼센트가 납세신고서를 속인다고 한다.) "너는 거짓말을 했어. 돌아가서 진실을 말해야 해."

이것은 소망이 있는 고통이요, 치료될 상처의 슬픔이다.

새로운 약속

자백은 우리가 과거에 한 일을 나열하는 것만이 아니다. 자백은 미래에 대한 우리의 의사도 포함한다. 일종의 약속이 요구되는 것이다.

자백하는 과정 동안 하나님께서는 우리 안에서 역사하신다. 그렇기 때문에 다시는 그 고통스러운 일을 하지 않겠다는 깊은 갈망을 느낄 것이다. 그래서 우리는 결심한다. 하나님의 도움을 힘입어 변하겠다는 굳건한 결의를 품는다. 이것은 우리가 잘못한 것을 바로잡으려는 시도를 포함한다.

삭개오는 그런 결심을 했었다. "내 소유의 절반을 가난한 자들에게 주겠사오며 만일 뉘 것을 토색한 일이 있으면 사 배나 갚겠나이다"(눅 19:8).

우리가 하는 약속의 수준을 보면 실제로 회개하는 것인지, 아니면 단지 뒷수습을 좀 하려고 하는 것인지 알 수 있다. 우리가 절실히 원하는 것은 일을 바로잡으려는 것인가, 아니면 단지 고통스러운 결과들을 최소화하려는 것인가?

루이스 스머즈는 이렇게 질문한다.

> 당신의 자백을 어떤 사람이 진실로 받아들이기를 기대한다면, 똑같은 부당한 고통으로 관계를 다시 더럽히지 않겠다는 약속 없이 그것이 가능하겠는가? 물론 절대적으로 보장할 수는 없을 것이다. 우리들 중 최고의 사

람들도 약속을 저버린다. 그러나 상처를 입은 사람은 최소한 상대방의 진실한 의지를 확인하길 기대할 것이다.[6]

정상: 치료의 은혜

자백의 최종 단계, 그 산의 꼭대기는 은혜이다. 이것은 단지 개념의 은혜가 아니라 은혜의 실체를 경험하며, 은혜에 잠기며, 은혜로 생명을 얻는 것이다.

영화 〈미션〉에서 로버트 드니로는 철저히 악하고, 이기적이고, 잔인하며 희망이라곤 전혀 보이지 않는 인물인 멘도자를 연기했다. 그가 회개하기로 결심했을 때, 참회의 행동으로 그는 가는 모든 곳마다 무거운 짐을 가시고 다녀야 했다. 그 짐은 그를 짓누르고 고통을 주었다. 그러나 이 시련을 통해 멘도자는 인생을 다르게 보기 시작했고, 그가 쌓아온 삶의 중심은 그 자신에게뿐 아니라, 그가 상처를 준 사람들에게까지 무거운 짐이었음을 발견한다. 그는 자신의 무력함과 의존성을 보게 된다.

어느 날, 그는 필사적인 힘을 다해 산을 오르지만, 그의 힘으로는 불가능하다는 것만이 명백해진다. 그는 그 짐을 가지고 갈 수가 없다. 그 짐 때문에 그는 죽을 것이다. 그때 그 짐을 그에게 지워 주었던 사람이 칼로 그것을 잘라 낸다. 멘도자는 이제 자유롭다. 짐은 그에게 할 일을 다 했다.

짐을 지워 준 것은 은혜의 행동이었다. 그 짐이 고통과 고난을 야기했지만, 그 모든 것은 여전히 은혜였다. 그 짐으로부터의 해방은 더욱 더 큰 은혜였다.

자백도 그렇다.

후회 이상의 삶

토론을 위한 질문

1. 우리는 모두 자백할 기회가 있었음에도 불구하고 겁이 나서 꽁무니를 뺐던 각자의 꽃분홍색 소파 이야기를 가지고 있다. 거의 자백할 뻔했지만, 자백하지 못했던 때에 대해 말해 보라.

자백하는 것을 어렵고 고통스럽게 만드는 것은 무엇인가?

2. 204~205쪽에 있는 플랜팅어의 인용문을 읽으라. 죄를 정확하게 죄라고 부르지 못하고 돌려서 표현하는 단어에는 어떤 것들이 있는가?

우리 안의 죄를 정확히 파악하고, 죄를 죄라 부르는 것이 왜 중요한가?

3. 자백에 대해서 저자는 이렇게 말한다. "우리가 올바른 자백을 할 때, 두 가지가 일어난다. 첫째로는 우리가 죄책감에서 해방된다. 둘째로, 최소한 자백하지 않았을 때보다는 미래에 똑같은 식의 죄를 지을 가능성이 줄어든다. 죄가 덜 매력적으로 보이고 덜 매력적으로 느껴질 것이다." 우리를 해방시키는 능력이 자백에 있음을 어떻게 경험했는가?

자백이 당신의 삶에서 악습을 계속하려는 욕망을 어떻게 줄여 주었는가?

4. 저자는 "자백의 핵심에는 자기 행동에 대한 책임이 포함된다."라고 말한다. 자백은 하지만, 우리의 죄악된 선택들이 남긴 영향에 대해 책임지기를 거부하는 것은 어떤 결과를 초래하는가?

책임을 받아들이는 것은 우리가 죄에서 벗어나 더 깊은 거룩함 속으로 들어가도록 어떻게 도와주는가?

5. 죄를 우리 자신의 눈을 통해 보면, 자신을 변명하고 죄를 정당화하기 쉽다. 그러나 우리가 범죄한 상대방, 우리가 상처 준 사람의 눈을 통해 죄를 볼 때는 우리의 시각이 달라지기 시작한다. 더 나아가 우리가 하나님의 시각과 마음이라는 렌즈를 통해 볼 때, 완전히 새로운 시각을 갖게 된다. 우리가 상대방의 눈과 하나님의 눈을 통해 우리의 죄를 볼 줄 아는 것이 결정적으로 왜 중요한가?

6. 하나님께서는 우리 자신의 죄에 대한 우리의 눈물, 애통, 상한 마음을 어떻게 도구로 사용하셔서, 우리의 삶 속에 하나님의 뜻을 이루시는가?

저자는 '눈물의 은사'에 대해 말한다. 당신은 이 은사를 경험해 본 적이 있는가? 이 은사는 어떻게 당신을 하나님께서 원하시는 사람으로 만들어 주는가?

7. 당신이 죄악된 선택을 하는 바람에 어떤 사람에게 상처를 주었으나, 그 후에 겸손히 자백하여 하나님의 치료와 회복을 경험했던 때를 설명해 보라. 그것은 죄를 깨달은 후에도 순종하고 기꺼이 자백할 수 있도록 촉매제로서 어떻게 작용했는가?

함께 기도하기

> 야고보서 5:16 읽기

자백의 기도를 드리는 시간을 가지라. 소그룹 내에서 나눈 것은 (기도의 내용을 포함하여) 비밀이 보장된다는 사실을 그룹원들이 아는 것이 중요하다.

삶에 적용하기

다음 영역들 중 어떤 부분에서 죄를 자백해야 하는가? 사망에 이르게 하는 일곱 가지의 죄를 지침과 도구로 사용하라.

죄의 영역 :   **자백 :**

교만
분노
정욕
시기
탐욕
게으름
탐식

삶을 위한 묵상

206~207쪽의 이야기에서 찰스 스타인메츠가 기계를 고치고 9,999달러를 청구한 이야기를 읽으라. 성령님께 당신의 삶을 살펴 달라고 요청하는 시간을 잠시 가지라. 오늘 당신의 삶에 자백과 회개가 필요하여 성령님께서 **X**표를 하실 곳은 어디인가?

좀 더 생각해 볼 문제들

1. 우리가 자백이라는 영적 훈련을 더 잘 이해하기 위해 성령의 충만과 인도를 구하는 것은 왜 그렇게 중요한가?

2. 성령의 인도 없이 우리 혼자서 자백한다면 어떤 극단에 도달할 수 있는가?

> 시편 51편 읽기

3. 다윗의 기도에서 진정한 자백의 심령에 대해 무엇을 배울 수 있는가?

4. 배상은 당신이 범죄한 상대방에게 잘못한 것들을 바로잡는 과정이다. 도둑질한 사람은 훔친 것을 돌려 준다. 거짓말한 사람은 힘들더라도 진실을 말해야 한다. 자백과 치료의 과정이 완전해지려면 배상은 필수적이다. 왜인가?

9

인도 받는 삶

성령의 인도 받기

정신세계의 질서를 한 번에 여러 수준(level)에서 가다듬는 방법이 있다.
한 수준에서 외부적 업무의 모든 요구사항들을 생각하고,
토론하고, 보고, 계산하고, 충족시킬 수 있다.
그러나 내면 깊이, 보이지 않는 뒤편의 깊은 수준에서 우리는 기도하고 앙모하며,
노래하고 예배하며, 하나님의 숨결을 부드럽게 받아들일 수 있다.[1]

토머스 켈리

하나님께 말하는 것과 귀 기울여 듣는 것은 별개이다. 우리가 하나님께 귀 기울일 때 성령의 인도를 받는다.

얼마 전에 나는 한밤중에 깼다. 새벽이 되려면 몇 시간이나 남았지만, 달빛 때문에 방안은 환했다. 내 곁에서 잠들어 있는 아내 낸시를 보는데 갑자기 강렬한 사랑의 감정이 밀려왔다. 우리의 결혼생활 전체가 주마등처럼 스쳐 지나갔다. 장면과 장면들이 이어져 마음속에서 재연되었다. 우리가 처음 만났던 오후, 우리가 처음으로 개인적인 이야기들과 농담을 주고받았던 때, 우리가 처음으로 함께 실컷

웃었던 때, 우리 둘만의 애칭과 우리만 아는 습관들, 결혼식장에서 나를 향해 걸어오면서 지었던 그녀의 미소. 사랑을 해 본 사람이라면 누구나 무덤까지 가져갈 그 모든 사건들을 나는 보았다.

낸시가 없었다면 내 삶은 어땠을까? 만일 그랬다면 내 삶은 텅 비었을 것이다. 뿐만 아니라, 나의 나 됨이 지금 내 곁에서 잠든 이 사람으로 인해 어떤 영향을 받고 있고 어떻게 연관되었는지를 생각했다.

나는 긴 시간 동안 잠든 아내를 경이로운 눈으로 지켜보았다. 그것은 내가 경험한 순간 중 가장 달콤한 순간이었다.

그리고 나서 예기치 못했던 다른 일이 일어났다. 팔을 괴고 잠든 낸시를 보던 나는 '내가 침대에 누워 자는 동안, 하나님께서도 이렇게 나를 지켜보실 거야.'라는 생각이 들었다. 그것은 시편 기자가 "너를 지키시는 자가 졸지 아니하시리로다 이스라엘을 지키시는 자는 졸지도 아니하고 주무시지도 아니하시리로다."(시 121:3, 4)라고 표현한 것과 같다.

그리고 하나님께서 이런 말씀을 하신다는 생각이 들었다.

내가 너를 그렇게 사랑한다. 네가 자는 동안 아무도 너를 볼 수 없지만, 나는 너를 지켜보고 있다. 내 마음은 너에 대한 사랑으로 충만하다. 네 아내를 지켜보면서 지금 너의 마음에 느끼는 것, 부모가 자녀를 볼 때 느끼는 것은 (네가 매일 밤, 잠자리에 들 때마다) 너를 향한 내 마음을 알 수 있도록 내가 너에게 주는 작은 선물이란다. 나는 네가 밤에 눈을 감기 전에 이것을 묵상하기를 바란다. 내가 너를 지켜보고 있다. 나는 너에 대한 사랑으로 충만하다.

그 순간 나는 압도되었다. 나는 하나님께서 내게 친히 말씀하시는 것을 느꼈다. 이것은 하나님에 대한 생각이 아니라, 하나님께로부터 온 생각이었다. 나는 하나님께서 나를 향한 그분의 사랑에 대해 다정히 말씀하시는 것을 느꼈다.

하나님께 귀 기울이기

그날 밤 성령께서 말씀하신 것일까, 아니면 나 자신의 정신에서 나온 생각이었을까? 확실하게 모르겠다. 하나님께서 내게 말씀하셨다고 증명할 증거도 전혀 없다. 몇 명의 친구들은 인생의 초기에 하나님께서 그들에게 말씀하시는 것을 분명히 인식한 적이 있다고 했다. 그들은 마음과 지각의 어떤 움직임들을 하나님의 음성으로 인식하는 것을 배웠는데, 그것은 어린아이들이 어머니의 음성을 인식해 가는 것과 같은 식이었다. 내 친구들에게 그것이 너무나도 자연스러운 삶의 일부였기 때문에 그것에 대해 많이 심사숙고하지도 않았다.

그러나 나는 그런 경험이 없었다. 하나님의 음성을 청각적으로 들은 적도 전혀 없었고, 하나님께서 언제 내게 말씀하시는지에 대한 직관적인 분별력을 갖고 성장하지도 않았다. 사실 그런 사람들을 의심하는 편이었다.

그러나 이제 그런 의심은 좋지 않다고 믿게 되었다. 나는 이제 하나님과 조금이라도 친밀한 관계를 가지려면, 때로 하나님께서 내게 직접적으로 말씀하신다는 가능성에 대해 마음을 열어 놓아야 함을 깨닫게 되었다.

따라서 나는 이 장에서 우리가 소위 성령의 '인도'와 '깨우치심'을 받는 방법을 살펴보려고 한다.

지난 수 세기 동안, 그리스도인들은 이 현상에 여러 가지 이름을 붙여 왔다. 조지 폭스는 그의 일기에서 주님께서 그에게 진리를 "열어 주셨다"[2]고 썼는데, 그 의미는 하나님께서 꼭 청각적인 음성은 아니더라도 그의 지각에 직접적으로 말씀하셨다는 것이다. 장 칼뱅은 성령의 "내적인 증거"에 대해 말했다.[3] 성 어거스틴은 영혼의 "움직임들"에 대해 말했는데[4] 그것은 생각, 감정, 갈망 등을 가리키며, 사실상 그것은 하나님께서 우리에게 직접적으로 주시는 은사들일 수 있고, 하나님께로 더 가까이 우리를 이끌어간다.

이런 깨우치심은 죄의 인식, 하나님의 사랑에 대한 확신, 혹은 어떤 행동을 하라는 소명으로 나타날 수 있다. 이런 것들은 성령의 인도를 받는 삶에 결정적으로 중요하다. 우리는 세미한 음성에 귀 기울이는 것을 배워야 한다(왕상 19:11, 12 참조).

변화의 필수요소

오늘날의 기도에는 이상한 패러독스가 있다. 대부분 사람들은 하나님께 말씀을 드린다. 〈뉴스위크〉지의 최근 조사에 따르면, 미국인들은 일주일을 기준으로 일하거나, 운동하거나, 성관계를 갖는 것보다 기도하는 횟수가 더 잦다고 응답했다.[5] 무신론자나 불가지론자로 자처하는 13퍼센트의 미국인들 중에서 오분의 일이 매일 기도한다.

그런데 왜 우리는 하나님께서 우리에게 말씀하신다는 개념에 대해서는 그렇게 자주 상반된 가치를 갖는가? 릴리 톰린의 연극에 이런 대사가 있다. "왜 우리가 하나님께 말할 때는 기도한다고 하면서, 하나님께서 우리에게 말씀하셨다고 하면 정신분열증이라고 하는가?" 왜 하나님에게는 수신기만 있고 마이크는 없는가?

변화하기 위해서는 성령의 인도에 열려 있어야 하며, 모든 것에 수용적이어야 한다. 리처드 포스터는 그 요섬을 이렇게 말했다.

우리 시대의 하늘과 땅은 성령의 인도를 받고, 성령에 중독되며, 성령의 능력을 덧입은 백성의 등장을 손꼽아 기다리고 있다. 모든 피조물들이 훈련되고, 자유 의지로 모였으며, 이 세상에서 하나님 나라의 생명과 능력을 아는 순교적 백성이 등장하기를 고대하며 주시하고 있다. 그런 일은 전에 있었고, 다시 있을 수 있다.

…

그런 백성이 나타나기 전, 우리들이 더 깊고, 심오하게 경험해야 할 것은 임마누엘의 성령이다. 이것은 하나님께서 우리와 함께 계신다는 것이며, 예수님께서 성령의 능력으로 오셔서 그 백성을 자기에게로 인도하신다는 것을 아는 지식이고, 그분의 인도가 낮의 구름이나 밤의 불꽃처럼 명백하고 가깝다는 것을 경험하는 것이다.[6]

나는 성령께서 인간들, 곧 평범한 사람들을 인도하시고, 안내하시고, 지도하신다고 믿는다. 우리는 모두 성령의 깨우치심에 열려 있는 방법을 배울 수 있다. 그것은 엘리트나 리더들이나 '중요한 사람들' 만을 위한 것이 아니다. 목사나 선교사, 당신보다 '더 영적인' 사람들만을 위한 것이 아니다. 우리가 갈망한다면 성령께서 우리를 지도하실 수 있고, 지도하실 것이다.

영적 방심: 하나님의 임재를 깨닫지 못함

조지 버나드 쇼의 희곡 〈세인트 조앤〉에서, 등장인물 중 한 명은 아크의 조앤에게 이렇게 물었다. 항상 그녀에게 말씀하신다는 하나님의 음성은 왜 자신에게 한 번도 말씀하시지 않느냐고 말이다. 그녀가 대답했다. "그 음성은 항상 당신에게 말씀하십니다. 다만 당신이 듣지 못할 뿐이에요." 나는 하나님의 말씀을 듣지 못하는 한 가지 이유는 우리가 주목하지 않기 때문이라고 생각한다. 우리는 '영적 방심'이라는 것을 겪고 있다.

심리학자들은 방심을 정신적으로 표류하는 경향으로 정의한다. 의식을 온전히 현재에 두지 못하고, 현재의 순간에 주의를 기울이지 못하는 것이다. 그런 상태에서 우리는 자동으로 움직인다. 예를 들어 책을 읽고 있다고 해 보자(이 책은 아닐 것이라고 믿는다). 한 페이지를 다 읽고 나서도 무엇을 읽었는지 모르겠다.

나는 대학교에 다닐 때 한 학기를 휴학하고서 금속 제조 회사인 W. A. 휘트니에서 풀타임으로 일했었다. 가장 일을 못하는 정비공이었던 나는 결국 배달 업무를 담당하게 되었는데, 그 일이 내가 회사에 끼치는 피해를 최소화할 수 있을 거라는 의견 때문이었다. 그러나 심지어 배달할 때도 나의 정신은 초점을 잃어버리고 방황하기 일쑤였다.

어느 오전, 존슨전자에 배달을 마친 후 나는 별 특징 없는 흰색 트럭을 운전하여 돌아왔다. 운전하면서 좀 이상한 점들이 있긴 했다. 기어 표시기가 고장 났었는데 어쩐 일인지 고쳐져 있었다. 라디오 선국이 올 때와는 다른 방송국으로 고정되어 있었다.

트럭을 공장에 주차시키고, 점심을 먹은 후 우체국으로 가기 위해 다시 운전을 했다. 일을 마치고 우체국을 나온 나는 우리의 휘트니 트럭이 없어진 것을 발견했다. "누가 우리 트럭을 훔쳐 갔어!" 그때 놀라운 사건이 일어났다. 주차장에 존슨전자의 흰색 트럭이 서 있는 것이다.

순간 모든 일이 이렇게 된 것인지 알 것 같았다.

내가 트럭을 훔친 것이다.

그러고도 나는 전혀 모르고 있었다.

마침 존슨 사의 어떤 사람이 차에 열쇠를 꽂아 두었고, 나는 그 회사 주차장에 있던 엉뚱한 트럭에 타면서도 그것을 전혀 몰랐던 것이다. 내가 트럭을 훔쳤다.

나는 휘트니로 돌아가면서 아직 아무도 눈치 채지 못했기를 기도했다. 그러나 그런 행운은 따르지 않았다. 내가 우체국으로 떠난 바로 그 무렵, 존슨 사로부터 전화가 왔던 것이다. 그 실수는 20년이 지난 지금까지 내 얼굴을 화끈거리게 한다.

나의 방심 능력은 경이적이다. 그런 기질은 어떤 일을 할 때는 당황스러울 정도로 놀랍게 발휘된다. 영적 방심에 대한 나의 능력은 훨씬 더 심각하다. 그것은 내 영적 생활에 장애를 일으킬 수 있다. 때로 문제가 있을 때, 나는 장기간 동안 기도할 생각조차 않는다. 염려하고, 고민하고, 진땀을 흘릴지라도, 기도는 하지 않는다.

얼마 전 예배 중에 나는 내가 예배에 완전히 참여하지 않고 있다는 것을 어렴풋이 인식했다. 내 삶의 한구석에 죄의 문제가 자리 잡고 있으며 아직 그것을 처리할 준비가 되지 못한 것이다. 단순히 예배의 시늉만 하고 있었으며, 성령의 임재에 민감하지 않았고, 귀 기울이지 않고 있었다. 이때 나는 야곱이 벧엘에서 느꼈을 감정을 조금 느꼈다. "여호와께서 과연 여기 계시거늘 내가 알지 못하였도다"(창 28:16).

야곱은 하나님께, 그리고 다른 어떤 사람에게도 귀 기울이지 않았다. 그는 사기꾼이라고 불릴 만한 사람이었고, 자신의 계략만을 따랐다. 야곱이라는 이름 자체도 모략가라는 뜻이다.

어느 밤, 자고 있는 야곱에게 하나님께서 말씀하셨다. 야곱이 본 것은 사다리가 있고, 하나님의 사자들이 거기를 오르락내리락 하고 있는 장면이었다. 그것은 하나님 나라의 비전이었다. 그 순간 하나님께서는 야곱에게 임재하시고 그를 인도하고 보호하겠다고 친히 약속하셨다.

야곱은 떨렸다. "두렵도다 이곳이여 다른 것이 아니라 이는 하나님의 전이요 이는 하늘의 문이로다"(창 28:17). 야곱은 자신의 영적 방심을 깨닫고 놀라 가슴을 쓸어내렸다. 하나님께서 바로 거기에 계셨고, 거기서 말씀하셨지만 야곱은 그 사실을 몰랐다. 야곱은 그 장소를 벧엘, 즉 '하나님의 집'이라고 불렀다. 그는 베개로 사용했던 돌을 취하여 기둥과 제단으로 세움으로써 하나님께서 얼마나 가까이 계셨으며 하나님께 귀 기울일 필요가 얼마나 큰지를 기억하려고 했다.

"여호와께서 과연 여기 계시거늘 내가 알지 못하였도다"(창 28:16). 이 말은 우리가 하는 말일 수도 있다. 우리는 하나님의 임재에 더 민감해지며, 인생의 더 많은 순간들에 "이는 하나님의 전이요 이는 하늘의 문이로다."(창 28:18)라고 말할 수 있기를 바란다.

그렇다면 우리도 제단을 쌓아야 한다. 우리를 각성시킬 자신만의 기둥을 세워야 한다. 때로 나는 '들으라(listen)'라고 쓴 종이를 운전대 앞에 붙이거나 주머니에 넣고 다니면서 항상 주의를 기울여야 한다는 것을 상기하려고 한다. 또 내가 항상 사무실 잘 보이는 곳에 두는 몇 가지 물건들이 있다. 그것들은 내가 하나님의 임재를 깨닫게 해 준 물건들이다. 영적으로 너무 쉽게 방심하는 나는, 바로 이 순간도 '하늘의 문'이 될 수 있음을 상기시켜 줄 제단이 절실히 필요하다.

하나님께서 어떻게 말씀하시는가

어떤 사람에게 '말을 한다'는 것은 그의 생각을 어느 쪽으로 향하게 하는 것이다. 당신은 이 책을 읽음으로써 생각지 못했을 것들을 생각하게 되었을 것이다. 이렇게 당신의 생각은 다른 사람들에 의해 인도된다.

한계를 가진 나는 당신의 생각을 이끌려면 간접적인 수단을 사용해야 한다. 내 생각을 말로 표현하여 당신이 듣거나 읽을 수 있게 하는 등, 어떤 물리적 형태로 표현해야 한다. 그러나 하나님께서는 그렇지 않으시다. 하나님께서는 소리나 이미지의 개입에 의존하지 않고 나의 생각을 직접적으로 이끄실 수 있다.

C. S. 루이스는 이 개념을 구체화했다.

> 만일 당신의 생각과 열정이 내게 직접적으로 제시되었는데, 그것이 외부성이나 타인성의 흔적 없이 내 것과 같다면, 나는 그것을 나의 것과 어떻게 구별할 수 있을까? … 그리스도인으로서, 하나님(그리고 사탄)은 사실

'외부성'의 징후 없이 직접적인 방법으로 나의 의식에 영향을 미친다고 말할 수 있다. 그렇다. 그리고 그 결과는 대부분의 사람들이 그 양자의 존재를 인식하지 못하는 상태로 남는다.[7]

결정적인 요지는 이것이다. 하나님께서 당신에게 말씀하실 수 있고, 루이스의 말을 빌리자면, "당신의 의식에 영향을 미칠" 수 있지만, 당신은 그 생각이 하나님께로부터 왔다는 것을 "인식하지 못하는 상태로 남을" 수도 있다는 것이다.

따라서 하나님께서 우리에게 말씀하셔서 우리의 생각이 하나님의 인도를 받을지라도 우리는 그것이 하나님의 인도라는 것을 모를 수 있다. 사무엘이 아이였을 때 그에게 그런 일이 있었다. 어느 날 밤에 하나님께서 그에게 직접적으로 말씀하셨지만, 사무엘은 하나님께서 말씀하고 계시다는 것을 깨닫지 못했다. 그것이 하나님의 음성이라는 것을 깨닫기 위해 그는 대제사장 엘리의 도움을 받아야 했다(삼상 3장).

그렇다면 어떻게 그런 안내를 받을 수 있을지 생각해 보기 전에, 먼저 그것에 관한 오해를 풀어 보자.

하나님의 인도가 아닌 것

인도는 '내부자 특혜 정보'가 아니다

텔레비전 프로그램 중에 이런 것이 있었다. 두 명이 나와 세 개의 문 중에 하나를 고르며, 그 문 뒤에 감춰진 큰돈을 갖는 것이다. 이것은 참가자들에게 정말 큰돈을 가질 기회가 될 수도 있지만, 빈손으로 끝날 수도 있다. 어떤 문 뒤에는 그 프로그램 진행자가 아기 복장을 하

고 흔들의자에 앉아 있기도 하기 때문이다. 이때 참가자들이 절실히 원하는 것은 내부 정보, 즉 어떤 문이 돈과 행복으로 연결될지에 대한 힌트이다.

대부분의 사람들은 영적 인도에 대해 별로 생각하고 있지 않다가 누구와 결혼할 것인가, 어느 집을 살 것인가, 어떤 학교에 갈 것인가, 이떤 직장에 들어갈 것인가 등의 중대 결정에 직면했을 때만 비로소 이것에 관심을 갖는다. 이 사람들이 정말 원하는 것은 인도가 아니다. 최소한 기독교에서 이야기하는 인도라는 용어의 뜻은 그것이 아니라는 말이다. 그들은 단지 '내부 정보'를 원한다. 어떤 문을 선택해야 할지 알고 싶은 것이다. 어떤 선택이 돈과 행복과 성공으로 인도

할지 미리 알기를 원한다.

우리가 하나님의 인도를 정말 원하는지 알기 위한 핵심적인 테스트는 "내가 문제나 어려운 결정에 직면하지 않았을 때, 얼마나 자주 하나님의 인도를 구하는가?"라고 질문해 보는 것이다. 또 인도를 받기 위한 유용한 방법은 첫째로, 직장 선택이나 누구와 결혼할 것인가 등의 외부적인 결정들에 대한 인도를 구하지 않는 것이다. 당신 영혼의 성장을 위한 인도를 구하는 것부터 시작하라.

- 어떻게 하면 내가 더 진실한 사람이 될까?
- 내가 아는 사람들 중에, 영혼이 풍성해질 기도를 가르쳐 줄 수 있는 사람은 누구인가?
- 무엇을 할 때 나는 지속적인 기쁨 안에서 살 수 있을까?

인도는 영성이나 중요성을 나타내지 않는다

하나님의 말씀을 듣는다고 해서 특별히 영적이라거나 성숙하다거나 중요하다는 증거가 아니다. 하나님께서는 그분께서 선택하시는 누구와도 소통하실 수 있다.

민수기의 발람이라는 선지자의 이야기에 이런 종류의 의사소통이 거의 코미디 수준으로 나오고 있다(민 22:22~40). 발람은 모압 왕인 발락으로부터 이스라엘 백성을 저주하라는 꼬드김을 받는다. 당연히 하나님께서는 그것을 싫어하셔서 발람이 모압으로 갈 때, 한 사자를 보내셔서 발람의 길을 막게 하셨다. 이상하게도 그 사자는 발람에게는 보이지 않았지만 나귀는 그의 존재를 분명히 알았다. 나귀는 천사가 막아선 것을 보고 세 번이나 방향을 돌렸지만 그때마다 상황을 깨닫지 못한 발람에게 맞았다. 마침내 "여호와께서 나귀 입을 여시니 발람에게 이르되 내가 네게 무엇을 하였기에…"(28절)라고 성경은 기록한다. 나귀는 보이지 않는 방문자인 사자에 대해 발람에게 이야기했다. 드디어 발람의 눈이 열려 사자를 보았을 때, 만일 나귀가 똑똑해서 몸을 돌이키지 않았다면 사자는 발람을 죽이고 나귀는 살렸을 것이라고 말한다.

그 사건에 대해 나귀가 우리들처럼 반응했다고 상상해 보자. 그 나귀가 자기의 우월한 영적 통찰에 기고만장한 채 마구간으로 돌아가서 "선지자도 모른 사자의 임재를 내가 분별할 수 있었어!"라고 말했다고 가정해 보자. 만일 그 나귀가 우쭐해져서 자기를 다른 네 발 짐승들보다 영적으로 우월한 계급으로 여겼다면 어땠겠는가? 웃음거리가 됐을 것이다.

'인도를 구하는 것'은 수동적인 것이 아니다

새로운 직업을 구하는 것이 좋을지 궁금할 때가 있다. 어떤 사람이 어떤 일자리에 관심이 있었지만 그 일자리를 구하지 않기로 결정했다. 그 이유는 만약 노력하지 않았는데도 그 일자리를 얻는다면 그것이 바로 하나님의 뜻이라는 신호라고 가정했기 때문이었.

이런 식의 추론이 갖는 문제는 우리의 수동적인 태도로 일어나는 모든 결과가 하나님의 뜻이라고 가정하는 것이다. 이것은 분명 진실이 아니다. 고속도로 한가운데 앉아서, "나는 움직이지 않을 거야. 나는 여기에 그냥 앉아 있을 거야. 만일 내가 차에 치이지 않는다면, 나의 육신으로 한 일이 아니라 하나님께서 하신 일이라는 것을 알 수 있어."라고 말해 보라. 그런 행동은 어리석다고 할 것이다.

넓게 말해서, 하나님께서 사람들을 그분의 형상대로 창조하셨다는 것은 수동적으로 만드셨다는 것이 아니다. 하나님은 수동적인 분이 아니시다. 중요한 결정에 직면했을 때 우리는 기도하고, 인도를 구하고, 또한 판단력과 지혜와 주도성과 선택과 책임을 실행해야 한다.

인도는 위험의 감수를 거부하는 방편이 아니다

때로 우리는 인도보다 위험의 감수를 피하기를 더 원한다. 결정을 내린다는 것은 외로운 일일 수 있다. 아주 작은 결정을 하는 것조차 불안해 하기도 한다. 우유부단한 사람이 여러 가지 메뉴를 놓고 고민하고 웨이터가 옆에서 조급해 하는 것을 보면, 선택과 위험부담에 따르는 긴장을 알 수 있다.

하나님의 의도는 인도를 받음으로써 결정하고 위험을 감수하는 과정을 피하라는 것이 아니다. 하나님께서는 훌륭한 판단력을 계발하기를 원하시는데, 선택과 위험의 과정을 거치지 않고서는 그것을 계발할 수 없다.

부모는 자녀들을 성숙하고, 건강하고, 책임질 줄 알고, 과단성 있는 성인으로 키우기 원한다. 그렇다고 자녀들이 무슨 옷을 입을지, 무엇을 먹을지, 무슨 수업을 들을지, 누구와 데이트할지 등 이것저것을 모두 가르쳐 주고 직접 결정해 준다면 그 자녀가 어떻게 성숙한 성인이 될 수 있겠는가? 하나님께서 우리를 인도하시는 목적은 올바른 행동을 위한 것이 아니다. 우리가 올바른 종류의 사람들이 되도록 돕는 것이다.

의사결정을 통해 인성이 형성된다. 생각하고 여러 선택 사안들을 이리저리 재 보는 법을 배우고, 진짜 가치 있게 여기는 것이 무엇인지 발견하고, 선택에 대한 책임을 진다. 하나님께서는 우리가 로봇이 아닌 사람이기를 원하시는데, 그 의미는 우리에게 의사결정권이 있다는 것이다.

성령의 인도 추구하기

위의 모든 것들이 인도가 아니라면, 우리는 성령의 인도를 어떻게 추구할 수 있는가?

성령께 늘 귀 기울여라
토머스 켈리는 이렇게 썼다.

> 정신세계의 질서를 한 번에 여러 수준(level)에서 가다듬는 방법이 있다. 한 수준에서는 외부적 업무의 모든 요구사항들을 생각하고, 토론하고, 보고, 계산하고, 충족시킬 수 있다. 그러나 내면 깊이, 보이지 않는 뒤편의 깊은 수준에서 우리는 기도하고 앙모하며, 노래하고 예배하며, 하나님의 숨결을 부드럽게 받아들일 수 있다.[8]

그런 민감한 감수성이나, 정신세계의 질서를 한 번에 여러 수준에서 이루어 내는 것은 우리가 배울 수 있는 기술이다. 예를 들어 내일 중요한 결정을 할 것이 있다면 잠깐 멈추어 지혜를 간구할 수 있다. 예상치 못한 시간이 생겼다면 잠깐 동안 하나님께 이렇게 물어볼 수 있다. "제게 시키실 일이 있으세요?" 그리고서 잠시 '귀 기울인' 다음, 어떤 성령의 깨우치심이 없다면 보기에 가장 지혜로운 일을 하면 된다. 내일 어떤 사람을 만나야 한다면, 성령께 "제가 이 사람을 어떻게 대해야 합니까? 저를 통해서 말씀하시거나 역사하시기 원하십니까?"라고 내적으로 물어볼 수 있다.

우리는 정말 그렇게 할 수 있다. 이런 종류의 경청은 지난 수 세기 동안에 그리스도의 제자들에게 매우 중요한 것이었다. 우리도 실험을 해 보자. 이번 주 동안 사람들을 대할 때, 성령의 깨우치심에 귀 기울여 보라. 사람들의 말을 들을 때 성령께서 무엇이라고 말씀하시는지 들어 보라. 그러면 성령께서 당신을 인도하셔서 예수님께서 당신의 자리에서 사람들에게 하셨을 일을 하게 하실 것이다.

끊임없이 응답하라

하나님의 뜻에 응답하기로 결심한 사람들에게만 인도해 주시는 것은 타당하다. 응답의 시작은 성경에 나타난 하나님의 분명한 인도에 순종하는 것이다. 나의 대학교 친구 중 한 명은 그의 여자 친구와 이 년 동안 성관계를 가져왔었다. 졸업이 가까워지자 그는 결혼에 대해 고민했다. "이 여자와 결혼하는 것이 하나님의 뜻일까?"라고 그는 물었다.

내 친구는 인도를 정말 원한 것이 아니었다. 그는 이미 성경을 통해 성행위에 대한 분명한 안내를 받았지만, 거기에는 조금의 관심도 없었다. 단지 그가 알고자 했던 것은 그 여자가 그 인생의 당첨 상품일지, 혹은 다른 문 뒤에 더 좋은 것이 있어 더 기다려야 할지였다.

'하나님의 나라를 먼저 구하는'데 헌신한 삶이 그 배경이 될 때에야 하나님의 인도를 구하는 것이 타당성을 갖는다. 하나님의 인도는 예수님께서 우리의 자리에 계셨다면 사셨을 모양대로 살라는 것뿐이다. 우리에게 커다란 미국 지도가 있더라도 그 지도를 보기 전에, 먼저 미국의 어디를 가고 싶은지 결정해야 한다.

이 진실은 운세 정보를 알기 위해 700전화서비스에 전화를 하는 사람들의 슬픈 점이 무엇인지를 깨닫게 한다. 그들은 그날의 운수대통만을 찾으려 하고, 도덕적 인도에는 관심이 없다. 점쟁이가 전화를 건 사람에게 "당신이 도심 빈민가에 사는 사람들에게 가졌던 인종차별주의와 무관심을 회개해야 합니다."라고 말하는 일은 드물 테니 말이다.

프랭크 로바흐는 그의 삶을 하나님께서 인도하시는 음성을 듣는 실험의 장으로 삼았다. 그는 '일 분 게임'이라는 것을 했는데 그것은 그의 생각을 끊임없이 성령께로 되돌릴 수 있을지 알아보는 게임이었다. 그는 순종과 인도의 상관관계에 대해서 이렇게 썼다.

> 하나님의 뜻을 발견하고, 그 뜻을 내 안의 모든 세포가 거부하더라도 실행하고, 내 속의 전투에서 승리하겠다고 철저하고 정직하게 결심하고 다시 결심할 때까지, 나는 산 것이 아니었으며 절반은 죽은 몸이었고 썩은 나무 둥치에 불과했다. 그러나 그렇게 했을 때 깊은 우물이 나의 영혼 속에서 터져 나오는 것만 같았다. … 돈, 명예, 빈곤, 적대―이것들은 전혀 차이가 없다. 왜냐하면 천 년 후에는 모두 똑같이 잊혀질 것들이기 때문이다. 그러나 끊임없이 순종하는 정신 속에 솟아오르는 이 영은 시간을 초월하는 생명이다.[9]

때로 우리는 하나님의 음성을 소멸시키거나 억누른다. 얼마 전 나는 어떤 사람을 재정적으로 도우라는 인도를 받은 것 같았지만 아무 것도 하지 않았다. 그 결과 그 사람은 아무 도움도 받지 못했을 뿐 아니라, 내가 미래에 하나님의 음성을 들을 가능성이 줄어들었다.

우리는 할 수 있는 최선을 다해서 하나님의 인도에 반응하겠다고 확고하게 결심해야 한다. 짧은 편지를 쓰거나 전화를 하라는 깨우치심을 느끼거든 우리는 거기에 철저히 따라야 한다.

다른 사람들의 말에 성령의 음성이 있다

하나님께서는 우리에게 말씀하실 뿐 아니라, 우리를 통해서도 말씀하신다. 성경에는 하나님의 메시지가 매개자인 인간을 통해 전달되는 이야기들로 가득하다. 화자가 그것을 인식하지 못하는 경우들도 있다. 모세로부터 바울에 이르기까지, 하나님께서는 자주 "내가 네 입과 함께 있어서 할 말을 가르치리라."(출 4:12, 15)라고 말씀하셨다. 예수님께서는 제자들에게 환란의 때에 "마땅히 할 말을 성령이 곧 그때에 너희에게 가르치시리라."(눅 12:12)라고 약속하셨다. 바울도 우리가 성령의 인도를 받아 서로 지혜로 말해야 한다고 했다(엡 1:17 참조).

한번은 하나님께서 로레인이라는 친구를 통해 아주 특별한 상황 속에서 내게 말씀하셨다고 나는 믿는다.

내가 로레인을 처음 만났을 때, 육십을 훌쩍 넘었던 그녀는 머리카락만은 신부였을 때처럼 다갈색이었다. 그녀는 불타는 학구열을 가지고 있었다. 육체가 정신을 담는 그릇이듯이, 그녀의 집은 그녀의 책을 보관하는 장소였다. 그녀는 배우기를 좋아하는 것만큼이나 가르치는 것을 좋아했고, 그녀가 가르치는 성경 강의에는 수백 명의 사람들이 모여들었다. 아이작 뉴턴이 말년에 쓴 모호한 주석을 연구한 그녀는 그것을 통해 요한계시록을 푸는 열쇠를 가졌다고 확신하는 듯했다.

그 친구는 나의 참된 소명이 설교하는 것이라고 내게 이야기해 주던 초창기 사람들 중의 하나였다. 로레인은 남편을 제외한 모든 사람들의 호칭으로 '허니'[10]를 사용했다. "자, 허니, 당신은 다른 것을 해서는 안 돼요. 하나님께서 당신을 설교하도록 만드셨으니 다른 것을 하면 행복하지 않을 거예요."

시간이 걸리기는 했지만 결국 나는 로레인의 말이 옳다고 결론 내리게 되었다. 나는 전임 설교자가 되기 위해 이사를 했고, 그 후 우리는 연락이 두절되었다.

몇 년이 지난 후, 나와 가족은 로레인과 함께 다니던 교회를 방문하게 되었다. 로레인은 교회에 출석하지 않고 있었다. 그녀는 뇌졸중으로 쓰러져 침대에서만 생활하고 있었다. 그녀의 생명이 서서히 이울어가고 있었다.

로레인 집을 방문하는 것이 마음 아프기도 하고 기쁘기도 했다. 그녀는 침대에 누워 있었고, 남편인 던은 그 옆에 앉아 있었다. 그렇게도 많은 사람들에게 기쁨이 되었던 그녀의 정신은 더 이상 주인의 뜻대로 반응하지 않았다. 책꽂이에 꽂힌 책들은 장식품으로서 외에는 아무 값어치가 없었다. 낸시와 나는 그녀와 이야기를 나눠 보려 하였고, 로레인은 접속이 되지 않는 기억을 돌이키려 애썼지만, 할 수 없었다. 그녀는 우리 부부가 누구인지도 몰랐다. 그녀의 언어는 모호한 중얼거림과 불확실한 끄덕임뿐이었다. 그녀의 분명한 반응이 없는 가운데 최선을 다해 대화한 우리는 떠나기 위해 일어섰다.

낸시는 이미 문밖으로 나가고 나는 문턱을 넘어서고 있었다. 그때 로레인의 음성이 들렸다. 이번에는 진짜 그녀의 음성이었다. 우리가 알던 로레인의 목소리와 똑같았다.

"존 오트버그" 그녀가 나를 불렀다. "행복해요?"

"예." 너무 놀란 나는 대답하는 것 외에 다른 것은 하지 못했다. "예, 정말로 행복합니다."

"좋아요." 그녀가 말했다. "하나님께서 당신을 설교하도록 만드셨으니, 당신은 설교할 때 기쁨이 충만할 거예요, 허니." 그리고 나서 로레인은 다시 베개에 머리를 파묻었고, 지친 모습으로 되돌아갔다.

로레인은 우리가 그때 중대한 결정을 앞두고 있었으며, 기쁨에 대해 한 그녀의 이야기가 얼마나 큰 도움이 됐는지 알지 못할 것이다. 곧 한 가지 선택이 어떤 면에서 더 어렵긴 하지만, 훨씬 더 큰 기쁨을 줄 것이라는 것이 분명해졌다. 내가 최선으로 분별해 보기에는, 하나님께서 거의 말도 못하는 한 친구를 통해 우리에게 말씀하셨다.

초대 교회에서, 신자들은 함께 모여서 그들의 선택을 하나님께서 인도해 주시기를 간구했으며, 그것은 오늘날에도 그리스도인들 가운데 여전히 널리 행해지는 관습이다. 워싱턴에 있는 구주교회의 교인들은 '소명 밝히기'라는 것을 하는데, 그것은 어떤 사람이 중요한 결정을 앞두고 있을 때 한 그룹의 신자들이 함께 모여서 인도를 위해 기도하는 것이다. 우리가 재정, 관계, 일에 대한 지혜가 필요할 때 믿음의 공동체 사람들과 함께 소명을 밝힐 수 있다.

작은 일들 속에서 듣는 연습하기

그리스도인의 생활에 펼쳐지는 모험 중 대부분은 성령의 인도에 응답하는 것이다. 그런데 이 인도는 중대한 결정들에만 국한된 것이 아니다. 그 인도는 지속적인 연습을 통해 주로 배울 수 있으며, 때로 하나님께서 작은 세부사항들에도 자비로운 관심을 베푸신다는 사실을 내포한다.

어느 날 간선도로를 달리는 도중에 나는 다이어리가 없음을 깨달았다. 짐을 내리는 동안 다이어리를 차의 지붕 위에 두었다가 그대로 그곳에 놓고 달리기 시작한 것이다. 나는 다이어리에 많이 의존하기 때문에 차를 돌려서 온 길을 역추적하면서 찾아보았다. 일부분만 겨우 찾을 수 있었는데 그나마도 몇 개의 주소만 건질 수 있었고, 나머지 노트는 사라지고 없었다.

절박한 심정으로 서 있는데 차 한 대가 경적을 울리며 내 쪽으로 달려오고 있었다. 그녀는 나의 다이어리를 흔들고 있었다. 그녀는 창문을 내리고 다이어리를 넘겨주며 말했다. "여기서 이걸 주웠어요. 몇 블록 가다가 다시 이곳으로 돌아와 주인을 찾아봐야 한다는 느낌이 들었어요. 제 말이 이상하게 들릴지 모르겠지만, 저는 그리스도인이에요. 그리고 하나님께서, 즉 성령께서 그런 생각을 주셨다고 믿어요. 당신은 성령을 믿으세요?"

"그분을 믿느냐고요? 아가씨, 저는 그분을 위해 일한답니다!"라고 나는 대답했다.

성령께서 정말 그녀에게 그렇게 하라고 하셨을까? 나는 잘 모르겠다. 평범한 사람들이 하나님께서 말씀하셨다고 하면 많은 사람들은 매우 염려한다. 나 자신도 그런 개념을 염려하기는 마찬가지이다. 이 개념은 종종 오용되어 왔다.

남자에게 별 관심 없는 여자에게 "우리가 데이트하는 것이 주님의 뜻이라고 생각하오."라고 말하는 남자는 없다. 목사들은 때로 이 책략을 예방책으로 사용하기도 한다. 사역에 대한 비판을 미리 좌절시키거나 교회 건축 프로그램에 참여하도록 하기 위해 "여호와께서 말씀하시니라."라는 권위를 사용하는 것이다. 여기에는 의문을 제기하기 어려운 상황을 만들고 사람들을 자기 뜻대로 조작하려는 엄청난 유혹이 존재한다. 그것은 하나님의 직접적 인도를 너무 쉽게 주장하는 것을 경계할 좋은 이유가 된다.

그러나 성령의 인도하시는 능력에 대해 자신을 닫아 버린다면 우리는 변화될 수 없다. 우리는 하나님께서 정말 우리 각 사람을 친근히 돌보시고 주목하신다는 것을 믿어야 한다. (그러기 위해 우리의 생각을 최선을 다해 넓혀야 한다.)

우리가 기도를 드리는 하나님께서는 말씀으로 세상을 창조하셨고, 선지자들과 제사장들과 왕들(그리고 성경이라는 두꺼운 책을 쓴 평범한 사람들)과 의사소통 하셨으며, 그 아들은 "말씀이 육신이 되셨다."고 말씀하시는 분이라면, 우리는 때로 하나님께서 우리에게 한두 마디를 말씀하기 원하신다는 가능성을 당연히 받아들여야 한다.

인도 받는 삶

토론을 위한 질문

1. 한 그룹원이 237쪽에 있는 토머스 켈리의 인용문을 읽으라. 당신이 잠시라도 동시에 이 두 수준에서 살았던 삶이 있다면, 설명해 보라.

2. 하나님의 임재와 친밀함을 지속적으로 인식하는 것을 방해하는 것들은 무엇인가?

일상의 업무들 중에서 하나님 안에 있는 당신의 삶을 인식하도록 도와준 것은 무엇인가?

> 시편 121편 읽기

3. 하나님께서 잠자는 당신을 보시면서 무슨 생각을 하실지 잠깐 동안 적어 보라.

그룹원들은 각자 적은 것을 소리 내어 읽어 보라.

이것을 통해 자녀들을 향한 하나님의 마음에 대해 당신은 어떤 생각을 갖게 되었는가?

> 요한복음 10:1~4 읽기

4. 이 본문에 비추어, 목자와 양에 대한 아래 질문들에 대답하라.

- 이 본문은 우리의 목자이신 하나님에 대해 당신에게 무엇을 가르쳐 주는가?

- 이 본문은 양에 대해 무엇을 가르쳐 주는가?

- 당신은 선한 목자의 음성을 어떻게 듣고, 삶 속에서 그의 인도를 어떻게 받는지 이야기하라.

5. 하나님께 주목하고 성령께서 말씀하시는 것을 들을 준비가 되어 있어야 한다는 것을 기억하게 도와주는 현대의 '기둥'들은 무엇인가? 230쪽을 참조하라.

> 사무엘상 3:1~10 읽기

6. 하나님께서 당신에게 말씀하시면서 당신의 주목을 끌려고 하셨지만, 당신이 주파수를 맞추고 깨닫기까지 오랜 시간이 걸렸던 때에 대해 이야기해 보라.

마침내 무엇 때문에 당신은 주목할 수 있었고, 하나님께서 당신에게 말씀하고 계신다는 것을 어떻게 깨달을 수 있었는가?

7. 저자는 하나님께서 로레인이라는 여성을 통해 그에게 여러 번 말씀하셨던 경험을 이야기한다. 다른 사람의 말을 통해서 하나님께서 당신에게 하시는 말씀을 들은 때에 대해 말하라. 당신은 그 인도나 깨우치심에 어떻게 반응했는가?

함께 기도하기

하나님께서 말씀을 통해서, 사람들을 통해서, 창조하신 자연을 통해서, 삶의 상황들을 통해서, 성령의 세미한 음성을 통해서 등 여러 방법들로 당신에게 말씀하심을 감사하는 시간을 가지라. 또한 선한 목자의 음성을 더욱 더 분명히 인식할 수 있는 능력을 달라고 기도하라.

삶을 위한 묵상

당신이 하나님께 주목하지 못하도록 끼어들어 방해하는 것들은 무엇인가? 이번 주에 그 장애물들을 제거하기 위해 무엇을 할 수 있는가?

좀 더 생각해 볼 문제들

1. 왜 많은 그리스도의 제자들이 그들의 삶 속에서 하나님께서 인도하시거나 감동을 주신다는 것을 말하기를 그렇게 조심스러워하는가?

2. 당신이 하나님께 더 주의를 집중할 수 있도록 도와주는 행동, 습관, 훈련들은 무엇인가?

10

자유의 삶

은밀함의 연습

너는 구제할 때에 오른손의 하는 것을 왼손이 모르게 하여
네 구제함이 은밀하게 하라
마태복음 6장 3, 4절

일반적으로 영혼이 가장 크게 진보하는 것은
가장 그럴 것이라고 생각하지 않을 때이다. 가장 자주 진보가 이뤄지는 것은
실패하고 있다고 생각할 때이다.[1]
십자가의 성 요한

시카고의 시장이었던 리처드 J. 데일리[2]는 가능성이 희박해 보이는 곳에서 탁월한 연설을 통해 표를 이끌어 내는 능력으로 유명하다. 그의 유명한 말 중에서도 1968년의 폭동에 대한 그의 언급은 가히 고전적이다. "경찰이 여기 있는 것은 무질서를 만들어 내기 위해서가 아니라 무질서를 유지하기 위해서이다."

그의 말들은 너무나도 큰 진실을 담고 있어(의도된 것이 아니었을지라도) 멈추어 서서 곰곰이 생각해 보아야 할 때가 종종 있다. 그런

말 중 하나는 데일리가 그의 적들에 대해 말한 것이었다. "그들은 나를 중상모략했고 심하게 괴롭혔으며 심지어 비판하기까지 했습니다." 그것은 마치, "중상모략과 극도의 괴롭힘은 참을 수 있지만, 비판은 참을 수 없는 비열한 짓이다."라는 것처럼 들린다. 이 거물은 같은 정서라도 잊기 어려운 표현으로 질문을 했다. "사람들은 근거 없는 주장을 할 수 있다. 그 악어 같은 존재들은 어디 있는가?" 데일리 시장은 비판자들을 좋아하지 않았다.

그런 사람은 그만이 아니다.

우리는 왜 비판에 그렇게 강하게 반응하는가? 나는 그것이 우리들 중 많은 사람들 안에 있는 심각한 중독증세 때문이라고 믿는다. 여기서 말하는 중독은 약물 중독 같은 것을 말하는 것이 아니다. 내가 말하려는 것은 '인정 중독'이라고 부를 수 있을 것이다.

그 중독은 여러 가지 형태로 나타난다. 어떤 사람들은 다른 사람들이 자신을 어떻게 생각할지에 구속되어 살아가기도 한다. 만일 다른 사람들이 자신에 대해 말하는 것 때문에 상처받고, 자신을 칭찬하고 열렬한 찬사를 보내지 않는 것 때문에 상처를 받는다면, 분명히 중독된 것이다. 또 습관적으로 자신을 다른 사람들과 비교하고, 지극히 평범한 상황들 속에서도 경쟁하려 한다면, 분명히 중독된 것이다.

자신이 가치 있지 않다거나 특별하지 않다는 느낌 때문에 힘들어하고 다른 사람의 성공을 시기한다면, 분명히 중독된 것이다. 중요한 사람들에게 깊은 인상을 남기려고 끊임없이 노력한다면, 분명히 중독된 것이다. 어떤 사람이 우리가 인정 중독자인 것을 발견하여 우리를 싫어하게 될까 봐 염려한다면, 분명히 중독된 것이다.

다른 종류의 중독자들처럼, 그것에 절박해질 때 그것을 얻기 위해 무슨 짓이라도 하려 할 것이다. 그러나 역시 다른 중독자들이 그렇듯이 그것은 영원하지 못하다는 것을 발견하고 더 많은 것을 계속 요구하게 될 것이다.

헨리 나우웬은 이 문제를 훌륭한 관점에서 잘 다루었다.

> 이 질문의 이슈는 "내가 어디에 속하는가? 하나님인가? 세상인가?"이다. 매일 내가 몰두하는 많은 일들을 보면 내가 하나님보다 세상에 더 속한다는 것을 알 수 있다. 약간의 비판이 나를 분노하게 하고, 약간의 거절이 나를 우울하게 한다. 약간의 칭찬이 내 기분을 고양시키고, 약간의 성공이 나를 흥분시킨다. … 종종 나는 대양에 떠 있는 조각배와 같이 철저히 물결치는 대로 요동한다.[3]

우리를 비판하는 사람들과 함께 자유롭게 사는 것

이 중독에 대한 대안은 당신이 항상 바라던 삶, 바로 자유로운 삶이다. 루이스 스머즈는 이렇게 썼다.

> 은혜로운 삶을 위한 기술 중 한 가지는 우리의 비판자들과 함께 자유롭게 사는 것이다. 우리의 삶을 판단하고 우리의 행동을 평가하는 사람들 앞에서 자유로울 수 있는 은혜가 우리에게 있을 때, 우리는 그리스도인의 자유를 소유한다.[4]

이것은 사도 바울이 그의 비판자들에게 설명한 것과 같은 종류의 자유이다. "너희에게나 다른 사람에게나 판단 받는 것이 내게는 매우 작은 일이라 나도 나를 판단치 아니하노니 … 나를 판단하실 이는 주시니라"(고전 4:3, 4).

바울은 고린도인들에게 그들의 판단을 철회해 줄 것을 요청하면서도 그것을 "매우 작은 일"로 여겼다. 그는 "그것은 아무것도 아니다."라고 말하지 않았다. 그들이 그를 어떻게 생각하는가가 바울에게 여전히 중요했지만, 지나칠 정도로 많이 중요하지는 않았다. 비판은 더 이상 그가 탄 배를 뒤흔들 수 없었다. 그의 안정감과 안녕 의식은 더 높은 법정에서 내리는 용납에 근거했다. "나를 판단하실 이는 주시니라." 바울은 악어 같은 비판자들에 대해 과도하게 개의치 않았다.

비판과 판단을 "매우 작은 일"로 여기는 것을 상상해 보라. 어떤 사람에게 깊은 인상을 심어 주려는 욕구에서의 해방을 상상해 보라. 우리가 얼마나 똑똑하고, 매력적이고, 성공적인가를 사람들이 주시하는 것에 더 이상 우리의 자존감을 걸지 않는 것을 상상해 보라. 우리를 인정하지 않는다고 말하는 어떤 사람을 우리가 실제로 사랑할 수 있음을 상상해 보라.

인정 중독자는 항상 다른 사람들의 의견 때문에 풍파에 휩쓸릴 수밖에 없다. 한 설교자의 이야기가 있다. "내가 전 교회를 떠나던 날 송별회 때 한 여자가 울고 있었다. 나는 '슬퍼하지 마세요. 다음 목사님이 저보다 훌륭하실 거라고 확신합니다.'라고 했다. '전의 목사님들도 한결같이 그렇게 말씀하셨어요.' 그녀는 슬피 울었다. '그러나 새로 오는 목사님마다 점점 더 나빠진답니다.'"

이 중독은 가인이 자신의 제사가 아벨의 제사보다 못하다고 느낀 이후부터 계속 우리의 삶에 존재했다. 가인은 하나님께서 받으실 만한 제사를 드리는 데 최선을 다하던 자신의 형제를 죽였다. (여기서 이 질병이 영적 생활의 핵심부에서도 창궐할 수 있음을 볼 수 있다.) 그 일차적인 증상은 삶의 한 측면에서의 성과를 개인의 가치와 혼동하는 것이다. 그리고 하나님의 인정만이 우리를 만족시킬 수 있음에도 불구하고, 사람들의 인정을 구하는 것이다.

바울은 갈라디아교회에 쓴 편지에서 이 중독을 비난한다. "이제 내가 사람들에게 좋게 하랴 하나님께 좋게 하랴 사람들에게 기쁨을 구하랴 내가 지금까지 사람의 기쁨을 구하는 것이었다면 그리스도의 종이 아니니라"(갈 1:10).

더 충격적인 것은 사도 요한의 말이다. 종교 지도자들도 예수님의 메시지가 타당하다고 생각했기 때문에 그분을 믿게 되었지만, 그들은 "자기들의 믿음을 고백하지" 않으려 했다. 다시 말해서, 그들은 예수님의 제자가 되는 데는 헌신하지 않은 것이다. 그 이유에 대해 요한은 "저희는 사람의 영광을 하나님의 영광보다 더 사랑하였더라."(요 12:43)고 말한다.

나는 사람이 자신의 영광을 사랑하는 이 마약의 맛을 알고, 이 마약이 끊어졌을 때의 금단증세도 안다. 내가 회중 앞에서 설교할 때 사람들은 내 목소리를 듣지만, 나는 내 머릿속에서 울리는 다른 음성을 듣는다. 그것 역시 나의 목소리이다. 그 음성은 때로 "여호와께서 이렇게 말씀하십니다."라고 하지만, 다른 때는 (내가 인정하고 싶은 것보다 더 많은 경우에) 별로 예언적이지 않다. 그 음성은 "사람들이 나를 어떻게 생각할까?"라는 의문을 품게 한다.

때로 나는 아모스 선지자 같은 느낌보다는 아카데미 시상식에 참석한 화려한 영화배우 같은 느낌이 더 든다. 샐리 필드라는 영화배우는 두 번째 상을 탔을 때 이렇게 말했다. "여러분은 저를 좋아하는군요! 여러분은 정말 저를 좋아하는군요!" 그런데 나도 그렇게 말하고 싶어 한다. 나는 단상에서 중후하고 멋진 목소리를 가진 사람의 말투를 흉내 내기도 한다.

예수님께서는 사람들에게 좋은 인상을 주려는 욕구로부터 자유로우셨다. 자유롭게 사랑 안에서 진실을 말씀하셨다. 하나님의 사랑을 받는 자로서의 자유를 가지셨다. 그러나 우리 내면의 음성은 자유롭지 않다. 그 음성은 자아와 교만에 의해 좌우된다. 그 음성은 추하게 느껴지기 때문에 우리는 할 수만 있다면 그 음성을 꺼 버리려고 하지만, 알고 보면 그렇게 하기 쉽지 않다. 그 음성은 어디에서 오는가?

우리의 '일반화된 타인'

사회학자 조지 허버트 미드는 소위 '일반화된 타인'(Generalized Other)이라는 개념에 대해 말한다.[5] 그것은 우리가 내면에 가지고 다니는 정신적인 개념의 사람들로서, 그들의 판단에 따라 우리의 성공과 실패를 측정하며, 자존감과 가치는 그들의 평가에 주로 좌우된다.

우리의 '일반화된 타인'은 엄지손가락을 세우거나 내려서 우리 삶에 정서적 부담을 주는 모든 정신적 배심원들의 집합체이다. 그들은 마치 심사위원처럼 우리를 평가한다. 우리의 부모들은 당연히 그 배심원석에 있을 것이다. 어떤 학교 선생님들이나 동년배 그룹의 몇몇 중요한 멤버들도 거기 있을 것이고, 우리의 상사, 동료, 이웃, 직장 동료들은 말할 것도 없다. 배심원들은 아주 많다.

물론 우리는 다른 사람이 우리에 대해 어떻게 생각하는지 그 전부를 알지 못한다. 일반화된 타인의 개념이 갖는 아이러니는 사실 그것은 절대 타인의 생각이 아니라는 것이다. 그것은 다른 사람들이 어떻게 생각할 것이라는 우리의 생각이다.

어떤 사람이 이런 말을 했다. 20대일 때는 다른 사람들을 즐겁게 하려고 산다. 30대일 때는 다른 사람들을 즐겁게 하는 데 지쳐 그런 염려를 하게 하는 사람들에게 화가 난다. 40대일 때는 아무도 당신에 대해 생각하지 않고 있었음을 깨닫는다.

그러나 애석하게도 다른 사람들이 우리에 대해 아무 생각도 하고 있지 않다고 자신에게 주입시켜도, 그 정보만으로는 우리에게 참된 내적 자유가 생기지 않는다. 우리의 정체성이 타인에게 성공적으로 인식되느냐 아니냐에 영향받는 한, 우리는 인정 중독자가 될 수밖에 없다.

"나는 누구인가?" 헨리 나우웬은 질문한다. "나는 사람들이 좋아하고, 칭찬하고, 존경하고, 싫어하고, 미워하고, 멸시하는 사람이다. 내가 피아니스트이든, 사업가이든, 목회자이든, 중요한 것은 '내가 나의 세상에서 어떻게 인식되는가' 이다."[6] 다른 사람들이 바쁜 것에 가치를 둔다면, 나는 바빠야 한다. 돈을 소유하고 있는 것이 진정한 자유의 표지라면, 나는 돈을 모아야 한다. 나의 중요성이 얼마나 많은 사람들을 아느냐에 따라 달라진다면, 나는 가능한 많은 인간관계를 가질 것이다.

어느 주일 예배 후, 사람들과 인사를 하고 있을 때 우리 교인이 아닌 듯한 사람이 다가와 인사하면서 명함을 건네주었다. "저는 평소에는 할리우드장로교회를 다닙니다. 오늘 이 교회를 잠시 방문했습니다. 언제 제게 전화 한번 주십시오." 그의 명함을 보니 그는 화법 강사였다.

그때 할리우드장로교회의 담임 목사였던 로이드 오길비는 지금 미국 상원의 원목이다. 평소 나는 그가 완벽한 설교자라고 생각하고 있었다. 그의 머리 스타일은 완벽하고, 그의 예복도 완벽하고, 그의 미소도 완벽하고, 무엇보다도 그의 목소리는 완벽하다. 그의 목소리는 바다처럼 깊고 풍부하고 낭랑하다. 만약 하나님의 목소리를 들을 수 있다면 그런 목소리일 것이다.

오길비의 목소리에 비교하자면, 나의 목소리는 영원한 청소년기에 갇혀 있는 것 같다. 미키마우스처럼 짹짹거리는 목소리로 "자, 회개합시다!"라고 말한다면 예언적인 기분을 느끼기는 어려울 것이다.

남들과 비교하거나, '저 사람이 가진 것을 갖는다면 행복할 텐데'라고 생각하는 나 자신을 발견할 때, 한동안 뒤로 물러서서 다른 음성에 귀 기울여야 한다. 바람과 지진과 인간의 인식에서 멀리 떠나 세미한 음성을 들으며 "네가 어찌하여 여기 있느냐?"라는 질문을 던져 보아야 한다.

너무나도 자주 나는 나의 아합들과 이세벨들에 대해 불평하는 것으로 그 음성에 대답한다. 그러면 그 음성은 이전에 수천 명의 엘리야들에게 그랬듯이 나에게 부드럽게 상기시킨다(왕상 16:29~19:18 참조). 나는 훨씬 더 큰 역사의 작은 부분에 불과하며, 마지막 날에는 왕 되신 오직 한 분의 인정만이 중요할 것이라고 말이다. "나를 판단하실 이는 주시니라."

그 음성은 또한 이렇게 속삭인다. '너의 자리, 너의 은사, 너의 음성을 스스로 멸시하지 말라. 왜냐하면 너는 다른 사람의 것들을 가질 수 있으며, 설령 가질 수 있다 하더라도 그것으로는 너 자신을 온전히 실현할 수 없기 때문이다.'

인정 중독과 우리의 믿음

정신과 의사인 데이비드 번스는 다른 사람의 칭찬이나 인정이 우리를 기분 좋게 하는 것이 아님을 지적했다.[7] 우리를 기분 좋게 하는 것은 그 칭찬이 타당하다고 우리가 믿는 것이다.

번스는 이렇게 가정해 본다. 만일 당신이 정신병동을 방문하게 되었는데, 한 환자가 다가와서 "오, 놀라워요. 내가 하나님께 비전을 받았는데 이 문으로 걸어 들어오는 열세 번째 사람이 특별한 메신저라고 했어요. 당신이 열세 번째이므로 당신은 선택된 사람이고, 거룩한 사람이고, 세상에 평화를 가져올 사람입니다. 그러니 당신의 발에 입 맞추게 해 주십시오."라고 한다고 하자.

그럴 때, 당신의 자존감이 높아질까? 그럴 가능성은 없다. 왜 그런가? 대학교에서 심리학 공부를 하던 여름에, 나는 메릴랜드 주의 한 정신건강센터에서 인턴생활을 한 적이 있다. 거기서 만난 한 여자는 내 육체적 매력에 대한 생각을 멈출 수가 없다면서 나와 결혼하고 싶다고 늘 내게 말하곤 했다. 그녀는 강한 투약을 받았고 이십 년 동안 그곳에서 살아왔으며 다른 직원들에게도 똑같은 말을 하곤 했다. 증세가 더 심각한 날에는 똑같은 말을 식물들이나 생명이 없는 사물들에도 하곤 했다. 그녀가 "내 육체적 매력에 대한 생각을 멈출 수 없다는 것"은 엄청난 찬사였지만, 그 말은 내 개인의 가치가 높아지는 느낌이 들게 하지는 못했다.

거기에는 이유가 있다. 다른 사람들의 의견을 기쁘게 받아들일 수 있으려면 그 사이에 그 사람의 인정이 타당하다는 우리의 평가가 개입되어야 한다.

우리는 다른 사람들의 의견에 대한 수동적인 피해자가 아니다. 우리가 그들의 의견을 타당하다고 간주하기 전까지 그들의 의견에는 힘이 없다. 어떤 사람의 인정도 우리가 신뢰와 지위를 부여하기 전까지는 우리에게 영향을 미치지 못한다. 그것은 다른 사람의 비난에 대해서도 마찬가지이다.

이것은 왜 사람들이 굉장한 일들을 성취하고도 실패자로 느끼는지를 설명해 준다. 어떤 사람이 자기 인생에 대해 한 평가를 살펴보자.

> 나는 아무것도 이뤄 내지 못했다. 나는 인류의 기억 속에 남을 어떤 일도 할 능력이 없다. 나의 존재가 나의 종족에게 뭔가 기여할 결과가 있기를 바라는 헛되고 공허한 염원, 그리고 끊임없이 거절된 기도가 내 삶이다.[8]

이 말은 미국 하원의원이었으며, 대사였고, 국무장관이었으며, 미국 6대 대통령이었던 존 퀸시 애덤스가 인생 말년에 쓴 글이다.

생각 사로잡기

사도 바울은 영적 전투 중에 우리의 생각과 믿음이 그리스도와의 일치에 더 가까워지고 있는지, 아니면 더 멀어지고 있는지 판단해야 한다고 말한다. "모든 생각을 사로잡아 그리스도에게 복종케 하니"(고전 10:5; 1~6절 참조). 이것은 부분적으로 다른 사람들의 인정이나 반대가 우리의 삶을 좌우하지 못하게 해야 한다는 의미를 갖는다.

물론 인정받는 것에의 중독은 칭찬을 건전하게 고마워하는 것과는 다르다. 확인시켜 주고 격려해 주는 것은 좋은 것이다. C.S. 루이스는 이렇게 썼다.

잘한다고 칭찬받는 아이, 연인으로부터 아름답다고 칭찬받은 여인, 그리스도께 "잘했다"고 칭찬받는 구원받은 영혼. 이들은 즐거워하며 그렇게 즐거워하는 것이 마땅하다. 왜냐하면 기쁘게 하고 싶은 (그리고 그렇게 원하는 것이 마땅한) 사람을 기쁘게 했다는 사실에 즐거움이 있기 때문이다.[9]

예술가들이 갈채를 받지 못하고, 홈런이 환호를 받지 못하고, 첫걸음을 뗀 아이들이 놀라움과 환희의 표현을 받지 못하고, 작가들이 격려의 편지나 (더 심각하게) 인세를 받지 못한다면, 세상이 얼마나 슬프겠는가!

한번은 유치원 운동장을 지나가고 있었다. 삼십여 명의 아이들이 숨래잡기도 하고, 빨간 고무공도 차고, 그네를 할 수 있는 한 높이까지 타고 있었다. 한 어른이 지나가는 것을 본 그들은 모두 똑같이 "나 좀 보세요!"라고 외치기 시작했다. 그들은 자기들의 성취가 누군가에게 기억되고 소중하게 여겨지기를 바랐기 때문에 자신을 봐 달라는 말을 반복했던 것이다. 이런 순진한 놀이터의 풍경에서 한 걸음 물러나 점잖아지긴 했지만, 우리는 여전히 '뽐내고' 있다. 마크 트웨인은 이런 행동의 보편성을 훌륭히 묘사했다. 톰 소여의 주일학교 한 장면을 방문해 보자.

군(郡) 판사에 못지않게 굉장한 인물이며, 아이들에게는 그 누구보다 존엄한 존재인 … 월터즈 씨(주일학교 교장)는 부산스럽게 모든 종류의 공식 행사들과 활동들에서 '뽐냈다.' … 사서는 양팔에 책을 가득 안고 여기저기로 뛰어다니며 그 좀스러운 상관이 좋아하는 사소한 소란들을 만들고 다니며 '뽐냈다.' 젊은 여자 교사들은 최근 입학한 말썽꾸러기 아이들에게 예쁜 손가락을 경고의 의미로 들어 보이고, 착한 아이들에게는 다정하게 토닥이며 '뽐냈다.' 젊은 남자

교사들은 사소한 꾸짖음과 다른 작은 권위를 보이는 행동과 훈육으로 '뽐냈다.' … 작은 여자아이들은 다양한 방법들로 '뽐냈고,' 작은 남자아이들은 공책들을 던지고 드잡이하며 소란을 피우면서 부지런히 '뽐냈다.' 그리고 그 모든 것들 위에 대장이 앉아서 위엄과 현명함을 발산하는 미소로 건물 전체를 바라보며 자신의 위대함에 스스로 고무되었다. 그 역시 '뽐내고' 있었다.[10]

엄청나게 많은 인간의 행동들이 고통스럽게 가장되어 있는 것도, 사실은 단순히 자신을 뽐내려는 시도에 불과하다. 사람들에게 인상적으로 보이려는 시도를 드러내지 않으면서도 사실은 인상을 남기고 싶어 한다. 인정 중독은 심각한 질병이다. 그 중에서 뽐내는 것은 단지 사소한 한 가지 증상에 불과할 수 있다. 인정 중독은 잘하는 것에 주목받으려 할 뿐 아니라, 진짜 믿는 것을 말하면 거부를 당할까 봐 말하지 않으려 한다.

저자 코진스키의 소설 *Being There*(거기 있음에)[11]의 중심인물도 이 주제의 한 변형을 단적으로 보여 준다. '정원사 찬스(Chance)'라고 불리는 그는 이름에서부터 임기응변에 강함을 보여 준다. 그에게는 어떤 의견도 확신도 없다. '자기'가 없는 사람이다. 그러나 그는 사람들에게 사랑받는 공인이 되어 대통령들의 자문을 맡기도 하고, 텔레비전 인터뷰도 하고, 그의 지혜와 매력에 대한 칭찬도 받는다. 그것은 다른 사람들이 원하는 의견과 특성을 그대로 반영하기 때문이다. 설령 사람들이 그의 이름을 정확히 몰라 '정원사 촌시'라고 부르더라도, 그는 그 잘못을 정정하는 수고조차 하지 않는다. 사실 그는 그들이 그의 진짜 이름을 모른다는 사실을 인식조차 못하는 것 같아 보인다. 그의 삶은, 외적 기준으로 보면 대체로 성공적이었음에도 불구하고, 인간성에 있어서는 '거기 있는 것'에 실패했다.

중독되지 않고 칭찬을 은혜롭게 받아들이려면 질서 잡힌 마음이 필요하다. 그것은 올바른 것을 올바른 방법으로 올바른 정도까지 올바른 종류의 사랑을 한다는 것을 의미한다. 언제 중독의 선을 넘었는지 알기는 쉽지 않다. 그러나 거기에는 몇 가지 징후들이 있다.

비교

인정 중독자들은 그들의 성취를 다른 사람들의 성취와 비교한다. 한 사업가가 내게 말하기를, CEO나 사업가들의 성공담을 읽을 때 항상 그들의 나이를 평가에 포함시켰다고 한다. "내가 더 젊었을 때는 나보다 성공한 사람의 글을 읽으면, 그들이 나보다 나이가 많기 때문이라고 하면서 내가 그 나이가 되면 그들을 능가할 거라고 나 자신에게 말할 수 있었다오. 그러나 이제는 그 이야기 주인공들의 나이가 나보다 젊어졌고 그런 성공담들을 읽기가 더 어려워지고 있다오."

아이러니한 것은 이 친구가 대다수의 사업가들보다 재정적으로 더 성공한 사람이라는 것이다. 그러나 바로 그것이 비교의 속성이다. 그것은 영적인 면에서 일종의 병적 과식(過食)이며, 항상 더 많은 것을 갈구하지만 결코 충족되지 않는다.

기만

인정 중독자는 남들이 자신을 어떻게 생각할까 염려하느라 필연적으로 진실을 숨기게 된다.

어느 날 나는 우리 도시의 한 공직자와의 약속에 늦었다. 약속 장소로 가면서 나는 핑계로 그럴싸한 이유들을 찾기 시작했다. 사실은 내가 꼼지락거리다가 시간을 놓친 것임에도 불구하고 말이다. 그 당시 인정 중독에 대해 집필 중이던 나는 내가 어리석은 행동을 하고 있음을 깨닫고, 늦어서 미안하다고 단순하게 사과하기로 굳게 마음먹었다.

막상 도착해 보니 그 공무원은 나보다 더 늦었다. 그는 내가 머릿속에서 지어냈던 것과 정확히 똑같은 핑계들을 댔다. 만약 내가 늦었다면 내가 댔을 바로 그런 핑계들이었다.

이런 일은 주위에서 너무 많이 일어난다. 심리학자들은 많은 사람들이 소위 '가면 현상'이라는 증후군에 시달린다고 말한다. 우리는 우리 자신의 진실과 우리가 투영하는 이미지가 불일치한다는 것을 알기 때문에 어느 날엔가 진실이 드러날 것이라는 두려움을 지닌 채 인생을 살아간다.

원망

이상하게도 인정을 너무 강하게 갈망하면, 인정을 구하는 바로 그 사람을 필연적으로 원망하게 된다. 자신의 안녕이 그들의 손에 달려 있는 것을 원하지 않기 때문에 그들의 인정을 받기를 갈구하면서도 그런 욕구를 가졌음을 원망한다.

은밀한 행동

이 중독으로부터 해방되는 데 유용한 실천 방법이 있다. 그것은 영적 훈련 방법으로써 사실 예수님께서 친히 권하신 것이다. 이 일은 은밀히 행해야 한다. 예수님께서는 선행을 할 때 아무도 알지 못하게 하라고 말씀하셨다(마 6:1~6, 16~18). 예수님께서 보이신 예에는 금식, 기도, 헌금이 포함된다. "네가 헌금을 할 때 대학의 고적대를 고용하여 모든 사람들을 주목시키지 말라." 물론 헌금을 할 때 트럼펫 연주자들을 실제로 고용하는 사람은 많지 않다. 문자적으로 보자면 이 명령을 지키기는 매우 쉽다.

그러나 예수님 말씀의 요지는 우리는 본성적으로 다른 사람들에게 인상을 남기려 하는 경향이 강하다는 것이다. 우리는 고적대를 부르는 것은 효과적이라고 생각하지 않으므로 그렇게 하지 않을 뿐이다. 그러나 우리는 항상 나팔을 분다. 때로는 전략적으로 작은 제스처를 쓰기도 한다.

예수님께서는 "너는 구제할 때에 오른손의 하는 것을 왼손이 모르게 하여"라고 말씀하셨다(마 6:3). 이 명령은 고적대를 부르지 않는 것과 달리 쉽지 않다. 예수님 말씀의 요지는 참된 영적 성숙이란 우리가 어떤 것을 잘했다고 해서 자축할 필요를 느끼지 말라는 것이다. 주는 것이 받는 것보다 정말 좋다는 것을 알 수 있다. 주는 것이 더 이상 우리에게 특별하게 보이지 않으며 그저 당연한 일로 보일 수 있다. 그것이 자연스럽게 할 일인 것처럼 말이다.

예수님께서 그런 것들을 은밀하게 하라고 말씀하셨을 때 모든 때와 장소를 불문하고 적용되는 법을 제정하신 것은 아니다. 예수님께서는 종종 그분의 친구들 앞에서 기도하셨다. 다윗 왕은 성전 건축을 위해 얼마를 바쳤는지 세부사항을 밝혔는데 그 결과의 하나로 그의 신하들도 후하게 드리도록 동기부여가 되었다(대상 29:1~9 참조). 이 말씀의 취지는 영적 삶의 추구를 방해하는 문제를 가진 사람들에게 예수님께서 하신 조언이다.

예수님께서는 그 교훈의 서론에서 그런 행동들에서 가장 큰 혜택을 볼 사람이 누구인지를 먼저 말씀하셨다. "사람에게 보이려고 그들 앞에서 너희 의를 행치 않도록 주의하라"(마 6:1). 은밀한 선행은 다른 사람들에게 '보여서' 인상을 남기려는 욕망의 덫에 걸린 사람들을 해방시킨다. 이들은 그들이 있는 종교의 놀이터를 지나가는 사람들에게 "나 좀 보세요!"라고 말하는 사람들이다. 은밀한 선행은 예수님께서 그런 인정 중독자들에게 주시는 선물이다.

  이 실습의 요점은 이것이다. 이따금씩 좋은 일을 하고서 아무도 그것을 모르게 하라. 우리는 우리에 대한 다른 사람들의 생각을 통제하려는 시도를 포기할 수 있다. 우리는 우리의 동기가 순수하고, 우리가 인상적으로 성공하고, 우리의 삶이 실제보다 훌륭하다고 사람들을 확신시키려는 모든 노력을 그만둘 수 있다.

인상 관리를 중단하라

이런 습관을 가리키는 전문 용어는 '인상 관리'(impression management)이다. 주의 깊게 보면 우리가 일반적으로 하는 말의 상당한 부분이 인상 관리를 위한 의도를 포함하고 있음을 발견할 수 있다. 예를 들어 어떤 사람에게 텔레비전 프로그램에 대해 말할 때, 우리는 서론으로 "저는 텔레비전을 많이 보지는 않지만 지난 저녁에…"라고 할 것이다.

  왜 그런 말을 하는가? 텔레비전을 얼마나 시청하는가는 우리가 하려는 말과 상관이 없는데, 왜 그 사실을 흘리는가? 그것은 인상 관리를 위한 것일 뿐이다. 그런 말을 하지 않으면 듣는 사람이 우리가 늘 앉아서 과자를 먹으며 시트콤을 시청한다고 생각할까 봐 그런 말을 하는 것이다. 물론 어떤 사람이 우리에 대해 그렇게 생각한다는 것은 참을 수 없는 일이다. 그래서 우리는 늘 부정하며 상대방이 우리를 바른 사람으로 생각하기를 바라며, 더 정확히 말해서 상대방이 우리가 원하는 대로 우리를 생각하도록 하고자 한다. 은밀한 행동은 단순히 우리가 텔레비전에서 본 것을 말하며, 우리의 시청 습관에 대해 말하지 않는 것이다.

  대학생들도 똑같은 게임을 한다. 시험을 보기 전이나, 시험 성적이 나온 후에 가장 흔히 하는 말은 "공부를 제대로 못했어."라는 말이다. 왜 그런 말을 하는가? 나쁜 성적이 나오더라도 그들의 지능을 반영하지 않았다는 것을 다른 사람들에게 알리려는 것이다. 그들이 해야 할 공부를 했더라면 시험을 더 잘 보았을 것이라는 것이다.

  이런 말들을 듣다 보면, 다른 사람들이 우리를 생각하는 방식을 통제하려는 시도야말로 현대 사회에서 말의 우선적인 용도 중 하나임을 발견할 것이다. 인간의 대화는 주로 우리가 남들이 생각하는 것보다 더 호소력 있고, 더 영리하고, 더 친절하고, 더 성공적이라고 확신시키려는 끊임없는 시도이다. 우리는 사람들을 주도면밀하게 교육시키려 한다.

은밀한 선행

은밀하게 행동할 수 있는 기회들은 주변에 널려 있다. 당신 삶 속의 어떤 사람을 선택하여 기도 속에 푹 담그고 아무에게도 말하지 말라. 어떤 기관에 후하게 기부하거나 곤궁한 사람에게 헌신적인 선물을 주되 무명으로 하라. 성경의 한 부분을 당신의 마음과 생각에 깊이 새기고 아무에게도 그것을 암기했다고 말하지 말라. 이웃의 앞마당을 쓸어 주라. 작은 친절과 사소한 덕을 베풀라.

은밀함의 큰 보상

내가 은밀한 선행을 하는 방법으로는, 앞에서 소개했지만, 하루 쉬는 날을 정해 집에서 '비밀 봉사'의 날을 갖는 것이다. 나 자신을 위한 일정을 잡지 않고, 단순히 집에 있으면서 아이들과 아내의 필요에 따라

해야 할 일을 하고, 아이들이 원하는 대로 놀아 주면서, 이것이 나의 '프로젝트'의 일부라는 것을 밝히지 않는 것이 그 목적이다.

다른 사람을 위해 하루를 보내려고 할 때조차 내가 얼마나 빨리 나 자신에 몰두하게 되는지를 보면 늘 겸허해진다. 한번은 내가 잔디 깎기 봉사에 자원했는데, 내가 얼마나 놀라운 종의 도를 실현했는지에 대해 누구에게든지 말하고 싶은 유혹을 억누르기 위해 애써야 했다.

예수님께서는 은밀한 행동의 습관을 무시할 때 상을 잃는다고 하셨다. "사람에게 보이려고 그들 앞에서 너희 의를 행치 않도록 주의하라 그렇지 아니하면 하늘에 계신 너희 아버지께 상을 얻지 못하느니라"(마 6:1).

물론 예수님께서 그 상을 언급하시면서 무엇을 염두에 두셨는지를 우리는 추측할 수 있을 뿐이다. 그러나 분명히 그 상에는 우리가 천국에서 "잘하였도다 착하고 충성된 종아"라는 말을 듣는 것도 포함되어 있을 것이며, 지상에서 듣는 최고의 칭찬도 그 말에 비하면 희미한 그림자일 뿐이다.

그러나 나는 하나님의 상에는 현재적 측면도 있으며, 우리가 다른 사람들에게 좋은 인상을 주기 위해 선행을 한다면 그 상을 잃게 될 것이라고 믿는다. 종인 우리들이 남들에게 인상적이기 위해 하는 행동들은 하나님 나라의 삶에 들어가게 해 주는 본질적인 힘을 잃게 한다. 훈련과 노력의 차이를 돌이켜 생각해 보라. 기도, 금식, 헌금의 행동들은 훈련이 될 수 있다. 예를 들어 우리가 얼마의 돈을 다 줘 버리면, 우리는 돈에 덜 속박되며 자유와 기쁨을 경험할 수 있다. 만일 그 일을 은밀히 한다면, "나 좀 보세요!"라고 말하지 않고도 살아가는 것이 가능하다는 것을 배우게 된다. 그런 행동들을 계속해서 많이 하면 사람들에게 알리려는 내적 욕구로부터 점차 자유로워진다. 그러다 보면, 어느 날 단지 선을 행하는 것이 정말 우리를 가장 자유롭게 하는 즐거운 삶의 방식이기 때문에 그렇게 하고 있는 우리를 발견하게 될 것이다.

그러나 만일 사람들에게 좋은 인상을 남기기 위해 우리의 관대함을 반드시 알린다면 우리 선행의 본질은 변질된다. 그것은 인정의 마력을 받아들이는 것이다. 조금씩 더 자유로워지는 대신 조금씩 더 속박된다. 사람들에게 인상을 남기기 위해 한 행동들은 하나님 나라에서의 삶을 위한 훈련으로서의 가치를 잃는다.

때로 기도할 때 하나님께서 붙잡아 주시는 친밀함을 경험하거나, 하나님께서 우리에게 말씀하시는 것을 특별히 생생하게 느낀다. 그것을 하나님과 우리 사이의 일로 혼자 간직하는 것이 매우 좋을 수 있다. 그것에 대해 너무 많이 이야기하는 것은 그 경험의 본질을 변질시킨다. 그것은 더 이상 하나님의 선물이 아니라 사람들에게 인상을 남기기 위한 또 다른 무기가 될 뿐이다.

사막의 교부들(Desert Fathers)은 은밀히 행하는 삶과 하나님께 뜨거운 마음의 상관관계에 대해 말했다. 그들은 불길을 뜨겁게 유지하려면 난로 문을 너무 자주 열면 안 된다고 말했다.[12]

은밀한 삶을 실행하는 데 특별히 중요한 경우들이 있을 수 있고, 혹은 우리가 특별히 어떤 사람들에게 이것을 실행하기 원할 수 있다. 한 친구와 이 이야기하던 중, 나는 어떤 모임에서 중요한 사람들(우리의 '일반화된 타인들')이 거기 있다는 이유로 내가 성취한 중요한 일들을 이야기해서 그들에게 큰 인상을 남기려 한다는 것을 발견했다. 내 친구와 나는 그 모임에서 은밀한 삶을 실행하기로 동의했다. 그 모임 중에는 우리가 이룬 성취나 선행들에 대해 아무 말도 하지 않기로 한 것이다.

이 훈련의 결과로 오는 놀라운 선물들 중 하나는 인상 관리라는 것이 얼마나 어리석은 짓인지 보게 된다는 것이다. 윈스턴 처칠은 그의 라이벌인 클레멘트 애틀리에 대해 "그는 조심성 있는 작은 사람이며, 사실 조심할 것도 많은 사람이다."라고 표현했다.[13] 그 말의 뒷부분은 내 이야기이다. 그러나 은밀한 행동을 실천하는 것은 언젠가 우리도 앞부분의 모습을 소유하게 될 것이라는 희망을 준다.

자유의 삶

토론을 위한 질문

1. 한 그룹원에게 249쪽의 헨리 나우웬의 인용문을 읽도록 부탁하라. 만일 다음의 사람들 중에 '인정 중독'에 걸려 고통 당하는 사람이 있다면 그 징후들은 무엇인가?

   - 어린이
   - 십대 청소년
   - 어른

   고린도전서 4:3~5, 갈라디아서 1:10 읽기

2. 다른 사람들에게 판단 받고 비판 당하는 것에 대해 당신이 사도 바울과 똑같은 태도를 취한다면, 당신의 삶이 어떻게 바뀌겠는가?

   날마다 이런 태도를 유지하는 것이 왜 그렇게도 어려운가?

3. 저자는 "삶의 한 측면에서의 성과를 개인의 가치와 혼동하는 경향"이 인간에게 있다고 말한다. 사람들이 자기 가치의 잣대로 흔히 사용하는 삶의 영역들은 무엇인가?

   당신이 자기 가치의 잣대로 사용하도록 가장 많이 유혹받는 성과의 영역들에는 무엇이 있는가? 그리고 그런 경향에 대항하기 위해 어떻게 하는가?

4. 256쪽에 있는 존 퀸시 애덤즈의 인용문과 그의 이력을 읽으라. 당신 자신의 가치와 삶 속의 성과들에 대해서 당신도 그것과 비슷한 감정을 느꼈으며 그것을 해결해야 했던 때에 대해 말해 보라.

하나님께서 그런 감정들에 대해 우리에게 무엇이라고 말씀하실까?

> 마태복음 6:1~6, 16~18 읽기

5. 예수님께서 은밀한 믿음에 대해 무엇을 가르치시는가?

이 교훈이 동일하게 적용되어야 할 영적 생활의 다른 영역들에는 무엇이 있는가? (기도, 헌금, 금식 외에)

6. 섬김의 행위나 영적 업적들을 드러내거나 과시하자마자, 우리가 잃게 되는 것은 무엇인가?

우리의 섬김의 행위를 비밀로 유지할 수 있을 때 얻게 되는 그 보상들과 축복들은 무엇인가?

7. 저자는 은밀한 섬김에 대한 멋진 아이디어들을 제시하고 있다. 예를 들면, 어떤 사람을 위해 기도해 주고 아무에게도 그렇게 했다고 말하지 않는 것, 많은 헌금을 하고 완전히 비밀에 부치는 것, 이웃이 외출했을 때 이웃의 마당을

청소해 주고 당신이 했다는 흔적으로 남기지 않는 것 등이다. 은밀한 섬김을 위한 다른 아이디어가 있는가?

함께 기도하기
삶과 봉사로 누구를 기쁘게 할 것인지에 대해 한마음을 달라고 기도하라. 정말 중요하고 유일한 관객은 오직 하나님뿐임을 깊이 인식하고 당신의 그룹원들이 그런 삶을 살아가도록 도와달라고 하나님께 기도하라.

삶에 적용하기
은밀히 섬기는 날을 정하라. 당신이 그런 계획을 세웠다고 말하거나, 사명을 완수하고 난 후에 자랑하지 말라! 단지 하나님의 영광을 위해서 하고, 하나님께서 영광받으시는 것을 완전한 보상으로 여기라!

삶을 위한 묵상
눈을 감은 채, 기쁨을 주고 싶고 잘 보이고 싶은 사람들이 귀중품 상자에 들어 있다는 상상을 해 보라. 그 상자에는 어떤 사람들이 있으며, 당신은 그들을 왜 기쁘게 하고 싶어 하는가? 예수님보다 그 사람들을 위해 산다면 당신의 삶은 어떻게 될까?

좀 더 생각해 볼 문제들
한 사람이 257~258쪽에 있는 마크 트웨인의 단문을 읽으라. 흔히 우리는 어떤 식으로 뽐내며 사람들에게 잘 보이려 하는가?

그런 뽐냄은 어떻게 영적 건강의 유해 요소가 될 수 있는가?

11

분열되지 않은 완전한 삶

말씀 묵상 연습

> 하나님과 자신의 세계를 분리시킨 연약하고 겁 많은 영혼들에게 화 있을진저!
> 그들은 부족하면서도 원하지 않는다.
> 그들은 욕망과 후회로 말미암아 동시에 분열되고 있다.
> … 그들은 악에 대한 공포와 선에 대한 수치를 동시에 가지고 있다.
> 그들은 미덕이 주는 달콤한 위로의 맛을 보지 못한 채
> 미덕에 대한 고통을 느끼고 있다. 오! 그들은 얼마나 비참한가.[1]
> 프랑수아 페늘롱

> 깨끗한 마음을 가진 사람은 한 가지 일만 하길 원한다.[2]
> 쇠렌 오뷔에 키르케고르

깨끗하고 정결한 것은 놀라운 것이다. 어떤 것이 정결하다고 할 때 그것은 더럽혀지지 않고 흠이 없으며 오염되지 않은 본질적인 상태로 존재하는 것을 말한다.

미국식품의약국(FDA)은 먹는 것에 대한 청결 상태를 감독하고 보호하는 곳이다. 하지만 그 기준은 우리가 실제로 원하는 것과는 다르다. 여기에 몇 가지 제품에 대한 FDA의 기준이 있다.

사과 버터: 곰팡이가 12퍼센트 이상이거나, 100그램 중 쥐의 털이 평균 네 개 이상이거나, 100그램당 벌레(진드기나 진딧물류는 제외)가 평균 다섯 마리 이상이라면, 그것은 폐기처분 대상이다. 이 기준에 맞지 않는다면 당신이 먹는 빵으로 곧바로 들어갈 것이다.

커피 원두: (커피 중독자들 주의!) 커피 원두의 평균 10퍼센트 이상이 벌레 먹었거나, 임의로 담은 두 개 이상의 그릇에서 한 마리 이상의 산 벌레가 나온다면, 그것은 시장에서 회수될 것이다.

버섯: 말린 버섯 15그램당 평균 20개 이상의 구더기가 있으면 팔 수 없다.

무화과 페이스트: 두 개 이상의 표본에서 100그램당 열세 마리 이상의 벌레의 머리가 나온다면 FDA는 가차 없이 그 한 묶음 전체를 다 버린다. (한 마리의 벌레 전체는 용인할 수 있지만 너무 많은 벌레의 머리는 눈뜨고 볼 수 없나 보다.)

핫도그: 그것에 대해서는 말하고 싶지도 않다.

정말 좋은 것은 청결한 본래의 상태로 유지됐으면 한다. 마치 배기가스가 포함되지 않은 순수한 산소나 녹지 않은 새하얀 눈처럼 말이다.

이것은 우리가 알고 있는 사람들에게도 그대로 적용된다. 정결함이라는 단어는 신약 성경에서 굉장히 높게 평가된다. 그러나 오늘날 불행하게도 그 단어를 잃어버리고 말았다. 그 단어는 기묘하고, 빅토리아풍처럼 엄격하고, 얌전한 체하고, 무정하게 들린다. 그 말은 인간미라고는 전혀 찾아볼 수 없는 사람에게 해당되는 것처럼 들린다. 그러나 하나님은 우리를 정결한 인간으로 부르셨다. 즉 우리를 부르신 바로 그 인간됨은 죄로 물들지 않은 상태이다. 사도 야고보가 말한 "두 마음을 품은"(약 1:8) 상태가 바로 오염되지 않은 정결한 상태의 정반대 개념이다.

두 마음을 품은 상태

두 마음을 품은 상태란 어떤 상태인가? 여러 가지 잡다한 일 때문에 완전함이 분열된 인생을 생각해 보면 쉽게 알 수 있다. 야고보는 "마치 바람에 밀려 요동하는 바다 물결"(약 1:6)에 사람의 모습을 비유하였다.

한 가지 일에 집중된 사람의 인생을 관찰해 보라. 한 가지 목적과 초점을 가지고 있는 그는 선택이나 헌신을 할 때, 일관성을 보여 준다.

몇몇 잘 알려진 인물들은 한 가지 목적의 이미지와 밀접하게 연관되어 있어 그들의 이름만 들어도 그 한 가지 단어가 떠오른다. 도널드 트럼프 하면 돈, 나폴레옹 하면 권력, 휴 헤프너 하면 욕망, 이멜다 마르코스 하면 구두가 떠오르는 것처럼 말이다.[5]

키르케고르는 두 마음을 품은 상태가 인간 정신의 본질적인 불안정이라고 보았다. 그의 책 *Purity of Heart Is to Will One Thing*(깨끗한 마음은 한 가지를 추구하는 것이다)은 야고보의 "두 마음을 품은 자들아 마음을 성결케 하라"(약 4:8)라는 말씀에 대한 의견을 피력한 것이다. 키르케고르가 진단한 이 병은 하나의 것에 인생을 초점을 맞춘 삶을 살지 못한 결과이다. 또한 키르케고르가 말한 '선'과 예수님께서 말씀하신 '먼저 그 나라를 구하는 것'에 궁극적으로 헌신하지 못한 결과이다.

다양성과 이중성

단일성의 적은 다양성과 이중성이다. (이 개념들은 전문용어는 아니지만, 클리퍼드 윌리엄스의 책 *Singleness of Heart*(일편단심)[4]에서 나온 것이다.)

다양성이란 동시에 밀고 당기는 양면의 가치를 가진 생활이다. 그것은 성 어거스틴이 성적인 순결과 결백을 소망하면서도, 생활방식을 바꿀 준비가 되어 있지 않아 쾌락을 잃어버리는 것을 두려워하던 심정을 표현한 그의 유명한 간구에 나타나 있다. "주님, 저에게 성적 순결을 주시옵소서. 그러나 아직은 안 됩니다."[5]

다양성의 삶을 사는 우리는 하나님과의 친밀한 교제를 원하면서도 동시에 그것으로부터 도망치고 싶어 한다. 자비로운 사람이 되길 바라지만 탐욕을 부리기도 한다. 때로는 종이 되려고 노력하지만 때로는 거만을 피우고 이기적인 행동을 하기도 한다. 심지어 사도 바울조차도 이런 갈등을 겪었다고 한다. "내가 원하는 이것은 행하지 아니하고 도리어 미워하는 그것을 함이라"(롬 7:15).

이중성의 특징 중에는 거짓이 포함된다. 어떤 일을 할 때 남들에게 이야기하기 위한 이유와 진짜 이유 사이에는 모순이 있다. 자신이 남보다 뛰어나다고 느끼기 위해 비난하고 수군거리는 것이면서 남들에게는 '좀 더 이해하고 기도해 주기 위해서'라고 한다. 또 남을 감동시키려는 속마음을 숨기고 겉으로만 겸손한 척하기도 한다. 모든 사람들의 속은 온통 거짓말로 가득 차 있다. 겉으로 보이는 모습이 그 사람의 진정한 모습인 사람은 아무도 없다.

몇 년 전 한 중년 남자가 어느 작은 교회에서 주일 아침 예배가 끝나갈 무렵 자리에서 일어났다. 내가 평생 알아 온 그는 교회에 매우 헌신적이었다. 주일학교 교사였고, 집사로 봉사했으며, 교제 시간 때마다 커피를 준비해 오고, 모임이 끝나면 청소도 했다. 그런 그가 주일날 갑자기 자리에서 일어나 울기 시작했다. 그는 흐느끼면서 교인들 앞에서 자신이 자녀들을 성적으로 학대했다고 고백했다. 교회에

다니는 중에도 그는 수년간 자녀들을 괴롭혔다. 모든 사람들에게 친절한 사람이었던 그가 어린이를 괴롭힌 사람이었던 것이었다.

그는 바다에서 밀려다니는 파도와 같았다. 왜 그랬을까? 설교를 듣고, 찬송을 부르고, 주일학교에서 교사로 봉사하면서 무슨 생각을 했단 말인가? 자녀들의 눈을 들여다보면서 무슨 생각을 했을까?

인간의 이중성은 놀랍다. 이 사람의 경우처럼 그렇게 극적이지는 않아도 다들 다른 모양의 이중성을 가지고 있다. 이중성은 다른 사람들을 겨누고 있지만, 심지어 우리 자신을 겨누고 있을 때도 있다. 인간은 자기 기만의 놀라운 특성을 가지고 있다.

마음의 단일성

이중성과 다양성에 대한 대안은 단일성의 삶을 사는 것이다. 클리퍼드 윌리엄스는 다음과 같은 말을 남겼다.

> 반대 방향으로 끌려가지 않을 때, 그리고 자신을 위해 더 많은 것을 요구하지 않을 때 단일성을 소유할 수 있다. 그러면 내적 충동은 갈등을 겪지 않는다. 왜냐하면 한 방향으로 향하기 때문이다. 겉으로 내세우는 동기는 실제 동기와 같다. 내적 초점은 단일화되어 있고 공적으로 드러나는 태도 그것과 일치한다. 간단히 말해서 우리는 분열되지 않는다.[6]

예수님께서는 "먼저 그의 나라와 그의 의를 구하라."(마 6:33)라고 하셨다.

예수님께서 그의 친구 마르다에게 하신 말씀 속에는 이 생각이 담겨 있다. 마르다는 여러 가지 일로 마음이 분주했다. 그래서 예수님 앞에 앉아 있기로 선택한 동생 마리아에게 화를 냈다. 이때 예수님께서는 "마르다야 마르다야 네가 많은 일로 염려하고 근심하나 … 한 가지만이라도 족하니라."(눅 10:41, 42)라고 말씀하셨다. 인생의 비밀은 단일성에 있다.

두 마음을 품은 상태에서 해방되고, 마침내 인생의 초점을 결정할 때 놀랄 만한 평안이 찾아온다. 두 마음을 품은 사람은 식당에 가는 일도 고통스러울 것이다. 수많은 메뉴 중에 어떤 것을 먹을까? 후식으로 커피를 마실까? 다른 차를 마실까? 계산은 카드? 아니면 현금? 이 책의 독자 중에도 분명 두 마음을 품고 이런 고민을 하는 사람이 있을 것이다.

야고보가 바다 위의 파도라고 한 삶은 어떤 삶인가? 그리스도의 삶을 향해 기울어졌다가도 다시 포기하거나 은밀한 죄에 의해 붙잡히고 마는 삶이다. 종이 되기를 원하면서도 안락의자의 편안함을 버리고 싶지 않다. 겸손하기를 바라지만 아무도 안 본다면 상관없는 것 아닌가? 그래서 이리저리 왔다 갔다 한다.

예수님께서는 그것을 비참한 삶의 방식이라고 하셨다. "인생의 비밀은 한 가지만 추구하는 것이다."

성경과 변화

두 마음을 품은 상태에서 벗어나고자 한다면 "마음을 새롭게 함으로 변화를 받아"야만 한다(롬 12:2). 마음을 성경 속에 푹 잠기게 하여 새롭게 해야 한다. 시편 기자는 죄를 짓지 않기 위해서 하나님의 말

씀을 마음속에 간직해야 한다고 했다(시 119:11 참조). 마음을 정결케 하고, 예수님처럼 살기 위해 성경을 어떻게 읽을 것인가? 성경에 나오는 비유를 살펴보자.

바울은 에베소교회에 보낸 편지에서 남편들에게 아내를 사랑하라고 말하면서 이와 같은 비유를 사용했다. "그리스도께서 교회를 사랑하시고 위하여 자신을 주심같이 하라 이는 곧 물로 씻어 말씀으로 깨끗하게 하사 거룩하게 하시고 자기 앞에 영광스러운 교회로 세우사 티나 주름잡힌 것이나 이런 것들이 없이 거룩하고 흠이 없게 하려 하심이니라"(엡 5:25~27).

예수님의 신부된 우리는 '말씀'으로 씻음을 받아야 한다.7 무슨 뜻인가?

씻어야 하는데 어떤 것을 내버려둔다면 어떤 일이 벌어질지 생각해 보라. 우리 교회의 두 직원은 대학 시절 같은 방을 사용했다고 한다. 그때 그들은 이불을 세탁하지 않고 누가 더 오래 버티는가 하는 시합을 했다. 일 년 후 그 시합은 결국 무승부로 끝났다. 하지만 그 결과를 한번 상상해 보라.

그 이불을 빨면 어떻게 되는지도 생각해 보라. 비눗물이 더러운 천의 구석구석까지 스며들어 더러운 불순물들을 들어 올려 깨끗하게 제거한다. 그렇게 세탁한 후에야 원래 디자인한 상태의 이불을 볼 수 있다. 우리가 하나님께 나아갈 때, 우리 마음은 더러운 이불과 같이 '거짓 믿음과 태도, 증오심, 잘못 세워진 계획과 희망, 그리고 두려움'[8]으로 어지럽게 흩어져 있다.

하루라는 짧은 시간 동안 여러 번 '증오로 가득 찬 기분'이 들었던 날이 생각난다. 어딘가를 가고 있는데 한 거지가 내가 걷고 있는 길목에 앉아서 돈을 달라고 했다. 그때 마음속에 다음과 같은 생각이 들었다. "너무 더럽구만. 하필 여기 있을 게 뭐야. 짜증나. 돈도 안 주고 눈도 마주치지 않을 거야. 양심의 가책도 느끼고 싶지 않아. 돈 주기 싫어."

조금 후에 편의점에서 물건을 구입했다. 바쁜 나의 마음과는 상관없이 계산대의 줄은 빨리 움직이질 않았다. 계산대 남자는 떠듬떠듬 영어를 하면서 줄 맨 앞의 사람에게 천천히 말했다. 그때 이런 생각이 들었다. "왜 영어를 잘하는 사람을 고용하지 않지? 빨리 계산하고 거스름돈을 줘서 여기서 나가게 해 주면 좋으련만." 이런 생각을 하고 있는데 그 사람에 대한 사랑이 느껴질 리 없다. 나는 그가 거기 없었으면 하고 바랐다.

바로 그날 다른 사람에게는 이와 전혀 다른 생각을 품었다. '중요한 사람인 이 사람에게서 어떤 도움이라도 얻어 낼 수 없을까? 전략적으로 어떻게 연결해 볼 수 있을까?'

그 후 사무실에 도착했다. 하지만 열쇠가 없었고 강당 문은 잠겨 있었다. 그래서 1층으로 내려갔다가 다시 올라와야만 했다. 속으로 불평했다. "이런 낭패가. 여기서 이런 시간을 낭비해야만 하다니." 분명 달리 생각할 수도 있었을 것이다. 다리가 있고 걸어갈 수 있는 것에 대해 감사할 수도 있었을 것이고, 하루 일과에 관해 하나님과 이야기할 수도 있었을 것이다. 그런데 나는 잠긴 문과 한 층의 계단 때문에 화를 냈다.

다른 이야기도 있다. 아침 일찍 성경을 읽으면서 그 구절에 관한 깨달음을 얻었다. 그때 그날 저녁 늦게 있을 직원 모임도 생각났다. "그들에게 오늘 얻은 깨달음에 관해 이야기해야겠다. 하나님과 교제하는 데 몰두히다가 이 깨달음을 얻은 것을 알면 모두들 아주 감명을 받을 거야. 그러면 나를 영적으로 뛰어난 사람으로 생각하겠지." 물론 그 생각은 내 마음속에서조차 그렇게 분명하거나 뻔뻔스럽게 표현되지는 않았다. 어쨌든 어떻게 감동을 줄지에 대한 전략으로 나는 성경 묵상 시간을 사용한 것이다. 역설적인 것은, 그날 깨달은 내용은 겸손에 관한 것이었다.

그 하루에 일어난 경험들은 내 마음속에 자리잡고 있는 전형적인 생각들의 대표이다. 헨리 나우웬의 놀라운 비유를 사용하자면, 나의 생각은 원숭이들이 계속 오르락내리락하는 바나나 나무 같다. 잠시도 고요하거나 잠잠할 순간이 없다. 이 모든 생각들은 마치 수많은 원숭이들처럼 주위의 시선을 자신에게 모으기 위해 아우성치고 있다. "내가 어떻게 성공할 수 있을까? 누군가 나를 해치려 하는 게 아닌가? 이 문제를 어떻게 처리할 것인가?"

이 생각들은 약간 더러운 때가 묻은 것이다. 나는 더러운 먼지 덩어리와 비슷한, 아니 훨씬 더 음침한 생각들을 한다. 사막의 교부들은 그런 생각들을 한 단어로 표현했다. 로기스모이(logismoi)라는 희랍어로, 이 단어는 죄를 짓게 만들고 절망에 빠트리는 거짓 생각과 욕망을 가리킨다. 그런 좋지 않은 생각들은 미묘하고 잔인하다. 고대 작가인 존 클리마쿠스는 로기스모이를 우리라는 타락한 토양 속에서 배양된 구더기 알에 비유했다.[9]

나에게 부족한 점은 바로 '정결한 마음'이다. 나는 한 가지 일만 하려고 하지 않는다. 하나님의 음성을 듣고 싶어 하면서도 그러다가 어느 순간에는 하나님께로부터 들은 것을 가지고 내가 얼마나 영적인 사람인가를 다른 사람에게 알리고, 감동을 주고 싶어 한다.

로기스모이는 성경에 어긋나는 마귀의 생각이다. 그것은 우리가 나쁜 일, 그리고 타락한 말과 행동을 반드시 하게 만든다. 또 성경을 묵상하거나 숙고하는 것을 어렵게 만든다. 디트리히 본회퍼는 다음과 같이 고백했다.

> 우리는 종종 다른 생각들과 모습과 걱정들에 너무 억눌려 있어서 하나님의 말씀으로 이런 것들을 제거하고 능력을 발휘하는 데 상당히 오랜 시간이 걸린다. 이것이 바로 우리가, 하나님께서 성령을 보내셔서 말씀을 통해 말씀을 계시하시고 깨닫게 해 달라는 기도로 묵상을 시작하는 이유이다.[10]

정결케 된 마음

당신이 마음의 진실과 정결에 대한 필요성을 느끼기 시작했다면 그것은 놀라운 일이다. 그것 때문에 마르틴 루터는 고해실에서 그렇게 많은 시간을 보내곤 했다. 그는 며칠동안 계속 몇 시간씩 고해실에 갔다. 동료 수도사들은 무엇을 하냐고 물었다. (결국 그는 수도원에 살았다. 그는 무엇을 고백해야 했을까? 다른 수도사들을 골려 주고 장난친 것 때문인가? 찬송가를 부를 때 음정이 틀려서일까?)

루터는 자신을 정당화하기 위한 자신의 영리함에 놀랐다. 그는 첫째 계명이 마음과 목숨과 몸과 힘을 다하여 하나님을 사랑하는 것임을 알았지만, 이 명령을 단 오 분 동안도 지킬 수 없었다.[11]

우리의 가장 선한 의도를 가로막는 모든 부스러기를 제거한 정결한 마음을 상상해 보라. 어떤 사람을 보았을 때, 제일 먼저 드는 생각이 그를 위해 축복해 주고 기도해 주는 것이라고 상상해 보라. 당신이 도전을 받거나 걱정할 때마다 반사적으로 하나님께 의지하면서 힘을 달라고 기도한다면 어떤 일이 일어나겠는가? 당신의 '원수'를 진심으로 축복해 주는 모습을 상상해 보라.

그런 모습은 바로 '하나님 말씀으로 마음을 깨끗이 씻을 때' 일어날 것이다. 그것이 바로 "그리스도의 말씀이 너희 속에 풍성히 거하게 하는"(골 3:16) 모습이다. 우리가 가장 필요로 하는 모습이다.

성경은 우리가 지금 이곳, 하나님 나라에서 어떻게 살아야 할지를 알려 준다. 또한 우리의 모습을 어떻게 변화시켜야 할지 가르쳐 준다. 이 작업에는 반드시 성경이 필요하다. 나는 영적으로 변화된 삶을 살고 있는 사람 중에서 성경에 깊이 잠기지 않은 사람을 본 적이 없다.

바울은 이런 성경의 역할에 대해 유명한 말을 남겼다. "모든 성경은 하나님의 감동으로 된 것으로 교훈과 책망과 바르게 함과 의로 교육하기에 유익하니 이는 하나님의 사람으로 온전케 하며 모든 선한 일을 행하기에 온전케 하려 함이니라"(딤후 3:16, 17).

바울은 성경을 아는 목적이 하늘나라에 가는 입학시험에서 100점을 받기 위해서라고 말하지 않는다. 선한 일을 행하기에 온전케 하려

함이라고 한다. 다른 말로 하자면 선함이 흐르는 물처럼 끊임없이 흘러나오는 그런 종류의 사람으로 변화되기 위해서이다.

선한 일을 위한 준비

얼마만큼의 선한 일을 하기 위해서 준비가 필요하다는 말인가? 답은 모든 선한 일을 위해 준비해야 한다는 것이다. 우리는 단 하나의 속임수도 저질러서는 안 된다. 마치 선행상을 타기 위해 할아버지들을 찾아다니는 아이들처럼 말이다. 또한 매일 엄청난 양의 잡다한 '선한 행위'를 쌓기 위해 노력해야 한다는 말도 아니다. 오히려 삶의 매 순간을 하늘에 계신 아버지와 나누는, 그래서 내적인 삶의 풍성함을 겉으로 드러내는 것을 뜻한다.

성경이 말하는 그 임무를 완전히 수행한다면 우리 마음은 변화되어 진리, 사랑, 기쁨, 그리고 겸손한 생각과 느낌으로 가득 찰 것이다. 그래서 우리의 삶은 은혜와 도덕적으로 아름다운 행위들로 끊임없이 채워질 것이다. 모든 순간 하나님 나라에서의 삶이 겉으로 드러날 것이다.

그래서 성경 말씀을 묵상하는 연습이 필요하다. 성경 공부가 매우 중요하지만 묵상은 그것과는 매우 다르다. 묵상의 목적은 우리 마음이 '말씀에 의해 깨끗이 씻음을 받는 것'이다. 여기에 성경 묵상 연습을 위한 몇 가지를 제안한다.

1. 성경을 통해 당신을 만나 주시도록 기도하라

성경을 읽기 전에, 하나님께서 당신에게 말씀하시도록 잠시 기도하라. 그리고 성경을 읽으면서 하나님께서 그렇게 하실 것을 기대하라.

수 세기 동안 그리스도인들은 성경을 통해 어떻게 하나님을 만났는지에 대해 많은 이야기를 했다. 어거스틴은 『참회록』에서, 무화과나무 아래 앉아 있다가 "그것을 들고 읽어 보라. 그것을 들고 읽어 보라."라고 반복되는 음성을 들었다고 한다. 그것은 분명히 성경을 집으라는 하나님의 음성 같았다. 그래서 바울의 로마서 중 한 구절을 읽고 다음과 같이 썼다. "나는 더 이상 읽고 싶은 마음이 없었다. 더 이상 읽을 필요가 없었기 때문이었다. … 나의 마음은 마치 한 줄기 확신의 빛으로 가득 찬 것 같았고 모든 의심은 사라져 버린 것 같았다."12

하나님은 여전히 그 같은 방법으로 사람들을 만나 주신다. 내 친구 아일린은 어느 날 그의 딸이 어떤 사람으로부터 하나님에 관해 말해 주는 것을 들었다고 말했을 때 당황했다고 한다. 그때 자신의 섬에 갇혀서 삶에 실망하며 살고 있던 아일린은 하나님과 어떤 관계도 갖고 싶지 않았다. 그날 밤 그녀는 잠들 수 없었다. 한밤중에 그녀는 아래층으로 내려가서 성경을 집어 들었다. 언제 교회를 마지막으로 갔는지 기억조차 나지 않았다. 혼자서 성경을 읽은 적은 더욱이 없었다. 그런 그녀가 성경을 스스로 펼쳤고, 성경이 구약과 신약으로 나누어져 있다는 것을 처음 알았다. 신약이 최신의 책일 거라고 생각한 그녀는 신약 먼저 읽기로 결정했다.

고요한 밤에 그녀는 거실 바닥에 앉아 마태복음을 읽기 시작했다. 새벽 3시경 요한복음을 읽다가 예수의 인격을 깊이 사랑하게 된 자신을 발견했다. "제가 지금 무엇을 하는지 모르겠습니다. 그러나 당신이 바로 제가 원하는 분이심은 압니다."라고 하나님께 고백했다.

우리가 예수님을 우연히 만난다면 그것은 성경을 통해서뿐이다. 성경 말씀은 단지 도움이 될 만한 이야기가 아니라 이미 도움이 되고 있는 이야기이다. 그러므로 성경을 읽기 전에 예수님께서 당신과 함께 계심을 인정하라. 비록 비누인 말씀이 약간 따갑더라도 그분께 당신의 마음과 생각을 씻어 달라고 기도하라.

성경을 읽을 때 갑자기 어떤 생각들이 떠오를 수 있다. 하나님의 사랑에 관해 읽을 때 감동을 받거나, 어떤 죄에 대해 양심의 가책을 느끼거나, 또는 신속히 어떤 조치를 취할 수도 있다. 하나님께서 말씀을 통해 당신에게 진짜로 말씀하고 있다는 가능성을 열어 놓으라.

2. 회개하는 마음으로 성경을 읽으라

모든 것을 기꺼이 맡기는 심령으로 성경을 읽으라. 상한 마음을 가지고 성경을 읽으라. 지혜롭게 성경을 읽으라. 그러나 변화를 받기 위해 읽는 것은 정보를 찾거나 무엇을 증명하기 위해 읽는 것과는 다르다는 점을 염두에 두라. 성경 말씀에 순종하겠다고 결심해라.

잘못된 이유를 가지고 잘못된 방법으로 성경을 읽는 사람들은 오히려 성경을 읽음으로써 상처를 받을 수 있다. 필리프 슈페너는 성경을 읽는 잘못된 방법에 대해 놀라운 충고를 했다.

"독자들은 자신 스스로에게 … 어떻게 해를 끼치는가?"
만약 진정한 기도와 하나님께 순종하려는 목적 없이 성경을 읽는다면, 지식을 얻고 다른 사람에게 자랑하기 위해, 또는 성경 말씀에 대한 호기심을 위해 성경을 읽는다면, … 자신을 세우는 데 유익한 말씀이 아닌 자신의 영광을 위한, 그리고 다른 사람을 반대하기 위한 말씀만 본다면, … 만약 성경 말씀에 있는 그대로 말하는 것을 거부하고 이해하기 쉬운 내용을 무시한다면, 또 이와 반대로 다른 사람들에게 과시하기 위해 논쟁의 여지가 많은 어려운 구절만 읽는다면, 만약 교만과 자신의 영광을 위해 배운 말씀을 이용한다면, 만약 자신만이 현명하다고 생각하고 좋은 가르침을

완강히 거부하고 다투기를 좋아하고 다른 사람으로부터 아무것도 받지 않는다면.[13]

성경 지식은 가득하지만 말씀으로 씻음을 받지 못하면 전혀 모르는 것만 못하다. 예배가 끝난 어느 주일날, 뛰어난 성경 지식으로 굉장히 존경받는 한 사람이 나에게 말을 걸어왔다. 그는 자신을 교회 교리의 순수성을 감시하는 사람쯤으로 여기고 있었다. 성경에 대한 해박한 지식을 사람들이 알아준다는 것은 그에게 굉장히 중요한 문제였다. 그는 신학적 논쟁을 벌이는 것을 좋아했는데, 자기 지식을 과시할 기회가 생기기 때문이었다.

이 사람은 나에게 지루하고 긴 불평을 늘어놓기 시작했다. 그는 그 문제에 관해 주님께 기도하고 있었다면서 주께서 상당 부분에서 그의 의견에 동의하셨다고 했다. 그 문제란 교회의 젊은이들은 마땅히 해야 할 헌신을 하지 않았고, 성인 리더들은 그가 가장 좋아하는 라디오 성경 강사의 의견을 따르지 않았다. 그리고 내 아이들을 비롯한 꼬마 아이들이 성전에서 불경스럽게 뛰어 다니는 것을 보았던 것이다. 그는 또한 내 설교에도 그다지 확신을 하지 못하고 있었다.

"자, 생각해 보세요. 저는 목사님이 하시는 많은 일들이 마음에 들지 않지만, 주 안에서 목사님을 사랑합니다." 그는 마지막으로 이렇게 말했다.

이 사람은 성경에 나오는 사랑에 관해 말한 많은 명언들을 알고 있었다. 그러나 그가 잊어버린 딱 한 가지는 사랑을 실천하는 것이었다.

나는 그 한마디, '주 안에서' 사랑하는 것이 무엇인지 묵상하기 시작했고, 우리가 얼마나 자주 이 구절을 잘못 사용하고 있는지 깨달았다. "나는 누군가를 좋아하지도 않고 그들이 잘되기를 바라지도 않아요. 그러나 나는 그리스도인이에요. 물론 그리스도인들은 모든 사람을 사랑하죠. 그래서 이 말은 '주 안에서 사랑해야만' 한다는 뜻이죠." 그 구절은 부족한 사랑을 고상하게 만드는 수단이 되고 말았다. '주 안에서' 누군가를 사랑한다는 진짜 의미는 주께서 우리의 입장에서 그들을 사랑하는 것처럼 그들을 사랑하는 것이다. '주 안에서' 나를 사랑한다고 한 그는 진짜 나를 사랑한 것이 아니다.

나 역시 그를 사랑하지 않았다는 슬픈 사실을 깨닫는 데는 긴 묵상이 필요하지 않았다. 나도 그를 위해 가장 좋은 축복을 빌지 않았던 것이다. 오히려 그에 관한 나쁜 소식을 듣기 원했다. 게다가 나를 더 낮추게 만든 사실은 그를 사랑하지 않은 주된 이유가 단지 그가 나를 사랑하지 않았기 때문이었다. 만약 그가 똑같은 태도를 가졌지만 나의 팬이었다면 모든 잘못을 기꺼이 눈감아 줄 수도 있었을 것이다. 그런 내 모습을 보면서 내 자신이 얼마나 깨끗이 씻음 받아야 하는지 새롭게 깨달았다.

마음이 정결케 될 때, 즉 하나님의 생각으로 충만해질 때, 그것은 이 세상을 향한 선물이다. 몇 년 전 에티오피아에서 그와 같은 마음을 배웠다. 수도인 아디스아바바에서 두 시간 정도 떨어진 곳에서 만난 99세의 할머니에게서 말이다. 그녀는 중년에 그리스도의 제자가 되었다. 그녀는 장님이었고 문맹이었다. 작은 오두막집에 사는 그녀의 탁자 위에는 항상 두 권의 성경책이 놓여 있었다. 에티오피아 말인 암하라어로 된 성경과 영어 성경이었다. 누군가 찾아오면 늘 그녀는 성경을 읽어 달라고 했다. 세월이 흘러 그녀는 가장 좋아하는 몇 구절들을 암기할 정도가 되었다. 글을 못 읽는 손님에게는 직접 낭독해 주기도 했다.

사람들은 그녀를 만나기 위해 아주 먼 곳에서부터 찾아왔다. 왜 사람들은 나이 많고 앞도 안 보이고 글도 읽을 줄 모르는 과부를 긴 시간을 들여 찾아올까? 그녀가 읊어 주는 "여호와는 나는 목자시니"라는 구절은 단지 말뿐이 아니었다. 깊은 묵상으로부터 나오는 그녀의 낭송은 사람들의 마음을 정결케 했으며, 염려하는 그 어떤 생각도 버틸 재간이 없게 만들었다. 그녀는 정결한 마음을 가지고 한 가지 일만 하려고 했다. 사람들이 그녀에게 모여든 것은 그녀의 말을 들을 때마다 언젠가 그 말씀이 그녀에게처럼 자기들에게도 실제적이 될 거라는 희망으로 충만해졌기 때문이었다.

어떻게 이 에티오피아 여자는 성경 읽기를 통해 다른 신자들과는 다른 영향을 받을 수 있었을까? 그것은 바로 성경을 '얼마나 많이'가 아니라 '어떻게' 읽느냐의 문제이다.

말씀으로 정결케 되지 않고서도 얼마든지 성경을 읽을 수 있다. 성경에서도 그런 상태에 대해 이야기했다. 예수님께서는 자신들이 신성한 글을 잘 알고 있다고 자랑하는 종교 지도자들에게 이렇게 말씀하셨다. "너희가 성경에서 영생을 얻는 줄 생각하고 성경을 상고하거니와 이 성경이 곧 내게 대하여 증거하는 것이로다 그러나 너희가 영생을 얻기 위하여 네게 오기를 원하지 아니하노라"(요 5:39, 40). 종교 지도자들은 성경에 대해 많은 지식을 갖고 있는 것이 자신들이 영적으로 위대한 증거라고 생각했다. 그러나 그들은 겸손에 대한 성경의 가르침을 읽고도 교만한 마음을 결코 정결케 하지 않았다. 또한 사랑에 관한 가르침을 읽고도 남을 판단하는 태도를 깨끗이 씻어 버리지 않았다. 그래서 예수님의 가르침의 진리를 깨달을 수 없었던 것이다.

3. 짧은 성경 구절이나 이야기를 묵상하라

모든 성경을 잘 아는 것은 중요하다. 성경을 공부할 때 폭넓게 많은 양을 다룰 필요도 있다. 그러나 변화받기 위해 성경을 읽을 때는 천천히 읽어야 한다.

귀용 부인은 다음과 같이 썼다.

> 성경을 빨리 읽으면 아무런 유익도 얻지 못할 것이다. 그것은 마치 벌이 꽃의 표면만 대강 훑어보고 지나가는 것과 같다. 그 대신 기도하고 새로운 방법으로 읽을 때는 꽃의 깊숙한 곳을 파고드는 벌이 되어야 한다. 가장 깊은 곳의 과즙을 빨아먹을 수 있을 정도로 깊이 뛰어들어야 한다.[14]

성경을 몇 구절 정도만 깊이 묵상하라. 그리고 천천히 읽으라. 한창 사랑이 깊었을 때 연인과 주고받은 연애편지를 읽듯이 읽어 보라. 어떤 말씀은 당신에게 특별히 다가올 수 있다. 그런 말씀은 마음 깊이 새기라. 하나님께서 이 말씀을 통해 당신에게 무슨 말씀을 하시기 원하는지 물어보라. 이 같은 성경 읽기는 "하나님, 이 순간에 저에게 무엇을 말씀하시기를 원하십니까?"라는 질문을 포함하고 있다.

성경에 나오는 이야기를 읽으면서 상상력을 동원하여 본문의 내용과 배경을 요약하고 싶을지도 모른다. 돌아온 탕자를 껴안았을 때 나이 드신 아버지의 팔은 어떤 느낌이었을까? 예수님께서 오천 명을 먹이시던 오병이어는 어떤 맛일까?

나는 성경 읽기의 가치를 읽은 쪽수로 매기는 습관이 있다. 하지만 성경 읽기의 성공은 그것이 아니다. 얼마 전 매일 시편 한 장씩 읽으며 그것으로 기도하겠다는 목표를 세웠다. 이것은 오래된 전통의 방식이다. 시편은 전통적으로 하나님의 사람들의 위대한 기도서로 하나님을 향한 마음의 모든 표현이 다 언급되어 있다. 경외하는 마음으로 드리는 찬양, 쓰라린 불평, 영혼을 뒤흔드는 혼란, 풍부한 감사 등이 나타나 있다.

그런데 이상한 일이 일어났다. 그 목표가 시편을 다 끝마치는 것이 되어 버린 것이다. 매일 한 장씩 끝날 때마다 성경 읽기표에 X표를 하면서 목표에 한 걸음씩 가까이 가는 것을 즐기고 있었다. 물론 계획도 느슨하게 잡아서 매일 목표를 채우지 못하는 일이 없도록 했다.

그것은 마치 하나님께서 만드신 커다란 행동 변경 도표를 내 마음속에 잘 붙여 놓고 시편을 한 장씩 끝낼 때마다 '잘했어요 스티커'를 하나씩 받은 것 같았다. 당연히 이것은 하나님께서 처음 시편을 주실 때의 원래 목표에서 완전히 벗어난 것이 되었다. 하나님은 우리에게 말씀하시고 우리를 다시 새롭게 하시기를 원하신다. 그리고 그가 이렇게 하기 위해 시편 한 장, 또 한 마디 말씀을 사용하신다면, 우리가 할 일은 그것을 배우기 위해 그 말씀을 굳게 붙잡는 것이다.

목표는 우리가 성경을 끝까지 읽는 것이 아니다. 성경 말씀이 우리의 심령을 찔러 쪼개게 하는 것이다.

어떤 교회들은 지식만이 변화될 수 있는 유일한 방법이라고 가르친다. 성경 지식이 많아질수록 영적 성숙 단계가 높아진다는 가정을 전제로 하고 있다.

교회에 막 다니기 시작한 친구가 영적인 변화에 있어서 지식의 역할에 관해 놀라운 질문을 던졌다. "지금 제 생각으로는 사람들이 설교와 가르침을 귀 기울여 듣느라고 그렇게 많은 시간을 헌신하는 이유는 성경을 더 잘 이해하기 위함이라고 생각하는데요. 맞습니까?"

"맞아요."

"그러면 성경을 더 잘 이해하려는 이유는 뭐죠?"

그 질문의 의미를 이해하기 위해 오래 생각할 필요는 없다. 예를 들어 보자. 교회에 다니지 않는 보통 사람보다 성경 지식이 열 배나 많은 사람이 있다. 그렇다고 그가 교회 다니지 않는 보통 사람보다 사랑이 열 배 더 많고, 열 배 더 오래 참고, 열 배 더 기쁜 생활을 하는가?

물론 성경 지식은 반드시 필요하다. 그러나 지식 그 자체가 영적인 변화를 가져오는 것은 아니다. 바울이 로마의 그리스도인들에게 "마음을 새롭게 함으로 변화를 받으라"(롬 12:2)고 권고했을 때, 그것은 단지 지식의 습득 이상을 의미했다. 여기서의 마음은 삶의 방식을 결정하는 지각, 이해, 가치판단, 그리고 감정을 모두 포함한 것을 가리킨다. 칼뱅은 이 구절에 대해 이런 주석을 붙였다. "그것은 우리가 하나님의 영광을 위해 생각하고, 말하고, 묵상하고, 그리고 모든 일을 하는 것을 의미한다."[15]

이런 갱신은 바울의 말을 빌리자면 "우리 몸을 산 제사로 드릴 때만" 일어나는 것이다(롬 12:1). 즉 하나님께서 변화의 요인인 훈련, 관계, 그리고 경험에 맞추어 우리 삶을 정돈하실 때에야 일어난다.

지식이 중요하고 높이 평가받아야 하지만, 몇 가지 위험도 가지고 있다. 지식은 종종 겸손하지 못하게 한다. 성경은 '지식은 자랑하지만 사랑은 남을 세워 준다.'라며 이런 사람들에게 경고한다(고전 8:1 참조). 우리는 성경과 인간의 경험을 통해 지식, 심지어 성경에 관한 지식조차 저절로 사람들을 변화시킬 수 없음을 알고 있다.

4. 하루 종일 하나의 생각, 하나의 구절만 묵상하라

시편 기자는 "주야"로 율법을 묵상하는 사람에게 열매 맺는 삶이 임한다고 말한다(시 1:2). 그 표현은 하루 중의 모든 시간을 포함하는 것처럼 보인다.

우리는 빨리 묵상할 수 없다. 묵상은 우리 시대보다 덜 열광적인 시대에 생긴 개념이다. 시편 기자가 살던 시대에는 속독하는 방법을 가르쳐 주는 이블린 우드 과정도 없었다.

묵상은 뿌리가 큰 나무에 열매를 맺기 위해 영양분을 흡수하고, 흐르는 강에서 수분을 흡수하는 과정처럼 느린 과정이다. 묵상은 구약 성경에서 50회 이상 언급될 정도로 중요하다. 그것은 하나님의 말씀을 생각하는 것뿐만 아니라 소리 내어 읽는 것이다. 큰 소리로 읽으면 한곳으로 집중하게 되고 눈과 귀로 동시에 배우는 이점이 있다. 묵상은 성경에서 먹이를 덮치려고 으르렁거리는 사자 새끼나 비둘기의 낮은 울음소리, 또 되새김질하는 소에 비유된다.

묵상은 힌두교 수도승들이 힘든 자세로 주문을 외우는 것처럼 난해하거나 두렵거나 침묵하는 상태가 아니다. 그것은 오랫동안 주의를 집중하는 상태를 의미한다. 여기에는 "마음속으로 반복하는 것이 오래 간직된다."라는 단순한 원칙만 있을 뿐이다.

하루를 살아갈 성경 한 구절, 즉 하나님의 한 가지 '생각'을 고르라. 밤에 자기 전에 또는 아침에 눈 뜨자마자 성경 구절을 선택하는 것이다.

5. 이런 생각이 기억의 일부가 되게 하라

성경 암송은 우리 마음을 변화시키는 가장 강력한 수단 중의 하나이다. 시편 기자는 이렇게 기록했다. "내가 주께 범죄치 아니하려 하여 주의 말씀을 내 마음에 두었나이다"(시 119:11).

가장 도움이 필요한 문제에 관련된 성경 말씀을 암송하라. 예를 들어 두려움을 물리치고자 한다면 시편 27편 1절 "여호와는 나의 빛이요 나의 구원이시니 내가 누구를 두려워하리요."를 암송하라. 교만이 문제라면 빌립보서 2장 3절 "아무 일에든지 다툼이나 허영으로 하지 말고 오직 겸손한 마음으로 각각 자기보다 남을 낫게 여기고"를 암송해 보라.

암기력이 나쁘다고 걱정할 필요 없다. 중요한 것은 얼마나 많은 말씀을 기억하는가가 아니라 우리 마음이 성경 속에 깊이 잠길 때, 어떤 일이 일어나는가 하는 것이다. 다른 영적 훈련과 마찬가지로 암송은 목적을 이루기 위한 한 가지 수단일 뿐이다.

어린 시절 교회에 대한 기억 중의 하나는 누가 성경 구절을 가장 많이 암송하는가 하는 시합이다. 커다란 표를 벽에 붙여 놓고, 그 표에 가장 많은 스티커가 붙은 사람이 상을 탔는데, 그 상은 우리 이름이 인쇄된 황금빛 흰색 성경책이었다.

마침내 우승 후보가 나와 다른 아이로 좁혀졌다. 그 애는 얼굴에 주근깨가 많고, 큰 안경을 낀 까만 머리 소녀 루이즈였다. 몇 주 동안 막상막하였던 우리 중에 그녀가 마지막 달에 앞서가기 시작했다. 마지막 주에 그녀의 우승은 거의 확실해졌다.

'루이즈에게 무슨 짓을 해야겠는데, 뭘 할 수 있을까?' 나는 고민했다.

그리고 그녀를 죽여 버렸다.

적어도 내 마음속으로 그렇게 했다는 것이다. 그녀가 싫었다. 내 이름이 우승자로 불리고 그 성경책을 타기 위해서는 무슨 일이라도 했을 것이다. 교회는 내가 얼마나 총명하고 우수하고 영리한 아이인가를 증명할 수 있는 곳이었다. 나는 큰 흰 성경책을 타려고 발버둥치듯이 행동했다. 결국 그녀가 흰 성경책을 받았다.

성경 암송 즉 "주의 말씀을 내 마음에 두는 것"은 큰 도움이 된다. 하지만 하나님의 목적인 "주께 범죄치 아니하려 하여"에 부합할 때만 그렇다는 것을 기억하라.

한 권의 책을 소유한 사람이 되라

당신이 어느 무인도에 고립되어 한 권의 책만 가질 수 있다면, 어떤 책을 선택하겠는가?

어떤 사람이 언젠가 체스터턴에게 이 질문을 했다. 그가 20세기 초반의 가장 박식하고 창조적인 그리스도인임을 안다면, 당연히 그 대답이 성경일 거라 추측할 것이다. 그러나 체스터턴은 『토머스의 선박 건조법 실용안내서』를 선택했다.[16] 물론 옳은 선택이다. 섬에 갇히면 집에 가는 데 도움이 될 책이 필요하다. 재미있거나 정보를 주는 책 대신 구출하는 방법을 가르쳐 주는 책이 필요하다.

사실 우리는 죽음에 이르게 하는 생사와 행농의 틀 속에 갇혀 있다. 체스터턴은 타락의 교리를 경험적으로 증명할 수 있는 것이 기독교 신앙이라고 말하기도 했다. 유진 피터슨이 말한 대로 우리는 모두 "나 자신이라는 땅"에 갇혀 있어서, 우리 자신이나 하나님도 알 수 없으며 언젠가 도와줄 것이라는 메시지만 기다릴 뿐이다.[17]

역사적으로 볼 때 그리스도의 제자들은 말씀에 헌신하는 사람들이 되려고 노력했다. 요한 웨슬리는 이렇게 말했다. "내 인생의 중요한 순간은 '한 권의 책을 가진 사람'이 되도록 기도했을 때 찾아왔다."[18]

인생의 비밀은 한 가지 일을 추구하는 것임을 잊지 말자. 키르케고르가 말했듯이 "정결한 마음을 가진 사람은 한 가지 일만 하려고 한다." 광고 게시판과 신문들, 그리고 토크쇼에서 하루 종일 쏟아져 나오는 말들이 우리를 사방으로 휩쓸려 다니게 한다. 그러나 하나님께서 성경 말씀을 통해 우리에게 주시는 말씀은 우리 마음을 다시 새롭게 할 수 있다. 하나님께서 어거스틴에게 말씀하셨듯이 우리에게도 "성경을 들고 읽어 보라. 성경을 들고 읽어 보라."고 말씀하신다.

분열되지 않은 완전한 삶

토론을 위한 질문

1. 본장의 서두에 있는 FDA의 식품 위생 규정을 한 그룹원이 읽으라. 당신이 슈퍼마켓에서 사는 식품의 표준들이 바로 그것이라는 사실에 어떤 기분이 드는가?

만일 FDA처럼 국가의 도덕적, 영적 청결 기준을 수립하는 기관이 있다면, 그 기준들은 어떤 것들이겠는가?

2. 저자는 인생이 '한 가지'에 집중되어야 한다는 메시지를 전한다. 당신 주위를 둘러볼 때, 사람들이 추구하는 것으로 보이는 '한 가지'는 무엇인가?

올바른 '한 가지'를 선택하는 것이 왜 그렇게 중요한가?

> 로마서 7:14~20 읽기

3. 이 본문에 나타난 사도 바울의 마음 상태를 설명하라.

이 본문에서 바울이 느낀 것처럼 느꼈던 때에 대해 말해 보라.

4. 다양성을 정의하면서 저자는 세 가지 예를 든다. "하나님과의 친밀한 교제를 원하면서도 동시에 그것으로부터 도망치고 싶어 한다. 자비로운 사람이 되길 바라지만 몰래 쌓아두거나 탐욕을 부리기도 한다. 때로는 종이 되려고 노력하지만 때로는 거만을 피우거나 이기적인 행동을 하기도 한다." 그리스도를 따르는 자들이 부딪힐 수 있는 또 다른 다양성의 영역들은 무엇인가?

5. 당신이 하나님의 말씀을 공부하면서 영적 씻음을 경험한 때에 대해 이야기해 보라. 하나님께서 그분의 말씀을 통해서 어떻게 당신의 삶을 깨끗이 씻으시고 새롭게 하셨는가?

> 디모데후서 3:16~17 읽기

6. 우리가 하나님의 말씀을 공부할 때, 하나님께서 우리의 삶에서 행하실 수 있는 구체적인 일들은 무엇인가? 지난달에 당신이 경험한 그런 일 중 하나를 이야기해 보라.

7. 성경을 읽을 때 회개하는 심령과 부드러운 마음은 왜 중요한가?

어떤 사람이 단지 지식을 쌓기 위해서 성경을 읽는다면, 그 위험성은 무엇인가?

8. 당신의 마음 깊이 기억하는 하나의 성경 구절은 무엇이며, 그것은 당신의 삶을 어떻게 변화시켰는가?

함께 기도하기

성경을 펼 때마다 하나님께서 성령의 임재를 통해 각 그룹원을 만나 주시도록 기도하라. 성경을 따르는 분열되지 않은 삶을 위해 기도하라.

삶에 적용하기

다음 주에 다음 성경 구절들 중의 하나를 외우라.

- 히브리서 4:12~13
- 디모데후서 3:16~17
- 시편 119:105

삶을 위한 묵상

278~279쪽에 있는 저자가 '증오로 가득 찬 기분'을 느낀 하루의 이야기를 읽으라. 당신이 이와 비슷한 어떤 기분이 가진 적이 있는가? 그것을 어떻게 해결해야 하는가? 그리고 하나님의 말씀은 이런 숨겨진 태도와 생각들에 대해 무엇이라고 말씀하시는가? 그런 기분들에 대항하기 위해 어떤 성경 구절들을 묵상해야 하는가?

좀 더 생각해 볼 문제들

1. 당신이 힘을 다하고 생명을 다하여 추구하고 싶은 '한 가지'는 무엇인가? 한두 문장으로 말하라.

당신은 그 한 가지를 추구하기 위해서 무엇을 하고 있는가?

2. 당신이 하나님의 말씀을 공부하고 있을 때, 하나님을 만났고 하나님께서 당신의 문제를 지적해 주신 경험을 말하라. 그 경험이 당신의 삶에 어떤 영향을 미쳤는가?

12
잘 정돈된 삶

자신의 '삶의 법칙'을 계발하는 것

무릇 지킬 만한 것보다 더욱 네 마음을 지키라
생명의 근원이 이에서 나느니라.

잠언 4장 23절

아서 왕의 전설에 보면, 성배를 찾는 데 모든 인생을 바친 사람들이 있다. 그들은 육체를 희생했고, 마음을 정결케 했으며, 가진 것을 기꺼이 포기했다. 무엇 때문에? 그리스도와 영적으로 연합했다는 증거가 될 물질적인 실체를 단 한 번만이라도 보기 위해서였다. 하나의 유물을 잠깐 보는 것에 그치는 것이 아니라 하나님과 연합하고자 하는 마음이었다.

이것은 일상적인 일은 아니었다. 영혼의 준비를 요구했고, 그들은 삶을 그 준비를 하는 데 보냈다. 성배를 찾는 일은 겸손하고 진실하며, 마음이 깨끗한 사람만이 수행할 수 있었다. 어떤 번역본에도 언급되었듯이 "생각과 말과 행동이 깨끗한 삶을 사는 조건만"이 필요했다.

그러나 수많은 어려움이 따름에도 불구하고 어떤 기사도 그만한 대가를 치를 가치가 있는지 생각해 보지 않았다. 그 일은 위대한 적을 정복하거나 큰 부를 획득하거나 위대한 왕국을 건설하는 일보다도 훨씬 가치 있는 일이었다. 예수님의 비유를 빌리자면 어떤 이성적인 사람도 기꺼이 모든 것을 포기할 만한 "극히 값진 진주"(마 13:46)와 같은 일이었다.

우리 시대에 우리가 마치 성배처럼 추구하는 것은 '균형 잡힌 생활방식'이다. 어떤 삶을 추구하느냐고 묻는다면, 현대인들은 대부분 삶의 균형을 원한다고 대답할 것이다. 시간 관리를 위한 상담가들과 기술서들이 쏟아지고 있다.

하지만 균형은 성배가 아니다. 균형 잡힌 생활방식은 우리의 인생을 모두 바칠 만한 목표가 아니다. 그 목표가 갖는 문제는 너무 어렵다는 것이 아니라 너무 가볍다는 것이다. 균형은 이상적인 삶을 위한 가장 유용한 패러다임이 아니다.

균형을 넘어서

균형을 추구하는 것은 우리 믿음을 여러 개로 구분하는 데 도움이 된다. 종종 균형 잡힌 삶은 원그래프 상에서 일곱 개나 여덟 개의 칸으로 구분된 그림으로 나타낼 수 있다. 한 칸은 '재정', 다른 칸은 '직업', 또 다른 칸은 '영성' 등 말이다. 이 패러다임은 우리에게 재정 문제나 비영적인 활동에 속하는 일에 대해 생각해 보게 한다. 그러면서 하나님께서 우리의 모든 활동에 강한 흥미를 보이신다는 사실을 간과하게 한다.

균형 잡힌 삶

균형이란 목표의 또 다른 문제는 위기나 가난, 또는 억압 등 절망적인 상황에 빠진 사람들에게 가능성을 열어 주지 못한다는 점이다. 죽을병에 걸린 사람이나, 거지, 또는 신체적인 위협을 받고 있는 아이를 둔 홀어머니에게 '더 많은 균형'이 필요하다고 말하는 것이 무슨 의미가 있는가?

균형은 우리가 삶을 보다 다루기 쉽고, 보다 편리하고, 보다 즐겁게 만들려고 노력한다는 개념을 수반한다. 결국 궁극적으로는 혼자 힘으로 균형이 무엇인가를 결정해야 한다. 언젠가 휴가 중에 봅 에반스라는 식당에서 세계에서 가장 맛있는 복숭아 파이를 먹었다. 그 나머지 휴가 기간 동안은 하루에 서너 번씩 이 식당을 찾느라고 많은 시간을 보냈다. 그 주 나의 균형 잡힌 삶은 다음 도표와 같았다.

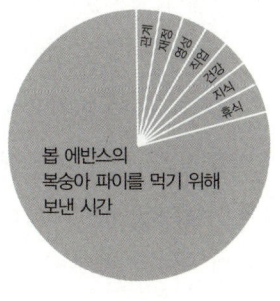

균형 잡힌 삶

보다 깊은 단계의 균형 패러다임은 삶을 헌신해야만 하는 강제적인 절박함 자체를 추구하지는 않는다. 그런 절박한 느낌에는 내 인생을 나 자신이 아닌 더 큰 무엇에 바친다는 생각이 결여되어 있다.

조지 버나드 쇼는 다음과 같이 말했다.

이것은 인생의 참 기쁨으로서, 당신 자신이 강하다고 생각하는 목표를 달성하기 위해 사용된다. 당신이 끝내 쓰레기 더미 위로 버려지기 전에 완전히 사용되는 것이다. 또한 그것은 세상이 당신을 행복하게 해 주지 않을 거라고 불평하는 불만과 열광적인 이기심의 병이 아니라 자연의 힘이다.[1]

균형을 추구하는 태도에는 인생을 우리 자신보다 더 큰 무엇에 바친다는 개념이 결여되어 있다. 그것은 희생과 자기 부인에의 소명이 부족하다. 즉 예수님을 따를 때 겪게 될 난폭하고, 위험하고, 대가를 지불해야 하는 모험이 없는 삶을 말한다. 굶주린 소말리아의 아이들에게 균형 잡힌 삶을 살기 위해 도와줄 것이 있는지 물어보라. 그들은 당신이 줄 수 있는 것 이상의 것을 바라고 있음을 알 수 있을 것이다. 그리고 더 깊이 들여다보면 당신 역시 자신으로부터 더 많은 것을 바라고 있다고 나는 확신한다.

하나님도 그렇다. 예수님께서는 "아무든지 나를 따라오려거든 자기를 부인하고 자기 십자가를 지고 균형 잡힌 삶을 살아야 한다."고 결코 말씀하지 않으셨다. 그는 자신을 따라오라고 말씀하셨다. 그가 우리 입장이 되어 하신 일을, 바로 우리가 하길 원하신다.

때로 나는 사도 바울과 이 시대의 유명한 시간 관리 상담자가 대화하는 것을 상상해 보곤 한다. 아마 이렇게 시작할 것이다.

시간 관리 상담자: 바울, 당신의 원그래프를 보면 당신의 영적 생활은 잘 진행되고 있군요. 나의 의견에 동의할 거라 생각합니다. 하지만 직업의 면에서 보자면, 장막 만드는 일은 크게 실패했습니다. 이 일 때문에 당신의 재정 상태가 좀 더 악화되었습니다. 지난번에 제가 지켜달라고 했던 시간표 좀 보여 주시지요.

바울: 유대인에게 서른아홉 번씩 맞는 태형을 다섯 번이나 당하였습니다. 몽둥이로 맞은 것이 세 번, 돌로 맞은 것이 한 번, 파선을 당한 것이 세 번입니다. 그리고 밤낮 하루를 바다 위에서 표류한 일도 한 번 있습니다. 여러 번 길고 어려운 여행을 하면서 강이 범람하고,

강도를 만나고, 내 동족인 유대인뿐 아니라 이방인의 박해 등으로 죽음의 고비를 수없이 넘겼습니다. 여러 동네에서 폭도들에게 곤욕을 겪고 광야와 사나운 바다 위에서 겨우 목숨을 건진 일도 있습니다. 거짓 그리스도인들에게 어려움을 당한 일도 있습니다. 피곤에 지치고 고통에 시달려 잠 못 이루는 밤을 수없이 지냈습니다. 주리고 목말랐으며 먹을 것 없이 지낸 날도 수없이 많았습니다. 몸에 걸칠 옷이 없어서 추위에 떨었던 일도 있습니다(고후 11:24~27, 현대어성경).

시간 관리 상담자의 다음 말을 만드는 것은 쉽지 않았다. 바울이 궁극적으로 인생에서 추구하는 목표는 균형 잡힌 삶 이상의 것이었다.

균형 잡히지 않은 삶이 해답은 아니다!

이 모든 문제에 대한 요점은 우리가 균형 잡히지 않은 삶을 살아야 한다는 것이 아니다. 균형 잡히지 않은 삶 역시 해답이 아니다. 아들 존은 세 살 때 디즈니 영화 〈러브 버그〉에 깊이 빠져 들었었다. 그가 동질감을 느낀 인물은 딘 존스가 연기한 영웅도 아니었고, 버디 하케트가 배역을 맡은 재밌는 친구도 아니었다. 바로 경주용 차인 허비였다.

그의 애착은 점점 강박관념이 될 정도였다. 존은 허비와 그 번호, 53이 적힌 셔츠를 입고 다녔고, 차를 탈 때면 꼭 조수석에 앉아 마치 우리 차가 허비인 듯이, 다른 모든 차와 경주를 벌였다. 다른 모든 차는 허비의 강력 라이벌이었다. 다른 차에게 추월당하는 것은 상상도 할 수도 없었다. 우리는 속도를 위해 살았고, 달렸다. 모든 순간이 자동차 경주였다.

어느 날은 학교에 존을 데리러 갔더니 얼굴에 상처가 나 있었다. 누군가가 할퀸 것이다. 그를 위로할 겸 상처보고서를 작성했다. 그런데 존은 자신의 이름 쓰는 난에 '허비 오트버그'라고 쓰는 것이 아닌가? 그는 정말 허비였다.

그러나 허비같이 살기는 힘들다. 자동차 경주를 하듯 잠깐 동안은 고속으로 달릴 수 있지만, 결국에는 지쳐 버리고 만다.

어느 큰 선교회의 창설자는 종종 세계를 다니며 사역을 했다. 그러는 동안 그는 아내와 자녀들, 그리고 자신의 영혼을 돌아보는 일을 소홀히 했다. 그는 허비 같은 인생을 산 것이다. 그런 그가 매일 드리는 기도는 "하나님, 괜찮습니다. 저는 당신의 양들을 돌볼 테니, 당신은 저의 양을 책임져 주세요."였다. 그것은 "저는 제 인생을 헌신해야 할 가장 소중한 사람들을 소홀히 대하고 있습니다. 그러나 사역이란 이름으로 그렇게 할 수밖에 없는 것 아시지 않습니까? 그러니 하나님께서 그들을 돌보셔야 합니다."의 뜻이다. 그의 아내와 자녀들은 큰 대가를 지불했다.

매우 활동적인 전도자들 사이에 통용되는 말이 있다. "나는 쓸모없이 사그라지기보다는 활활 타오르는 불꽃처럼 살고 싶다." 이 생각의 문제는 어느 쪽이든지 자신을 소멸시킨다는 것이다. 일단 소멸되면 그 결과가 어떻게 나왔는지는 중요하지 않다.

잘 정돈된 마음을 추구하는 것

그러나 헌신할 만한 가치가 있는 일이 있다. 가장 절망적인 상황에서도 이룰 수 있는 목표가 있다. 그 목표는 우리 자신이 미칠 수 있는 조

그만 영향력보다 훨씬 큰 유익을 끼칠 것이다. 그것은 바로 우리 영혼이 갈망하는 것이다. 우리가 늘 바라던 삶이다.

그것은 소위 '잘 정돈된 마음을 추구하는 것'이라고 불린다. 균형 패러다임의 기본이 되는 가정은 이것이다. 즉 우리 문제는 외적인 것, 즉 계획, 직업 또는 인생의 절정기에 발생하는 무질서에서부터 온다. 그러나 정말 중요한 무질서는 내적인 것이다.

잘 정돈된 마음을 지닌다는 것은 무슨 의미인가? 그것은 다음과 같이 사랑한다는 것을 의미한다고 어거스틴은 말했다.[2]

- 옳은 일을
- 적당한 정도로
- 올바른 방법으로
- 올바른 사랑으로

인간의 타락은 결과적으로 애정이나 기질을 무질서하게 만들었다. 예를 들어 아름다움은 하나님께서 직접 만드신 작품이기 때문에 좋은 것이다. 그러나 우리가 그것을 심하게 좋아하는 바람에 슈퍼모델을 숭배하게 되었고, 평범한 사람들을 오히려 무시하게 되었다. 이것은 아름다움을 올바로 사랑하지 않는 것이다. 어거스틴은 다음과 같이 말했다. "구두쇠가 정의보다 금을 더 사랑한다면 이때 금의 잘못은 전혀 없다. 왜냐하면 금은 좋은 것이지만, 선한 사랑뿐만 아니라 악한 사랑을 받을 수도 있기 때문이다." 돈 자체는 좋은 것이다. 그러나 돈을 너무 사랑한 나머지 그것을 얻기 위해서 남을 억압하거나, 속이거나, 몰래 쌓아 두는 사람들에게도 면죄부를 줄 수는 없다.

어거스틴은 계속해서 말했다. "미덕에 대한 간단하고도 참된 정의는 '잘 정돈된 사랑'인 것 같다."

잠언의 저자는 그와 같은 생각을 이렇게 표현했다. "무릇 지킬 만한 것보다 더욱 네 마음을 지키라 생명의 근원이 이에서 남이니라" (잠 4:23).

마음이 잘 정돈된다면, 죄에서 해방될 뿐만 아니라 죄의 욕구에서도 자유롭게 된다. 마음이 정말 잘 정돈되어 있으면, 사람들을 매우 사랑하게 되고, 속이거나 교묘히 조종하거나 시기하고 싶은 마음이 없어진다. 우리는 속사람부터 변화되어야 한다.

온 세상에 마음이 잘 정돈된 사람만 있다면 어떻게 될지 상상해 보라. 가판대의 신문마다 보통 사람들이 아낌없는 자선과 자발적인 희생의 선행 이야기로 가득 찰 것이다. 텔레비전 토크쇼는 남을 무시하는 이야기들이 아니라, 서로를 세워 주고 즐겁게 해 주는 이야기들이 다뤄질 것이다.

밤이면 아무런 고통 없이 깊은 잠을 잘 수 있으며, 한숨 쉬고 후회하느라고 새벽에 일어날 일도 없을 것이다.

변화되기 위한 치밀한 계획

어떻게 일상적이고 타락한 마음을 변화시켜 옳은 일을 올바르게 사랑할 수 있을까? 행동을 위한 계획이 필요하다. 그렇지 않으면 그 일은 가능하지 않다. 윌리엄 폴셀은 다음과 같이 충고한다.

> 우연하고 무계획적인 방법으로는 하나님과 깊은 관계를 누릴 수 없다. 우리 자신의 의지적인 헌신과 재조직이 필요하다. 그러나 매일의 일상적인 삶 속에서 하나님의 임재를 깊이, 그리고 명확히 깨닫는 것보다 더 우리의 삶을 풍성하게 채워 주는 것은 아무것도 없다.[3]

〈포춘〉지가 선정한 500대 회사의 CEO들은 자신의 조직을 성장시키기 위해 전략적인 계획을 세울 것이다. 우승하고자 하는 프로팀 코치는 시즌을 결코 '우연하고 무계획적인 방법'을 가지고 시작하지는 않을 것이다. 재정 분야 등의 중요한 문제에서는 지혜롭고 융통성 있는 계획을 세우는 것이 중요하고, 필수임을 안다. 마찬가지로 영적인 인생을 추구할 때도 그 같은 계획을 세워야 한다.

영적인 변화는 요소들을 단순히 배합하거나 통제함으로써 얻을 수 없다. 하지만 섣불리 시도해 볼 수 있는 모험도 아니다. 어린 포도나무가 성장하기 위해서는 울타리가 필요한 것처럼 어떤 토대나 구조가 필요하다. 성령의 바람을 받을 돛이 필요하다. 계획 없이 닥치는 대로 쏟아 붓는 노력이 영적 인생에 실패를 가져온다면 우리는 모두 좌절한다. 변화에는 계획이 필요하다.

예수님의 제자들에 있어서 '계획'이란 단지 주님을 따라다니며 삶의 방법을 배우는 것뿐이었다.

"내가 제자의 삶을 살고 있다는 것을 어떻게 알 수 있는가? 제자의 삶을 산다는 것은 정확히 무슨 말인가?" 나는 현대의 많은 그리스도의 제자들이 바로 여기서 좌절한다고 생각한다.

이 과정에는 이름도 붙었다. 역사적으로 볼 때, 그리스도인들이 그리스도의 형상을 닮아가기 위해 일상생활을 질서 있게 정돈하려고 노력했을 때, 이른바 '삶의 법칙'을 알아내곤 했다. 대부분 수도원의 계명에는 법칙이 있었다. 이것은 단지 계명만의 뜻이 아니라, 라틴어로 regula, 즉 규칙적으로 하는 일이다.

법칙은 하나님과 더 친밀하게 교제할 수 있는 삶을 살기 위한 리듬과 관계가 있다. 특히 변화를 위한 전략을 찾기 위해서는 다음의 질문을 해 보아야 한다.

- 언제 어떻게 기도할 것인가?
- 하나님께 더 가까이 가기 위해서 돈 문제를 어떻게 다룰 것인가?
- 그리스도의 형상이 내 안에 이루어지기 위해 어떻게 할 것인가?
- 연합 예배, 교제, 신앙고백과 같은 그리스도인 공동체와 나는 무슨 관계가 있는가?
- 일상의 일 가운데서 어떻게 하나님의 임재를 맛볼 수 있는가?

예수의 이름으로 사는 삶

잘 정돈된 마음을 갖기 위해 첫째로, 하루 일과를 어떻게 계획해야 할지 생각해 보라. 바울은 골로새교회에게 변화된 삶에 대해 가르쳐 주면서 다음과 같이 말한다. "또 무엇을 하든지 말에나 일에나 다 주 예수의 이름으로 하고 그를 힘입어 하나님 아버지께 감사하라"(골 3:17).

어떤 일을 '예수의 이름으로' 한다는 것은 무슨 뜻인가? 일반적으로 성경에서 어떤 사람의 이름은 그 사람의 인격과 관계된다. 그래서 예수의 이름으로 어떤 일을 한다는 것은 예수님의 인격 안에서 한다는 것을 의미한다. 예수님께서 우리의 입장에 처했을 때 하실 행동을 그대로 한다는 것을 의미한다. 이것은 제자의 도를 이해하면 바로 알 수 있다.

정말 놀라운 점은 바울이 말한 "무엇을 하든지…"란 표현이 갖는 포괄적 성격이다. 혼란을 미리 방지하기 위해 바울은 부연설명을 하고 있다. "또 무엇을 하든지 말에나 일에나…" 즉 모든 일을 포함하는 것이다. 그러나 빠져 나갈 구멍을 줄 유혹이 올 때를 대비해 바울은 다시 한 번 말한다. "또 무엇을 하든지 말에나 일에나 다…"

우리는 이런 말씀을 빨리 읽고 지나쳐 버리곤 한다. 그러나 바울은 반복을 통해 이 문제를 좀 더 깊이 생각하게 만든다.

둘째로 목표를 달성하기 위해서 구체적인 활동을 계획할 필요가 있다. 그 경우 먼저 예수의 이름으로 한다는 것이 무슨 뜻인지 분명히 알아야만 하고, 그에 따라 우리의 삶을 어떻게 계획해야 하는지 알아야 한다.

"예수의 이름으로 깨어난다."는 것이 무슨 말인가? 사람을 두 종류의 사람으로 나눌 수 있다. 아침에 일어나는 것을 좋아하는 사람과 아침에 일어나는 것을 좋아하는 사람들을 싫어하는 사람으로 말이다. (누군가가 내 아내에게 "아침에 깨울 때 기분이 언짢습니까?"라고 물어본 적이 있다. 아내는 "아니요. 저는 자도록 내버려 둡니다."라고 대답했다.)

이런 상상을 해 보자. 자명종이 울릴 때, 예수님께서 홀로 깨신다면 어떤 생각을 하시며 일어나실까? 우리는 어떤가? 오늘 있을 일들을 걱정하며 어제 일을 후회하면서 일어나지는 않는가? 아니면 누군가에게, 어느 모임에서 기득권을 발휘해야겠다는 생각을 하지는 않는가?

나는 침대에서 일어나 하나님께 인사하기 전, 몇 분 동안 생각하는 버릇이 생겼다. 그때 나는 그 하루가 하나님의 날임을 고백한다. 그리고 하나님께서 그날 끝까지 나와 동행하시도록 초청한다. 이것이 바로 '예수의 이름으로' 잠에서 깨는 방법이라고 믿는다.

가장 친한 사람들에게 어떻게 인사를 하는가는 중요하다. 그들과 함께 보내는 15초 동안이 그날 전체의 기분을 결정한다. 만약 예수님이라면, 그분은 우리의 배우자와 아이들, 그리고 룸메이트에게 어떻게 인사하실까? 어떤 말을 사용하시고, 어떤 톤의 목소리로, 어떤 얼굴 표정으로 인사하실까?

어느 날 아들이 해도 뜨지 않았는데 우리 침대로 뛰어왔다. 밤새도록 첫눈이 내렸다는 것이다. "너무너무 기분 좋아요." 그가 떠들어댔다. "밖에 나가서 눈 속에서 뒹굴고 놀아야 할지, 일기예보를 들어야 할지 모르겠어요." 내가 거기에 어떻게 대답했는지는 말하지 않겠다. 하지만 그 대답은 예수님께서 하셨을 말씀이 아니었다. 그렇다고 아이들이 버릇없이 아무 때나 끼어드는 것을 방관하라는 것은 아니다. 하지만 예수님께서는 항상 하루의 첫 순간을 가치 있게 여기시며, 기쁨의 메시지로 가족들에게 인사하실 것이다.

예수의 이름으로 운전한다는 것은 무슨 뜻일까? 우리 바로 뒷차가 예수님께서 운전하시는 것이라면 우리는 어떻게 운전할까? 예수님께서는 어떻게 운전하실까?

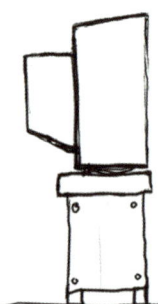

 이런 사소한 삶의 문제를 들고, 예수의 이름으로 행동하라고 제안하면 그냥 웃고 지나치는 경향이 있다. 그러나 "예수의 이름으로 모든 것을 한다."는 말이 갖는 바른 의미대로라면, '비영적인' 활동처럼 보이는 이런 보통의 삶에도 분명히 적용되어야 한다. 예수님께서는 운전하실 때 경배와 찬양 테이프를 들으실까? 그분도 때때로 신나는 가요를 들으실까? 아마 예수님도 때로는 뉴스에 귀를 기울이고 세상의 상황을 위해 기도하실 것이다.
 이것은 우리에게 중요한 것을 가르쳐 준다. 예수의 이름으로 어떤 일을 한다는 것이 항상 똑같은 방식으로 해야 한다는 말은 아니다. 우리는 잘 분별해야 한다.
 예수의 이름으로 텔레비전을 본다는 것은 어떤 것일까? 가끔은 우리가 텔레비전을 너무 많이 보는 게 아닌가 생각된다. 예수님께서는

공영방송만 시청하실까? 때로는 재미있는 쇼를 보시면서 선물이라 생각하며 기뻐하지 않으실까? 나는 자녀들과 테니스 시합을 보다가 선수들의 뛰어난 묘기에 감탄한 나머지 밖에 나가 연습을 하고 싶은 충동을 느낀 적이 있다.

　이보다 더 어려운 질문이 있다. 내 마음이 무질서하게 흐트러지지 않으려면 어떤 텔레비전 프로그램을 얼마만큼 보아야 할까?

　예수의 이름으로 집안의 잡일을 한다는 것은 무슨 뜻인가? 예수님이 나라면 어떻게 세탁을 하고, 어떻게 집안 청소를 하고, 어떻게 설거지를 하실까?

　지금 집으로 이사 온 지 얼마 안 됐을 때 어느 밤, 나는 낸시와 함께 침대에 누워 있다가 엄청나게 크게 윙윙거리는 소리를 들었다. 마치 지붕 위에서 제트 엔진이 날아가는 것 같았다. "무슨 소리지?" 낸시가 물었다. 그녀의 말은 직접 밖에 나가서 조사해 보아야 한다는 것임을 나는 알았다.

"무슨 소리냐고?" 나는 제트 엔진의 굉음보다 큰 목소리로 이야기하기 위해 소리치듯 말했다.

"윙윙거리는 소리가 엄청나군요." 그녀가 소리쳤다.

"오, 그렇군!" 내가 다시 외쳤다. "아마 공항으로 가다가 쉬려고 낮게 나는 비행기일거야."

마침내 무슨 일이 일어났는지 알았다. 다락방의 환기팬이 떨어진 것이다. 하지만 난 그것을 끄러 가고 싶지 않았다. 그것을 던져 버리고 싶었다.

나는 평소에 이 같은 문제가 생기면 방관하거나, 도와주겠다는 사람이 있어도 그냥 퉁명스럽게 거절해 버리고 마는 경향이 있다. 그러나 이런 경우 예수의 이름으로 반응한다는 것은 나에게 멋있는 집이 있어 얼마나 행복한가라고 생각하면서 문제를 적극적으로 해결하는 것이다.

예수의 이름으로 일한다는 것은 무슨 뜻인가? 우리는 직업을 통해 많은 인간관계를 갖게 될 것이다. 그들을 단지 고객이나 단골, 또는 생산 단위로만 보는 것이 아니라 사람들로 보는 것이 바로 예수의 이름으로 일한다는 의미이다. 우연히 만나는 사람이라도 그들을 위해 짧게 기도해 줄 수도 있고, 그들에게 가족은 있는지, 좋아하는 것은 무엇인지 등 그들의 삶에 진정한 관심을 보일 수도 있다.

우리가 손으로 하는 일을 하고 있다면, 아담이 정원사였다는 사실을 기억하라. 무엇인가를 만들기 위해 육체적 에너지를 사용한다는 것은 좋은 일이다. 작업이 끝날 때마다 짧은 기도를 드리고 하나님께 그 작업을 선물로 드리라. 예수님도 성년기의 대부분을 목수로 보내셨다(마 13:55; 막 6:3 참조). 그 역시 그 일을 하면서 자신의 인격을 드러내셨을 것이다. 즉 선생이 되어 사역을 하실 때만큼 아버지 하나님께 영광을 돌리셨을 것이다.

예수의 이름으로 돈을 쓴다는 것은 무슨 뜻인가? 백화점에 갔을 때, 어떻게 하는 것이 예수의 이름으로 쇼핑을 하는 것인가? 그 대답은 거기서 일하는 사람들에게 관심을 보이고 친절히 대하는 행동과 관계있다. 또한 당신이 가진 미적 감각과 예술적 재능을 가지고 색깔과 스타일을 즐기는 일이 될 수도 있다. 여기서 '예수의 이름으로' 옷을 입는다는 것이 보기 흉하고 예쁘지 않은 옷만 입는 거라고 생각할 수 있다. 그러나 이것은 영적인 것에 대한 잘못된 이해이다. 아름다움은 좋은 것이며, 아름다움을 감상하고 즐기는 일은 좋은 것이다. 예수님께서 지적하신 대로, 하나님 자신이 아름다움을 바라보는 눈을 가지고 계시기 때문에 평범한 꽃이 이스라엘 역사상 가장 훌륭한 옷을 입은 솔로몬보다 더 아름답다고 하셨다. 이브 생 로랑이나 살바토레 페라가모의 작품도 하나님의 디자인보다는 못하다.

그러나 예수의 이름으로 쇼핑하는 것은 분명히 궁극적으로 유행을 쫓아가는 구매는 절대 하지 않겠다고 말하는 것이기도 하다. 잘 정돈된 마음을 가지고 산다는 것은, 아름다움이 좋은 것이지만 가장 최고의 선은 아님을 깨닫는 것을 뜻한다.

이제 우리는 바울이 "또 무엇을 하든지 말에나 일에나 다 주 예수의 이름으로 하고"라고 말한 의미의 급진적인 성격을 이해했다. 그러나 우리는 때때로 삶을 파이 자르듯 구분하려 하기 때문에 요점을 놓치기도 한다. 그러나 바울은 진지하게 말하고 있다. 그는 단지 영적인 조언처럼 들리는 말만 하지 않는다. 진심으로 말하고 있다. 우리는 예수의 이름으로 인생을 살라고 초대받았다.

예수의 이름으로 산다는 것

"또 무엇을 하든지 말에나 일에나 다 주 예수의 이름으로 하고"

성경에서 이름은 그 사람의 인격을 반영한다. 그래서 예수의 이름으로 어떤 일을 한다는 것은 그의 인격과 일관되게, 즉 예수님께서 하신 방식대로 일한다는 것을 의미한다.

모든 순간은 예수의 이름으로 살 수 있는 기회이다. 하고자 한다면 인생의 하루하루를 그분의 임재하심으로 충만하게 살 수 있다.

다음 활동을 할 때 예수의 이름으로 한다는 것이 무슨 말인지 생각해 보라.

  잠자리에서 일어나기

  아침에 처음 만나는 사람에게 인사하기

  식사하기

  운전하기

  집 밖에서 일하거나 자녀 돌보기

  쇼핑하기

  텔레비전 시청하기

  집안일하기

  독서하기

  잠자기

단순하게 생각하라. 이와 같이 하루 중에 중요하지 않게 보이는 순간에도 당신과 함께하시는 예수님의 임재에 초점을 맞추라. 끊임없이 예수님을 생각하라. 그분의 도움과 지도를 구하거나 당신의 마음을 그분과 나누라. 골로새서 3장 17절을 암송하라. 이런 연습을 하는 데 도움이 된다. 이 말씀들을 계속적으로 당신 마음속에 떠오르도록 하나님께 구하라.

이 실천이 어떻게 진행되는지 계속 주시하라. 영적 멘토나 친구와 그 문제를 이야기해 보라.

변화를 위한 계획 선택하기

어떤 의미에서 우리 각자는 의도했든지 않았든지 간에 '영적 전략'을 선택한다. 이미 정해진 것을 선택할 수도 있다. 언제 얼마나 기도하는가, 돈을 어떻게 다루는가, 언제 어떻게 예배를 드리는가 하는 것들은 변화의 과정에 포함된 모든 요소이다.

예수님의 제자들은 잘 정돈된 마음의 계발이라는 영적 변화의 목표를 중심으로 생활을 의도적으로 계획하였다. 우리는 의지를 드리는 법을 배울 수 있고, 삶의 법칙을 종이 한 장에, 또는 일기에 기록하고 싶을지도 모른다. 그것은 복잡하지 않아도 된다. 오히려 법칙은 간단하고 실제적일 때 가장 효과적이다.

예를 들어 20세기 교회에 지대한 영향을 미친 그리스도인 지도자인 교황 요한 23세는 젊었을 때부터 매일 다음과 같은 연습을 하였다.

- 아침에 일어나서 처음 15분 동안 묵상 기도를 드리라.
- 15분 동안 영적인 책을 읽으라.
- 잠들기 전 짧은 시간 동안 양심을 돌아보고 하나님께 고백하라. 그리고 아침에 기도했던 문제들을 생각해 보라.
- 기도, 공부, 레크리에이션, 그리고 수면을 위한 특정한 시간을 할애하라.
- 하루 종일 기도하면서 하나님께 마음을 돌이키는 습관을 만들라.[4]

매일 하나님과 모험하기

당신과 나는 예수님으로부터 매일 매 순간을 하나님 나라에서 사는 방법을 배우는 기회로 삼도록 초대받았다. 프랭크 로바흐가 설명하듯이 매 순간은 중요하다.

하나님께서 인간의 삶을 실험하려 하신다는 사실을 모르는가? 매우 많은 실험이 진행되고 있다. 하나님께서는 이 순간에도 세계 도처에서 17억 개의 실험을 하고 계신다. 그리고 그가 하는 질문은 이것이다. "이 남자와 저 여자는 내가 이 순간을 얼마나 멀리 움직여 놓는 것을 허락하는가? … 나는 단세포 동물, 작은 풀, 물고기, 새, 개, 고릴라, 그리고 인간이란 생명체를 만들었다. … 나는 아직 만족스럽지 못하다. 나는 이 순간을 경이롭게 만들려고 할 뿐 아니라 너를 아무런 이름도 없이 그리스도로 불타오르게 하려고 수고하고 있다. 너는 얼마나 완전히 두려움 없이 굴복할 수 있겠는가?"[5]

잘 정돈된 삶

토론을 위한 질문

1. 299쪽의 첫 번째 그래프를 보라. 우리의 삶을 이렇게 균형 잡힌 방식으로 구성할 때 가능한 결과들은 무엇인가?

2. 299쪽의 두 번째 그래프를 보라. 당신의 삶이 이랬던 때를 설명하라. 당신의 '복숭아 파이'는 무엇이었으며, 이런 스타일의 균형 잡힌 삶이 당신의 영적 생활에 어떤 영향을 미쳤는가?

고린도후서 11:23~28 읽기

3. 두 명의 그룹원이 사도 바울과 시간 관리 상담자 사이의 토론을 읽으라 (301~302쪽). 바울의 삶은 균형의 경계선을 무너뜨리고 균형 이상의 삶으로 들어가는 본을 어떻게 보여 주는가?

균형 이상의 삶에 대한 현대의 건전한 예들은 무엇인가?

4. 저자는 우리가 삶의 법칙을 세울 때 자문해 보아야 할 다섯 가지 질문들 (307쪽)을 제시한다. 그 질문들 중의 하나를 선택하여 당신의 소그룹에게 현재 당신이 영적 성장의 그 영역에서 어떻게 발전하고 있는지 말하라.

5. 307쪽의 질문을 하나 더 선택하여 영적 생활의 그 면에서 당신이 어떻게 성장하기 원하는지 설명하라.

6. 만약 예수님께서 이 일들을 하신다면, 어떻게 하실 것이라고 생각하는가?

- 아침에 일어나기
- 아침에 처음 만나는 사람에게 인사하기
- 식사하기
- 운전하기
- 일하기
- 쇼핑하기
- 인터넷 사용하기
- 텔레비전 시청하기
- 잠자기

7. 다음 주 동안 하나의 영역을 선택해 예수님을 닮기 위해 좀 더 노력한다면, 당신은 무엇을 하겠는가?

당신이 삶의 이 영역에서 성장하는 동안 그룹원들이 당신을 위해 어떻게 기도해 주고, 어떻게 점검해 주길 바라는가?

함께 기도하기

그룹원들이 예수님을 더 닮고 싶다고 한 삶의 각 영역(7번 질문)을 위해 기도해 주라. 하루하루가 지날수록 그들의 태도와 행동들이 예수님의 마음을 더욱 더 반영할 수 있도록 기도해 주라.

삶에 적용하기

314쪽의 간단한 과정을 지침으로 삼아서 삶의 규칙을 세우라.

삶을 위한 묵상

314쪽의 모든 활동들 중에서 어떤 것이 예수의 이름으로 하기가 가장 어려운가? 당신의 삶 중 그 영역에서 극적인 변화가 일어나도록 기도하는 데 전력하라. 이 활동에 그리스도의 마음을 더 반영하기 위해서(당신이 하고 싶지 않더라도) 어떤 실제적인 단계들을 밟아야 하겠는가?

13

인내하는 삶

고난의 경험

> 그 얼굴을 대면하고 살아남을 수 없다는 말은 하나님에게 해당되는 말이다.
> 이 말은 그분의 영광을 본 사람은
> 아무도 살아남을 수 없다는 의미라고 늘 생각했다.
> 친구는 아마도 그분의 슬픔을 본 사람은
> 아무도 살아남을 수 없다는 말일 것이라고 했다.
> 즉 그분의 슬픔은 그분의 영광인 것이다.[1]
> 니콜라스 월터스토프

내 친구 하나가 마라톤 대회에 참가했다. 그래서 나는 그 친구를 따라다니며 행사를 아주 자세히 볼 수 있었다. 1만 8천 명의 선수가 참가했는데, 모두 용감하고, 의욕이 강하고, 마른 체격이고, 기대 이상으로 좋은 성적을 올렸으며, 자기 학대적인 성격의 사람들이었다.

나는 그 행사에 약간 별난 주자들이 참가했을 것이라고 예상하였다. 예상대로 한 주자는 완전히 서커스에 나오는 사람처럼 화장을 하고는 자신을 티본 광대라고 불렀다. 또 다른 주자는 마치 '꽃 파는 남자'처럼 뛰었다. 열세 명은 무리를 지어 특별히 고안된 옷을 입고는 인간 지네 모양으로 경주하기도 했다.

출발선은 가히 볼 만했다. 티본 광대가 관중들과 일일이 악수를 나누며 웃고 손을 흔들어댔다. 지네 복장을 한 사람들은 진짜 지네보다 더 까불었다.

경주가 시작되었다. 그런 경주의 첫 번째 단계는 즐거움이다. 이 지점에서의 달리기는 재미있다. 몸은 느슨해지고, 심장은 뛰기 시작하고, 온 우주를 다 차지한 기분이다. 피가 용솟음치고, 머리는 맑고, 허파는 심호흡을 하고 있다. 새들이 지저귀고, 태양은 빛나고, 물고기가 뛰어놀며, 기분이 좋아지고, 아빠는 부자고, 엄마는 미인이 된다. 몸은 능률적인 기계처럼 잘 움직인다.

이 단계가 얼마나 오래 지속되는가는 주자의 컨디션에 달려 있다. 나의 경우는 4~5미터 정도 지속된다.

첫 번째 즐거움의 단계가 지나면 고역의 달리기가 시작된다. 고역의 단계가 지나면 부자연스럽고 아주 힘든 단계로 접어든다. 그 다음에는 달리기를 그만두고 싶은 유혹이 걷잡을 수 없이 밀려온다. 발은 도저히 못 가겠다고 버티고, 칼로 찌르는 듯한 고통이 종아리에 느껴지고, 폐는 바닥에 석탄을 넣고 불 때는 것처럼 뜨거워진다. 주자들은 이런 경험을 벽을 들이받는 느낌이라고 표현한다.

이 단계의 달리기, 즉 벽을 들이받으면서 계속 달리는 것은 주자에게 있어서 최종 시험이다. 이 '벽' 앞에서 포기하느냐, 아니면 완주하느냐가 결정되면, 승패가 판가름 난다.

바로 이 단계에서 이 마라톤 대회의 상황은 정말 재미있게 되었다. 티본 주자는 더 이상 군중들과 웃지 않았다. 가로수를 붙잡고 헉헉거리고 있는 인간 지네는 몸이 좋지 않은 듯 보였다. 열세 명의 지네가

단체로 배가 아픈 것이다.

결승선에 한 번에 한 명씩 들어왔다. 어떤 사람들은 결승선에 도착하지 못했다.

경주의 시작은 항상 즐겁다. 그리고 쉽다. 그러나 끝까지 달리는 것은 힘들다. 하지만 끝까지 달리는 것은 영광스런 일이다. 그리고 중요하다.

그렇다면 인생의 경주는 어떻게 달려야 하는가? 우리는 끝까지 잘 달릴 수 있을까?

끝까지 잘 달릴 수 있는 능력은 신약 성경의 저자가 인내, 또는 참을성이라고 부르는 것이다. 인내는 영광스런 헌신을 하기 어려울 때, 그런 헌신을 가능케 하는 능력이다.

어떤 아내가 어느 날 밤, 오십 년을 같이 산 남편과 침대에 누워 있다가 그에게 물어보았다. "우리가 젊었을 때, 당신은 밤마다 내 손을 잡아 주었어요." 그러자 남편은 약간 흥분하면서 천천히 그녀에게 손을 내밀었다.

"그리고 젊었을 때 당신은 잠자리에서 나를 꼭 껴안아 주었어요." 남편은 천천히 몸을 돌려 그녀를 꼭 안아 주었다.

"그리고 젊었을 때 당신은 내 귀를 물어 주었어요." 그러자 갑자기 남편은 이불이 걷고 일어났다.

"어디 가는 거에요?" 약간 마음이 상한 그녀가 물었다.

"틀니 가지러."

젊고 낭만과 흥분 호르몬이 가득하고, 방은 향수 냄새가 진동할 때는 귀를 깨물어 줄 수 있다. 그런데 나이가 들어 보청기가 필요하고 방은 온통 파스 냄새로 가득하고 틀니를 가지러 일어나야 할 때라면, 귀를 깨물어 주는 것은 또 다른 문제다.

인내는 만병통치약이 아니다. 인내하고 싶은 마음만으로는 뛰어넘을 수 없는 한계가 있다. 인내만으로는 극복할 수 없는 많은 요인들 때문에 가능한 일도 있고, 제한받는 일도 있다.

그러나 정말 의미 있는 업적은 인내를 필요로 한다. 은사, 재능, 아이큐, 이런 것들은 우리가 통제할 수 없다. 하지만 인내는 우리가 계발할 수 있는 은사이다. 인내가 없이 영적 변화는 일어나지 않는다.

히브리서 기자는 "인내로써 우리 앞에 당한 경주를 경주하며"(히 12:1)라고 말했다. 다시 말해서 결코 중도에 포기하지 말라는 것이다.

고난을 통한 인내

어떻게 인내를 계발할 수 있을까? 여러 가지 방법이 있다. 그 중 한 가지를 영적 생활 방법에 대해 현명하게 알고 있는 신약의 저자들이 반복해서 가르쳐 주고 있다. 그것은 고난 중의 인내와 관계있다. 야고보는 다음과 같이 말했다. "내 형제들아 너희가 여러 가지 시험을 만나거든 온전히 기쁘게 여기라 이는 너희 믿음의 시련이 인내를 만들어 내는 줄 너희가 앎이라 인내를 온전히 이루라 이는 너희로 온전하고 구비하여 조금도 부족함이 없게 하려 함이라"(약 1:2~4).

수백 명의 사람들이 자신의 영적인 성숙에서 무엇이 가장 도움이 되는지에 대해 대답한 보고서를 본 적이 있다. 압도적으로 많이 나온 첫 번째 것은 고난과 고통이었다. 그러나 아이러니한 것은 영적인 성장에서 고난의 역할이 가장 무시되고 있다는 것이다. 왜냐하면 성경 공부나 기도할 때 그것이 일어날 것에 대해 준비하지 않기 때문이다. 그 대신에 삶이 우리를 준비시킨다. 그렇기 때문에 변화되고 싶다면 고난이 어떤 유익이 있는지, 아니 적어도 고난에 어떻게 대처해야 하는지 정도는 알아야 한다.

고난은 항상 우리를 변화시킨다. 그러나 항상 좋은 방향으로 변화시키는 것은 아니다. 교통사고로 아내와 어머니, 그리고 딸을 잃은 제럴드 싯처는 『하나님 앞에서 울다』라는 책에서 비극의 의미를 알기 위한 몸부림을 신랄하게 표현하고 있다.

> 상실은 무기력한 현실을 초래한다. 마치 광대한 죽음의 바다 위에서 항해하는 사람처럼. 상실감을 맛본 사람들은 과거를 갈망하는 마음과 미래를 희망하는 마음 사이에서 갈등하면서 살아간다. 그들은 친숙한 과거의 항

구로 돌아가서 잃어버린 것을 되찾고 싶어 한다. … 또는 다시 생명의 희
망을 약속해 주는 의미 있는 미래를 찾아 항해하고 싶어 한다. … 그러나
결국에는 의미 없고 무기력한 현재에 살고 있는 자신을 발견할 뿐이다.[2]

이 같은 불확실한 결과 때문에 히브리서 기자는 "구름같이 둘러싼
허다한 증인들", 즉 우리보다 먼저 인내를 이룬 많은 사람들을 본받
아 살라고 격려한다. 성경에 나오는 구름같이 허다한 증인들 중에서
가장 많은 부분을 차지하는 챔피언은 바로 아브라함이다. 이 구약 시
대의 성도가 어떻게 인생이라는 경주의 가장 힘든 단계에서 인내했
는지를 살펴보자.

모리아로 가는 길

하나님께서 아브라함에게 말씀하셨다. "네 아들 네 사랑하는 독자
이삭을 데리고 모리아 땅으로 가서 내가 네게 지시하는 한 산 거기서
그를 번제로 드리라"(창 22:2).

모리아로 가는 길은 칠흑같이 어두웠다. 왜냐하면 아브라함이 세
상에서 가장 사랑하는 아들을 포기하러 가는 길이기 때문이다. 그러
나 그 어둠은 그 이상의 것을 의미한다. 이삭은 아브라함의 아들일
뿐만 아니라 하나님의 약속, 즉 "내가 너로 열국의 조상이 되게 할
것이다."(창 17:5)라는 말씀의 성취였다. 이삭은 아브라함의 미래의
희망이었다.

아브라함이 어둠 속을 거닐고 있다. 우리가 어둠 속을 걸을 때, 하
나님께서 저 멀리에서 침묵하고 계신 것처럼 보인다면 어떻게 해야
할까? 게르하르트 폰 라트는 아브라함이 "하나님께 버림받은" 길로
갈 것이라고 했다.[3] 그 길은 바로 하나님께서 스스로를 부인하신 것

같고, 인간 역사에서 직접 시작한 구원을 제거하고 싶으신 것처럼 보이는 곳이다.

어둠 속을 걸어간다는 것이 무슨 뜻인지 알 수도 있다. 때로 믿음은 어둠 속을 걷는 것이고 포기하지 않는 것이다. 때로 믿음은 끝까지 매달려 있는 것이다. 고난과 어둠을 통해 우리를 변화시키는 믿음의 특성은 의심이 전혀 없는 확실한 것이 아니라 끈질긴 순종이다.

시험의 역할

"그 일 후에 하나님이 아브라함을 시험하셨다"(창 22:1). 이야기는 이렇게 시작된다. 저자는 첫 번째로 이삭이 아무런 위험에 처해 있지 않다고 확인시켜 준다. 우리는 아브라함이 보지 못하는 이런 점들을 볼 수 있다. 또한 그가 모르는 것을 알고 있다.

당신은 정말 힘든 시험을 본 적이 있는가?

어느 대학교 2학년 학생이 학기 내내 악명 높은 조류학 기말 시험을 준비하느라 고생했다. 그는 나름대로 최선을 다했는데, 시험을 보기 위해 교실로 들어가서는 기절할 뻔했다. 시험 답안지도 안 보이고 문제지도 없고 교과서도 전혀 없었다. 벽에 스물다섯 개의 그림만 걸려 있을 뿐이었다. 그것은 빛나는 색깔의 조류 사진이 아니라, 새의 발을 그린 그림이었다. 시험 문제는 그 새가 무슨 새인지 맞추라는 것이었다.

"이건 미친 짓이에요. 도저히 풀 수 없어요." 그 학생이 항의했다.

"하지만 해야 해." 그 교수가 말했다. "이게 바로 기말 시험이란 말이야."

"저는 할 수 없어요. 나가 버릴 거예요." 좌절한 학생이 말한다.

"퇴장한다면 기말 시험은 낙제야."

"마음대로 하세요. 낙제시켜 버려요." 그 학생은 문을 나가면서 말했다.

"좋아. 자네는 낙제야. 이름이 뭐지?"

그 학생은 바지를 위로 걷어 올리고 신발을 벗고 발을 들이밀며 말했다. "내 이름을 알아 맞춰 보세요!"

시험은 그 사람의 진정한 가치, 헌신, 그리고 믿음을 그대로 드러내 보여 주는 어려운 경험이다. 구약 성경에서 시험은 매우 중요한 단어이다. 시험이 사용되는 방법을 보면 인내를 어떻게 이루는가를 알 수 있다.

1. 시험은 이방 민족에게는 결코 없으며, 하나님의 백성들에게만 행해진다.
2. 시험은 경건치 않은 자들에게는 결코 없으며, 믿음의 사람들에게만 적용된다.

시험은 하나님과 언약 관계에 있는 사람들에게만 제한된다. 시험은 고통스럽지만 사랑의 행위이다. 고난은 믿음을 시험하는 데 유용하다. 야고보는 "너희 믿음의 시련이 인내를 만들어 내는 줄 너희가 앎이라 인내를 온전히 이루라 이는 너희로 온전하고 구비하여 조금도 부족함이 없게 하려 함이라."(약 1:3, 4)라고 말했다.

한 음성이 크게 들렸다. "아브라함아!"

아브라함이 대답한다. "내가 여기 있나이다." 아브라함은 자기가 어디에 있는지를 말하는 게 아니다. 그는 전에도 이 음성을 들은 적이 있다. 그 음성은 그의 목적지에 관한 놀라운 약속을 했다. 즉 가장 어려운 일을 요구한 목소리였다.

그 음성은 익숙한 환경인 고향땅을 떠나라는 것이었다. 그는 그대로 순종했다.

그 음성은 그와 하나님이 풀 수 없는 끈으로 맺어진 언약 관계에 있다고 말했다. 또한 그 관계의 표시를 갖게 될 것이라고 말했다. 그리고 아브라함에게 할례를 받으라고 했다. 그는 시키는 대로 순종했다. (아마도 그는 왜 그 표시가 은밀한 악수나 비밀 반지가 아닌지 궁금했을지도 모르지만, 아무튼 순종했다.)

그 음성은, 그와 아내의 나이를 합치면 190세인데 아들을 낳을 것이라고 예언했다. 그러나 분명히 이번에도 순종하는 마음으로 대답했다. 왜냐하면 사라가 아들을 낳았기 때문이다.

그리고 지금 다시 한 번 그 음성이 들려왔다. 우리가 아는 대로라면 이번이 아브라함이 이 땅에서 그 음성을 듣는 마지막 순간이다. 그 음성은 이전에도 한 번 약속의 성취를 위해 인생에서 가장 소중한 것을 포기하라고 요구한 적이 있다. 이번에는 한 가지를 더 요구한다. 바로 그 약속을 포기하라는 것이다.

아브라함의 반응은 자신을 제물로 드리는 것이었다. "내가 여기 있나이다." 그 말은 "나는 달아나거나 피하거나 숨지 않겠습니다. 완전히 나를 드릴 것입니다. 나는 당신의 종입니다."라는 뜻을 간결하게 표현한 것이다.

"아브라함아 … 네 아들, 사랑하는 독자 이삭을 데리고…"

이 아이를 데리고 가라. 프래드릭 부케너가 지적했듯이 이 아이는 노인의 몸에서 태어난 아이다.[4] 이 아이의 이름인 이삭은 '웃음'이란 뜻이다. 아브라함과 사라는 믿지 않았기 때문에 처음에는 웃었다. 그들은 완전히 불가능한 일을 비웃었다. 자신들이 사과를 들어올릴 기력도 없던 나이에 아들을 낳으리라는 말을 들었기 때문이다. 그리고 그 아이가 태어난 후에 웃었다. 그것은 그들이 그 말을 정말 믿었다는 사실 때문이다. 그들은 사라가 슈퍼에 가서 생리대와 노인용 기저귀를 둘 다 산 유일한 사람임을 알고 웃었다. 그들은 또한 부모인 자신들도 태어날 아기와 똑같이 이가 하나밖에 없기 때문에 다진 야채를 셋이 함께 먹어야만 한다는 사실에 웃음이 나왔다.

혼란 가운데 인내하기

그러나 지금 그 음성은 마지막으로 한 번만 말했다. 그리고 아브라함은 더 이상 웃지 않는다. 그 웃음은 평생 사라질 것 같다. 왜냐하면 그의 아들과 더불어 꿈도, 웃음도 잃어버릴 것이기 때문이다.

하나님께서는 이삭이 인류를 위한 새로운 공동체의 시초가 될 것이라고 약속하셨다. 이것은 하나님의 위대한 실험이 될 것이다. 즉 인간이 가족으로 살 마지막 한 번의 기회였다.

우리가 하나님의 분명한 부르심을 받아들인다는 표현으로 교회를 세운다고 상상해 보라. 우리는 원하지 않았지만 온전히 순종하는 마음에서 그대로 한다. 교회 세우는 데 스물네 해란 세월이 걸린다. 그것은 마치 아브라함이 하나님의 약속을 받은 후에 24년간이나 자식 없이 보낸 것과 같다. 아무도 새로 세운 교회에 더 이상 오지 않는다. 회의 중에 계속 "교회에 몇 명이 출석하는가?"라는 질문을 듣는다.

"저 혼자인데요." 아무도 이런 대답을 듣고자 대중 앞에서 간증하도록 초청하지 않는다.

그때 한 명을 얻게 된다. 그는 우리 미래의 희망이요, 하나님 약속의 전부인 유일한 사람이다. 그때 하나님의 음성이 들린다. "그를 주차장으로 데리고 가서 깔아뭉개라."

우리의 단 한 명밖에 없는 사람을 말입니까?

우리의 꿈을 잃어버린다면 어떻게 되나요?

우리가 가장 사랑하는 사람을 어떻게 놓아 주나요?

아브라함은 사흘 동안 이런 고통 속에서 지냈다. 우리는 그에게 소리쳐 알려 주고 싶다. "괜찮습니다. 모든 게 잘 될 겁니다. 하나님은 그런 분이 아니에요. 그분이 모든 것을 공급해 주실 겁니다."

그러나 인생은 그런 식으로 진행되지 않는다. 우리는 한 번에 한 단계씩만 나아갈 수 있다. 모든 여행에는 시작과 중간, 그리고 끝이 있다. 우리가 중간쯤 오게 되면 아무도 끝이 어떻게 될지 모른다.

모리아로 가는 길은 어둡다. 너무 어두워서 몇 발자국 앞도 볼 수 없다. 인내하는 사람들은 믿음으로만 나아갈 수 있다. 그러나 믿음으로 간다는 것은 항상 평온하게 또는 의심 없이 간다는 말은 아니다. 믿음의 행동은 힘든 일이 될 수도 있다.

의심 가운데 인내하기

의심은 좋은 것일 수 있다. 나는 엘비스 프레슬리가 살아 있고 건강하며 타코벨에서 주방장으로 일한다는 소문이 의심스러우며, 이에 회의적이다. 외계인들이 주기적으로 지상에 내려와 유에프오에 인간들을 태워 준다는 말을 믿지 않는다. 왜 그들은 MIT의 물리학 교수를 태워 주지 않는다 말인가? 나는 텔레비전에서 이야기하는 모든 정보를 맹신하고 싶지 않다.

그러나 의심이 항상 좋은 것은 아니다. 의심은 우리의 기도를 방해할 수 있다. 우리가 이해할 수 없는 고난을 볼 때, 의심은 우리를 괴롭힐 수 있다. 마음속에 의심이 있을 때, 우리는 실제로 확신하는 것 이상으로 확신하는 체하려는 유혹을 받을 수 있다.

그래서 나는 아브라함을 볼 때 위로가 된다. 왜냐하면 이 위대한 믿음의 위인도 의심으로부터 자유롭지 않았기 때문이다. 아브라함은 불신하여 웃기도 했다. 그는 아내의 존재에 대해 거짓말하고 아내를 곤경에 빠뜨림으로써 자신의 안전을 도모하고자 했다. 무슨 수를 써서라도 아이를 갖고 싶었던 그는 아내의 여종과 동침했다. 그에게는 많은 잘못이 있었다. 그러나 그가 한 가지 잘한 것이 있다. 그는 계속해서 나아갔다.

모리아 산으로 가던 길에 아브라함은 이삭을 데리고 가면서 뒤에 남겨 둔 사환들에게 "우리가 돌아오리라."라고 말했다. 왜 아브라함은 '우리'라고 말했을까? 사환들을 속이려 했던 것일까, 아니면 그가 정말 하려는 일을 숨기려 했던 것일까? (우리는 아브라함이 전에도 거짓말한 적이 있다는 것을 안다.) 마지막 순간에 가면 결국 자신이 그 일을 감당할 수 없을 거라고 생각했던 것일까? 너무 끔찍한 일이어서 깊이 생각하지 못했던 것일까? 모든 상황에도 불구하고, 결국 어떤 식으로든 "이삭에게서 나는 자라야 네 씨라 칭할 것임이니라."라는 하나님의 약속이 실현될 것이라고 생각했던 것일까? 우리는 모른다. 그러나 우리가 분명히 아는 것은, 아브라함은 자신의 상황을 완전히 이해하지 못할 때에도 하나님께 순종했다는 것이다.

믿음을 가졌다는 것은 의심이나 의문이 전혀 없다는 의미가 아니다. 그것은 계속 순종한다는 의미다.

외로움 가운데 인내하기

아브라함은 이삭과 함께 가면서 짐 중에서 칼과 불을 들었다. 이 칼과 불이 아이를 다치게 할 위험한 물건이라는 것을 생각해 보라. 그러나 여기서 그는 "아들을 보호하는 것이 아버지의 일이야."라고 합리화했다.

번제에 사용될 나무는 이삭에게 지웠다.

이제 단 둘이었다. "두 사람이 동행하더니."

두 번째 어떤 목소리가 아브라함을 불렀다. 이번에는 이삭이었다. "내 아버지여."

아브라함은 그 목소리로부터 도망가거나 숨고 싶었을 것이다. 그러나 그는 두 번째로 대답한다. "내가 여기 있노라." 그것은 "아들아, 내가 어떻게 해 주면 좋은지 말만 하렴."이라는 뜻이었다.

이삭은 충분히 나이가 들었기 때문에 아버지가 번제를 드리겠다고 말했지만 짐승이 없다는 것을 알았다. 아버지는 이상하게 침묵을 지키고 있었다. 그래서 물었다. "불과 나무는 있거니와 번제할 어린 양은 어디 있나이까."

다시 한 번, 아브라함은 모호한 대답을 한다. 아마도 그것은 의심이나 두려움이나 희망이나 안타까움으로 인한 것이거나, 혹은 그 모두가 조금씩 섞여 있었을 것이다. "하나님이 자기를 위하여 친히 준비하시리라."

다시 "두 사람이 함께 나아가서"라고 성경은 기록한다. 아브라함은 아들과 함께 있었지만, 또한 혼자였다. 그 둘은 형언할 수 없는 장벽으로 분리된 채, 침묵 속에서 계속 나아갔다.

고난의 가장 고통스러운 면은 외로움이다. 다른 사람들이 아무리 지원해 주고 공감해 줄지라도, 모리아로 가는 길을 대신 걸어 줄 수 있는 사람은 아무도 없다.

드디어 아버지와 아들은 현장에 도착했다. 화자는 아브라함이 단을 쌓은 것, 이삭이 등에 지고 온 나무를 아브라함이 벌여 놓은 것, 아브라함이 그 아들 이삭을 결박하여 단 나무 위에 놓은 것 등, 아브라함의 순종을 계속해서 언급한다.

이제 때가 되었다. 아브라함의 아들 이삭은 새 공동체에 대한 약속이자, 하나님께서 주신 꿈이자, 아브라함이 모든 것을 등지고 떠났던 이유이자, 아브라함의 유일한 희망이었다. 이 소년은 그의 모든 것이었다. 아브라함은 아들의 다리와 팔을 묶어서 마지막 순간에 아들이 저항하지 못하게 했다. 그런 다음에 그는 그의 뼈 중의 뼈요 살 중의 살인 아들을 들었다. 그리고 사라의 태에서 나온 첫날에 안았던 바로 그 몸을 안았다. 그는 그 작은 몸을 먹이고, 씻기고, 요람에 뉘어 흔들어 주고, 멀리 떠나온 고향 이야기를 들려주고, 미래에 도착할 훨씬 더 좋은 본향의 이야기를 들려주었다. 아브라함은 그 미래를 보지 못할지라도, 이삭은 볼 수 있을지도 몰랐다. 아브라함은 한밤에 깨어 그 작은 몸을 살펴보며 아이의 호흡을 확인하기도 하고, 때로는 불가능이 현실이 된 감격에 웃으며, 그 작은 몸을 보듬어 안기도 했다. 아브라함은 이제 그 몸을 마지막으로 안고서 나무 위에 내려놓았다. 그는 칼을 든 손을 높이 쳐올려, 그 생명과 함께 그의 모든 희망과 기쁨과 미래를 단칼에 멸하려 했다.

기도의 무응답 가운데 인내하기

여기서 우리는 잠깐 지체할 필요가 있다. 우리는 서둘러 해피엔드를 보고 싶어 한다. 고난이 우리를 변화시켜 우리에게 각별한 인내심을 일구어 냄으로써, 결국에는 숭고한 목적에 기여한다는 확신을 빨리 되새기고 싶어 한다.

그러나 C. S. 루이스가 말했듯이 고통이 "귀먹은 세상을 일깨우는 하나님의 메가폰"이라면,[5] 여기까지의 이야기는 진리의 전부가 아니다. 아브라함처럼 우리도 아직 이야기의 끝에 도달하지 않았으며, 우리는 모리아 땅에 있는 것이 어떤 것인지에 대해 좀 더 솔직해지는 시간을 가질 필요가 있다.

한 부부가 상담을 받으러 왔다. 그들은 아기를 절실히 원했다. 그들은 간절한 마음과 한편 의구심 속에서 12년을 기다리며 기도했다. 다른 사람들이 유모차를 끌고 다니는 것을 볼 때, 왜 자신들의 소원은 거절되는지 의문을 가졌다. 그들은 아브라함과 사라처럼 한 해 한 해를 묵묵히 살아갔다.

그러던 어느 날, 이미 모든 의료기술을 시도해 본 후 모든 것을 포기했을 때, 그 일이 이루어졌다. 임신 테스트 시약의 색깔이 바뀌었고, 기도가 응답되었으며, 그들은 완전하고 건강한 아들을 낳았다. 그들은 기도가 응답된다는 것을 확실히 믿게 되었다.

아기가 세 살이 되었을 때, 이 기도의 응답은 주황색 럭비공을 가지고 놀고 있었다. 보도의 갈라진 틈에 떨어진 공은 이상하게도 왼쪽으로 획 튀었다. 꼭 그렇게 될 수밖에 없었던 것은 아니다. 바람이 약간만 불었거나, 하나님께서 공을 슬쩍 밀어 주셨다면, 공이 갈라진 틈에 떨어지지 않았을 것이다. 또 공이 오른쪽으로 튈 수도 있었겠지만, 그러지 않았다. 하나님께서 공을 슬쩍 밀지 않으셨고, 공은 곧장 왼쪽으로 튀었다. 왼쪽은 곧 거리였다. 아이는 바로 공을 따라갔고, 달려오는 차를 보지 못했다.

이제 그들은 다시 엄마와 아빠, 단 둘이 되었다. 그들의 세계도 주황색 럭비공과 함께 틈으로 떨어졌다가 날아가 버렸다. 이제 그들에게 기도의 응답은 차라리 응답되지 않은 것보다 더 큰 아픔이 되었다. 그들은 웃음을 잃었다.

이것은 때로 의심에 빠지는 사람들, 웃음을 잃어 본 사람들, 왜 하나님께서는 그렇게 무심하고 멀게 느껴지는지 의문을 품는 사람들의 이야기이다.

어두운 모리아 땅에 있을 때도 신실하게 행한다는 것은 구체적으로 무엇을 의미하는가?

모든 것을 잃은 것 같을 때 인내하기

아브라함은 그가 가진 모든 것을 멸하려고 공중 높이 손을 쳐올렸다. 그 순간에도 그는 완전하게는 아니지만 믿었다. 사실, 그는 평생 완전하게 믿은 적은 없었다. 그는 거짓말했고, 두려워했고, 하갈을 임신시켰고, 그러면서 늘 웃었다. 그렇게 믿음의 여정 한 걸음 한 걸음마다 의심이 섞여 있다는 것은 아브라함의 커다란 아이러니이다.

그러나 아브라함이 도망가거나 숨지 않고, 여기까지 어려운 한 걸음 한 걸음을 디뎌온 이유는 낯설고 어렴풋한 하나님, 멀리 계신 것 같고 무섭게 보이는 그 하나님이 오래 전에 그에게 말씀하셨던 그 하나님이실 거라는 희박한 가능성의 소망 때문이었다. 피 흘림과 죽음뿐인 이 이야기의 어디쯤에선가 불가능을 약속하시고 이루시며 아이의 이름을 '웃음'이라고 지어 주신 하나님께서 나타나실 거라는 소망 때문이었다. 인간의 관점으로는 가장 절망적으로 보이는 상황 속에서도 그는 계속 소망을 지켰다.

이성을 초월한 이런 믿음 때문에 쇠렌 키르케고르는 아브라함에게 "불합리성의 기사"라는 직위를 부여했다.[6] 아브라함은 스토아적 금욕주의자가 아니었다. 그는 체념하고 담담히 받아들인 것이 결코 아니었다. 소크라테스는 독배를 마시고 삶을 마감할 때 담담하고 숭고했다. 그는 체념의 모델이었다. 그러나 아브라함은 소크라테스가 아니다. 아브라함은 끝까지 순종하고, 모든 것을 내놓으면서도, 끝까지, 심지어 소망이 불합리해 보일 때까지도 하나님께서 그를 구하실 것을 소망했다.

아브라함은 완벽한 믿음을 갖지 않았다. 그는 그저 매달렸다. 그는 자기 자신을 하나님의 손에 맡겼다. 그는 계속 달려갔다.

고난 중에 부르시는 하나님

누군가 아브라함을 세 번째로 불렀다. 화자는 여호와의 사자가 하늘에서부터 그를 불렀다고 말한다. 사자는 늦으면 안 된다는 듯이 급하게 "아브라함아 아브라함아"라고 두 번 불렀다.

그리고 아브라함은 세 번째로 "내가 여기 있나이다."라고 대답했다. 아마도 그는 이렇게 덧붙이고 싶었을 것이다. "저는 도망가시 않겠습니다. 왜냐하면 제가 숨을 곳이 아무 데도 없으니까요. 저는 더이상 드릴 것도 없습니다. 더 이상 상처받을 것도 남아 있지 않습니다. 제가 여기 있습니다."

마침내 그 목소리가 말한다. "그 아이에게 네 손을 대지 말라 아무 일도 그에게 하지 말라." 순식간에, 아브라함은 웃음과 꿈과 아들을 돌려받았다.

그러나 그는 모든 것을 다 받지는 못했다. 그의 꿈이 성취되는 것을 보지 못한 것이다. 히브리서 기자는 그를 "약속을 받지 못한" 한 명으로 세고 있다(히 11:39).

그는 그저 끈기 있게 지속했다. 고난만으로는 인내심이 길러지지 않는다. 어떤 식으로든 믿음 안에서 견뎌 내는 고난이 인내심을 길러 준다.

작은 시련들로부터 시작하라

시련을 통해 인격이 변화되고 형성되는 데 있어 그 출발점은 사소한 시련들이다. 필립스가 번역한 야고보서 1장 2절처럼, "온갖 종류의 시련들과 유혹들"(all kinds of trials and temptations)이 우리의 삶 속에 밀려 들어오는 곳이 바로 출발점이다.

나는 종종 가장 사소한 시련들조차 감내해 내지 못하는 나 자신을 보면서 겸손해지곤 한다. 지금 나는 만원인 기내에서 이 글을 쓰는 중이다. 좌석 배정을 받고 보니 내 자리가 세 자리 중 가운데인 것을 알고서 나는 약간 언짢았다. 내 언짢은 마음은 누가 내 옆자리인지 알고 나서는 짜증으로 바뀌었다. 칭얼대는 3개월짜리 아기를 안은 엄마가 내 옆에 앉았고 그녀의 어린 딸은 나의 다른 쪽에 앉았으며, 어린 두 아들은 나의 앞좌석에 앉았다. "아기 때문에 신경 쓰지 않으셨으면 합니다."라고 그 엄마가 말했다.

사실 나는 그 아기에게 신경이 쓰였다. 나는 그 아기가 멀리 다른 줄에 앉거나 다른 비행기에 탔기를 바랐다. 나는 세 명의 어린 자녀들과 한 명의 유아를 데리고 혼자 여행하는 어머니의 고충에 대해 생각하지 않았다. 내가 생각한 것은 어떻게 하면 이 상황에 방해받지 않고 비행 중에 내가 할 일들을 완수할까 하는 것이었다. 그 할 일이란 이 책 중 예수님께서 우리의 자리에서 사시는 것처럼 살려면 어떻게 해야 하는지에 대한 내용을 사람들에게 가르쳐 주기 위해 쓰는 것이었다.

나는 할 수 있는 모든 몸짓과 신호로 내가 대화할 수 없는 상황이라는 것을 나타냈다. 나는 노트북 컴퓨터에 집중했다. 그러나 소용없었다. 내 오른쪽에 앉은 여자아이가 질문했다. "뭐 하세요?"

"쓰는 중이야." 나는 훌륭하게 요약하여 말했다.

"뭘 쓰시는데요?"

"책."

"무슨 책이요?"

아이고!

여기에 작은 시련이 있었다. 사실 나보다 더 훈련된 사람에게 이것은 전혀 시련도 아니었을 것이요, 더 큰 필요를 가진 누군가를 섬길 기회였을 것이다. 그러나 나는 아직 그 정도가 못됐다. 그래서 나는 원하지 않는 상황 속에서 내가 할 수 있는 한 최대한 너그럽게 참을성을 연습할 기회를 갑자기 갖게 되었다.

삶은 사소한 시련들로 가득하다. 어떤 사람이 내 말을 중단하고 껴들 때 너그럽게 입을 닫는 법을 배울 수 있다. 동료가 뭔가를 빌려 가서 바로 돌려주지 않을 때, 참을성을 배울 수 있다. 또 두통이 있을 때, 고통을 참으며 아무에게도 말하지 않는 것이 가능하다는 것을 나는 발견했다. 단순하게 들리겠지만, 시련 속에서 인격을 연마하기 위한 출발점은 바로 이런 다양한 작은 시련들이다.

그러나 큰 시련에는 끈기가 필요하다. 지금 당면한 최대의 난관이나 포기하고 싶은 딜레마가 있다면 무엇인지 살펴볼 필요가 있다. 그리고 기도하며 단호히 버텨 내겠다고 결단하라.

그 난관은 관계의 문제일 수 있다. 당신이 사랑하는 누군가가 하나님에게서 멀리 떨어져 있는데 당신은 희망을 포기하려 하는가? 당신의 삶에서 어떤 죄의 패턴을 지금껏 깨뜨리지 못했으며 그것에 영원히 붙잡혀 있을 것 같이 느끼는가? 새로운 습관을 계발해야 할 것이 있는가? 가정의 불화가 몇 년 동안 계속되고 있는가?

지금 우리는 모리아로 가는 길에 있는가? 우리는 반드시 이런저런 고난을 겪을 것이다. 남은 질문들이 있다. 우리는 어떻게 경주하게 될까? 잘 끝마칠 수 있을까? 믿음을 지켜 낼 수 있을까?

우리의 순전한 의지만으로는 힘들다. 우리가 하나님을 신뢰할 수 있는 이유는 어둠 속에서 걷는 것이 어떤 것인지를 하나님께서 이해하고 계시기 때문이다. 십자가가 주는 메시지는 하나님께서 우리의 고난으로부터 멀찍이 떨어져 있기를 선택하지 않으셨다는 것이다. 하나님께서는 사랑하는 피조물들의 고통에 함께하신다. 그 아픔을 끌어안으시고 우리와 함께 고통 당하신다. 칼 바르트는 하나님께서 불행한 피조물들의 복된 하나님이 되시느니 차라리 피조물들과 함께 불행하기를 선택하신다고 했다.[7]

예수님 역시 달려 돌아가실 나무를 등에 지고서 희생의 자리로 걸어가셨다. 예수님처럼, 아브라함도 "하나님께 버림 받는" 길을 걸었다. 예수님께서는 "나의 하나님 나의 하나님 어찌하여 나를 버리셨나이까"라고 부르짖었다.

예수님께서 결박되실 때, 결박을 중지시키는 아무 음성도 없었다. 칼이 예수님의 몸을 찌를 때, 어떤 힘도 그것을 막지 않았다. 다른 제물도 마련되어 있지 않았다. 그때에는 하나님의 아들께서 돌아가셨다. 그때에는 하나님 아버지께서 애통하셨다.

그러나 제삼 일이 왔다. 당신과 내게도 언젠가 그날이 올 것이다. 그동안에 그만두지 말라.

지금은 변신할 시간이다.

인내하는 삶

토론을 위한 질문

1. 저자는 마라톤을 할 때의 단계들을 썼다.

   - 즐거움
   - 고역
   - 노고
   - 그만두고 싶은 유혹 – 벽에 부딪힘
   - 인내 혹은 중단

   당신의 영적 생활을 경주로 본다면, 당신은 지금 어떤 단계에 있으며 그것이 어떤 느낌인지 설명해 보라.

2. 당신이 삶의 한 영역에서 '벽에 부딪혔지만' 힘써 계속 전진했던 때에 대해 말하라.

   그 경험에서 무엇을 배웠는가?

   야고보서 1:2~4 읽기

3. 우리 모두는 고투와 고통의 시기에 직면한다. 우리가 그 시기들을 잘 통과할 수 있도록 야고보는 어떤 조언을 하는가?

당신이 시련의 시간을 통과하고 있었음에도 불구하고 기쁨을 경험할 수 있었던 때에 대해 말하라.

> 창세기 22:1~14 읽기

4. 당신이 아브라함이 되어 이 중대국면을 지나야 한다고 상상해 보자. 당신은 어떤 감정이 들겠는가?

5. 세월이 흐른 후, 아브라함이 이 경험을 돌이켜 보았을 때, 이것은 그의 삶과 믿음에 어떤 영향을 미쳤을까?

이 경험을 이삭의 관점에서 생각해 보자. (소년 이삭이 제단에 올려졌었다는 것을 기억하라.) 그 모든 경험이 이삭의 삶과 믿음에 어떤 영향을 주었겠는가?

6. 저자는 '시험'(그것은 그것을 통해 사람의 진정한 가치관, 헌신도, 신념이 드러나는 어려운 경험이다.)이라는 단어가 하나님의 백성에게만 사용된다는 점을 밝히고 있다. 왜 하나님께서 그 자녀들을 위해 시험을 마련해 두시는가?

시험이 어떻게 참된 사랑의 한 형태가 될 수 있는가?

7. 오랫동안 기도해 왔지만 마음에 갈망하는 응답을 아직 받지 못한 한 가지는 무엇인가? 오랜 시간 동안 일관되게 기도하면서 당신은 무엇을 배웠는가?

함께 기도하기

삶의 어떤 영역에서 벽에 부딪힌 그룹원들을 위해 기도하는 시간을 가지라. 고통스러울 때도 힘써 전진하고 인내할 수 있는 새 힘과 능력을 경험하게 해 달라고 그들을 위해 기도하라. 그 과정이 그들을 이전 어느 때보다도 예수님께 가까이 이끌어 주도록 기도하라.

삶에 적용하기

어떤 종목을 가지고 운동할 것을 고려해 보라. 아마 마라톤은 무리일 것이다. (혹은 무리가 되지 않을지도 모른다.) 10킬로미터를 일정 시간 내에 달리거나 걷기, 자전거로 30킬로미터를 달리기, 일정 시간 내 20번 왕복 수영하기 등을 운동의 목표로 삼으라. 반드시 당신의 현재 역량 이상으로 신장시켜 줄 목표를 선택하라! 그 운동 목표를 달성하기 위해 훈련할 때, 거기서 얻는 교훈을 통해 영적 생활에 대한 교훈도 발견하게 해 달라고 하나님께 구하라. 이런 종류의 훈련을 통해서 배울 수 있는 것이 많다.

삶을 위한 묵상

나는 어떨 때 인내하는 대신 그만두거나 포기하는 경향이 있는가? 나의 행동이나 태도 중 어떤 것이 바뀌어야 내가 다음에 또 벽에 부딪힐 때 하나님을 영화롭게 하는 방식으로 인내할 수 있겠는가? 삶의 이 영역에서 나의 훈련을 격려하고 도와줄 수 있는 사람은 누구인가?

좀 더 생각해 볼 문제들

당신이 깊은 외로움에 빠졌던 때를 설명하라. (사람들이 곁에 있더라도 외로울 수 있다는 점을 기억하라.) 하나님께서 그 경험을 어떻게 사용하셔서 당신에게 가까이 다가오셨고, 또한 당신을 하나님께로 가까이 이끄셨는가?

주

1 변신 준비 완료

1. 쇠렌 오뷔에 키르케고르 지음, 페리 D. 르페브르 편, 『키르케고르의 기도』, (서울: 기독교연합신문사, 2004).
2. Pat Conroy, *Beach Music*, (New York: Doubleday, 1995).
3. Garrison Keillor, *Lade Wobegon Days*, (New York: Penguin Books, 1986), 323.
4. Lewis B. Smedes, *Shame and Grace*, (San Francisco: Harper Collins, 1993), 145.
5. 키르케고르, 위의 책.
6. 프래드릭 부케너 지음, 이태우 옮김, 『설교란?: 진실을 말하는 것』, (칠곡군: 분도출판사, 1986).
7. J. R. R. Tolkien, 부케너의 위의 책에서 인용됨.
8. 조지 맥도날드 지음, 윤후남 옮김, 『공주와 난쟁이 공주와 커디』, (서울: 현대지성사, 2003).
9. 프래드릭 부케너, 앞의 책.
10. C. S. Lewis, *The Weight of Glory*, (New York: Macmillan, 1980), 11.
11. Aaron Beck, *Love Is Not Enough*, (New York: Harper & Row, 1988). 155ff의 토의를 보시오.
12. Elizabeth Barrett Browning, *Aurora Leigh*, Book vii, Line 820.
13. Tom Schmidt, *Trying to be Good*, (Grand Rapids: Zondervan, 1990), 180-83, Used by permission.

2 변화에 놀라다

1. Frank Laubach, "Game with Minutes," in *Man of Prayer*, (Syracuse: Laubach Literacy International, 1990), 205.
2. 달라스 윌라드 지음, 엄성옥 옮김, 『영성훈련』, (서울: 은성, 1993).
3. George Gallup and Jim Castelli, *The People's Religion: American Faith in the 90's*, (New York: Macmillan, 1989).
4. William Iverson, in *Christianity Today*, 6 June 1980, 33.
5. C. S. Lewis, *The Weight of Glory*, (New York: Macmillan, 1980), 4.
6. James Dunn, Romans 1-8, Word Biblical Commentary, vol. 38, (Dallas: Word Books,

1988).
7. 여피족: 신세대 가운데 고등교육을 받고, 도시 근교에 살며, 전문직에 종사하여 연 3만 달러 이상의 소득을 올리는 일군(一群)의 젊은이들.
8. Sheldon Ban Auken, *A Severe Mercy*, (San Francisco: Harper & Row, 1977), 85.
9. 달라스 윌라드, 앞의 책.
10. 십자가의 성 요한 지음, 최민순 옮김, 『어둔 밤』, (서울: 바오로딸, 1993).
11. Jean Pierre de Caussade, *The Sacrament of the Present Moment*, (San Francisco: Haper & Row, 1987), 42.
12. Steven Mosley, *A Tale of Three Virtues. Sisters.* (Ore: Questar, 1989), 17.
13. 위의 책, 19.

3 훈련 vs. 노력
1. Dietrich Bonhoeffer, *The Cost of Discipleship*, (New York: Macmillan, 1976), 64.
2. 달라스 윌라드 지음, 엄성옥 옮김, 『영성훈련』, (서울: 은성, 1993).
3. 이스트모드: 고대 그리스의 4대 경기 대회 중 하나이다.
4. Gordon Fee, 1 Corinthians, (New International Commentary of the New Testament, Grand Rapids: Wm. B. Eerdmans, 1987), 433ff. 사도행전 18:1~3을 참조하라.
5. 리차드 포스터 지음, 『영적 훈련과 성장』, (서울: 생명의말씀사, 1986).
6. 마르틴 루터 지음, 한인수 옮김, 『그리스도인의 자유』, (서울: 경건, 1996).
7. Bonhoeffer, 앞의 책, 60.
8. 아놀드 로벨 지음, 엄혜숙 옮김, 『개구리와 두꺼비가 함께』, (서울: 비룡소, 1996).
9. Alcoholics Anonymous: 익명의 알코올중독자들이란 뜻으로 알코올중독자들의 회복을 돕는 단체이다.
10. *Time*, 24 April 1989, 58ff.
11. John Ballie, *A Diary of Private prayer*, (Fireside, 1996).
12. Frank Laubach, *Letter from a Modern Mystic*, (Syracuse, N.Y.: Laubach Literacy International, 1990), 22ff. 로바흐는 가장 필요한 것은 "의지적인 부드러운 압박"이라고 했다 (46).
13. C. S. 루이스 지음, 김선형 옮김, 『스크루테이프의 편지』, (서울: 홍성사, 2000).
14. 위의 책.
15. 달라스 윌라드, 앞의 책.

4 룰루랄라 즐거운 날
1. C. S. Lewis, *Letters to Malcolm, Chiefly on Prayer,* (New York: Harcourt, Brace & World, 1964), 93.
2. Walker Percy, *Lost in the Cosmos: The Last Self-Help Book*, (New York: Farrar, Straus and Giroux, 1983), 71.
3. G. K. Chesterton, *Orthodoxy*, (New York: Dodd, Mead, 1943).

4. Dallas Willard, "Wide Awake," *Leadership*, Fall 1994.
5. Lewis B. Smedes, *How Can It Be All right When Everything Is All Wrong?*, (San Francisco: Harper Collins, 1992), 17.
6. Lewis, Letters to Malcolm, 93.
7. Francis de Sales, *Introduction to a Devout and Holy Life*, (New York: Doubleday, 1989), 254.
8. 커모 맨: 학적 약물 치료를 받을 사람이라는 뜻을 재미있게 표현한 것이다.
9. 달라스 윌라드 지음, 엄성옥 옮김, 『영성훈련』, (서울: 은성, 1993).
10. Dietrich Bonhoeffer, *Life Together*, (New York: Harper & Row, 1956), 58.
11. 위의 책, 68.
12. C. S. 루이스 지음, 김선형 옮김, 『스크루테이프의 편지』, (서울: 홍성사, 2000).
13. Charles Swindoll, *The Seasons of Spiritual Life*, (Waco, Tex: Word Books, 1987, 326).
14. Dolores Curren, *Traits of a Healthy Family*, (New York: Ballantine, 1983).
15. Siang-Yang Tan & John Ortberg, *Understanding Depress*, (Grand Rapids: Baker, 1995), 33에 인용. 암만(Ammann)파: 미국의 개신교 중에서도 가장 엄격한 교리를 가진 한 교파이다.
16. Robert Hughes, *The Culture of Complaint*, (Oxford: Oxford University Press: 1993).
17. Robert Fulghum, *It Was on Fire When I Lay Down on It*, (New York: Villard Books, 1989), 10-15.

5 천천히 사는 삶

1. Thomas Kelly, *A Testament of Devotion*, (New York: Harper Bros., 1941), 54.
2. Richard Foster, *Celebration of Discipline*, (San Francisco: Harper & Row, 1978), 13.
3. Robert Banks, *All the Business of Life*, (Claremont, Calif.: Albatross Books, 1987), 9.
4. 마이어 프리드먼 외, 『심장병과 유형A 행태 고치기』, (서울: 한울, 1997).
5. Paul Pearsall, *Super Joy*, (New York: Doubleday, 1988), 134.
6. Richard Foster, 앞의 책, 1.
7. 데이비드 도널드 지음, 남신우 옮김, 『링컨』 1, 2, (서울: 살림, 2003).
8. William H. Herndon & Jesse E. Weik, *Herndon's Lincoln*, (Chicago: Belford-Clarke Co., 1890), 477.
9. Dolores Curren, *Traits of a Healthy Family*, (New York: Ballantine, 1983).
10. 마이어 프리드먼, 앞의 책.
11. Thomas Merton, *The Wisdom of the Desert*, (New York: New Directions, 1960), 3.
12. 달라스 윌라드 지음, 엄성옥 옮김, 『영성훈련』, (서울: 은성, 1993)에 인용.
13. Søren Kierkegaard, *Purity of Heart Is to Will One Thing*, (New York: Harper & Row, 1956), 107.
14. Henri Nouwen, *The Way of the Heart*, (New York: Ballantine, 1981), 15.
15. Francis de Sales, *Introduction to a Devout and Holy Life*, (New York: Doubleday, 1989), 271.

16. Glandion Carney & Coleman Moore, *The Spiritual Formation Toolkit*, (Grand Rapids: CentrePointe, n.d.).
17. 로렌스 형제 지음, 윤종석 옮김, 『하나님의 임재 연습』, (서울: 두란노, 2004). 두 번째 편지 '마음 비우기'를 보라.

6 천국에 개입하다

1. Julian of Norwich, *Showings*, trans. Edmund Colledge and James Walch, (New York: Paulist Press, 1978), 253.
2. Dallas Willard, *Divine Conspiracy*, (San Francisco: HarperSanFrancisco, 1998, 244).
3. Walter Wink, *Engaging the Powers*, (Minneapolis: Fortress Press, 1992), 301.
4. 위의 책.
5. Thomas Merton, *The Seven-Storied Mountain*, (New York: Harcourt, Brace, 1948), 325, 332.
6. Thomas Merton, *Contemplative Prayer*, (New York: Doubleday, 1969), 37.
7. Linette Martin, *Practical Praying*, (Grand Rapids: Eerdmans, 1997), 21-22.
8. 위의 책, 27.
9. 리처드 포스터 지음, 송준인 옮김, 『기도』, (서울: 두란노, 2000).
10. Dallas Willard, 앞의 책, 242.
11. C. S. Lewis, *Letters to Malcolm, Chiefly on Prayer*, (New York: Harcourt, Brace, & World, 1964), 22.
12. Dietrich Bonhoeffer, *Life Together*, (New York: Harper & Row, 1956), 90.
13. Tony Campolo, *You Can Make a Difference*, (Waco, Tex.:Word, 1984), 24-25.
14. Dallas Willard, 앞의 책, 323.
15. 리처드 포스터, 앞의 책.

7 적당히 작아지기

1. Violet Bonham Carter, Winston Churchill: An Intimate Portrait, (New York: Harcourt, Brace & World, 1965), 4.
2. 메시아 콤플렉스: 마치 자신이 메시아인양 모두를 감당하지 않으면 안 된다는 강박관념에 사로잡혀 엄청난 스트레스와 착각에 빠져 있는 상태를 일컫음.
3. Milton Rokeach, *The Three Christs of Ypsilanti*, (New York: Alfred A. Knopf, 1964).
4. 알코올중독자회복단체에서 사용하는 방법.
5. Christopher Lasch, *The Culture of Narcissism*, (New York: W.W.Norton, 1978).
6. Philip Watson, *Let God Be God: An Interpretation of the Theology of Martin Luther*, (Philadelphia: Fortress Books, 1970).
7. 리차드 포스터 지음, 『영적 훈련과 성장』, (서울: 생명의말씀사, 1986).
8. Gerald Hawthorne, Philippians, Word Biblical Commentary, vol. 43. (Waco, Tex: Word Books, 1983), 85.
9. Dietrich Bonhoeffer, *Life Together*, (New York: Harper & Row, 1956), 90.

10. Ernest Kurtz, *Not-God: A History of Alcoholics Anonymous*, (San Francisco: Harper Collins, 1991), 27ff. 익명의 알코올중독자라는 의미의 Alcoholics Anonymous는 알코올중독자를 위한 운동이며 줄여서 AA라고 부른다. 커츠는 AA운동에서 그리스도인 영적 훈련의 역할에 대한 아주 흥미로운 시각을 제공한다.
11. Tilden Edwards, *Soul Friend*, (New York: Paulist Press, 1980), 56.
12. Dietrich Bonhoeffer, 앞의 책, 91.
13. 위의 책, 91-92.
14. Francis de Sales, *Introduction to a Devout and Holy Life*, (New York: Doubleday, 1989), 135-136.
15. Lewis B. Smedes, *How Can It Be All right When Everything Is All Wrong?*, (San Francisco: Harper Collins, 1992), 27.
16. Docetism: 가현설(假現說). 예수 그리스도가 세상에서 살 때 가졌던 육체는 진짜 육체가 아니고 육체처럼 보였다고 주장하고, 또 그리스도는 십자가에서 이 몸을 떠났다고 하며 십자가에서 하나님 아들 그리스도가 죽은 것이 아니고 인간 예수가 죽었다고 주장하는 이단 교리.

8 후회 이상의 삶

1. Dietrich Bonhoeffer, *Life Together*, (New York: Harper & Row, 1956), 110.
2. Cornelius Plantinga, *Not the Way It's Suppesed to Be: A Breviary of Sin*, (Grand Rapids: Wm.B.Eerdmans, 1995), ix-x.
3. Clifton Fadiman, *The Little, Brown Book of Anecdotes*, (Boston: Little, Brown, 1985), 523.
4. Francis de Sales, *Introduction to a Devout and Holy Life*, (New York: Doubleday, 1989), 95.
5. James McPherson, *Drawn with the Sword*, (New York: Oxford University Press, 1996), 46~47.
6. 루이스 스머즈 지음, 『용서의 기술』, (서울: 규장, 2004).

9 인도 받는 삶

1. Thomas Kelly, *A Testament of Devotion*, (New York: Harper Bros., 1941), 12.
2. 조지 폭스 지음, 『조지 폭스의 일기』, (서울: 크리스챤다이제스트, 1995).
3. 존 칼빈, 원광연 옮김, 『기독교 강요』, (고양 : 크리스챤다이제스트, 2003). 특별히 하권을 보라.
4. 성 이냐시오 지음, 윤양석 옮김, 『성 이냐시오의 영신수련』, 한국천주교중앙협의회, 1995.
5. "Talking to God: An Intimate Look at the Way We Pray," *Newsweek*, 6 January 1992.
6. 리차드 포스터 지음, 『영적 훈련과 성장』, (서울: 생명의말씀사, 1986).
7. C. S. 루이스 지음, 이종태 옮김, 『고통의 문제』, (서울: 홍성사, 2002).
8. Thomas Kelly, 앞의 책.
9. Frank Laubach, *Letter from a Modern Mystic*, (Syracuse, N.Y.: Laubach Literacy International, 1990), 14.
10. honey: 귀여운 사람, 자기, 여보, 당신, 아가야(darling)의 뜻으로 보통 아내나 남편, 애인, 자녀에 대한 호칭.

10 자유의 삶

1. 십자가의 성 요한 지음, 최민순 옮김, 『어둔 밤』, (서울: 바오로딸, 1993).
2. 리처드 J. 데일리 시장: 1955년부터 76년 사망 때까지 무려 21년간 시카고 시장 6선을 지낸 인물.
3. Henri Nouwen, *The Return of the Prodigal Son*, (New York: Douleday, 1992), 42.
4. Lewis B. Smedes, *How Can It Be All right When Everything Is All Wrong?*, (San Francisco: Harper Collins, 1992), 49.
5. George Herbert Mead, *Mind, Self and Society*, (Chicago: University of Chicago Press, 1934).
6. Henri Nouwen, *The Way of the Heart*, (New York: Ballatine, 1981), 10-11.
7. David Burns, *Feeling Good: The New Mood Therapy*, (New York: NAL/Dutton, 1981).
8. Paul Nagel, *Descent from Glory*, (New York: Oxford University Press, 1983), 193.
9. C. S. 루이스 지음, 장경철·이종태 옮김, 『순전한 기독교』, (서울: 홍성사, 2001).
10. Mark Twain, *Tom Sawyer*, (Philadelphia: John C. Winston, 1957), 34.
11. Jerzy Kosinski, *Being There*, (New York: Harcourt, Brace, 1971).
12. Henri Nouwen, *The Way of the Heart*, 11.
13. William Manchester, *The Last Lion: Winston Spencer Churchill*, (New York: Bantam Books, 1983), 34. 처칠은 또한 애틀리를 "양의 털을 쓴 양"이라고 했다

11 분열되지 않은 완전한 삶

1. 리처드 포스터 편, 송준인 옮김, 『리처드 포스터가 묵상한 신앙 고전 52선』, (두란노, 1998).
2. Søren Kierkegaard, *Purity of Heart Is to Will One Thing*, (New York: Harper Bros., 1938).
3. 도널드 트럼프: 미국 부동산의 왕, 재벌.
   휴 헤프너: 미국의 출판업자이자 흥행업자, 〈플레이보이〉지 편집자 겸 발행인.
   이멜다 마르코스: 필리핀 전 대통령 부인, 사치스러운 삶과 특별히 많은 구두를 갖고 있는 것으로 유명.
4. Clifford Williams, *Singleness of Heart*, (Grand Rapids: Wm. B. Eerdmans, 1994).
5. 어거스틴 지음, 이경옥 옮김, 『성 어거스틴의 참회록』, (서울: 생명의말씀사, 1983).
6. Clifford Williams, 앞의 책, 10.
7. Dallas Willard, *In Search of Guidance*, (San Francisco: Harper Collins, 1993).
8. 위의 책, 161.
9. James Houston, *The Hear's Desire*, (Colorado Springs: Navpress, 1996), 192.
10. Dietrich Bonhoeffer, *Life Together*, (New York: Harper & Row, 1956), 82-83.
11. 롤란드 베인톤 지음, 이종태 옮김, 『마르틴 루터의 생애』, (서울: 생명의말씀사, 1996).
12. 어거스틴, 앞의 책.
13. Philipp Spener, *The Spiritual Priesthood*, in *Pietists-Selected Writings*, (New York: Paulist Press, 1983), 58.
14. Madame Guyon, *Experiencing the Depth of Jesus Christ*, (Goleta, Calif.: Christian

Books, 1957), 16.
15. 장 칼뱅 지음, 정기화 옮김, 『참된 그리스도인의 삶』, (서울: 소망사, 1995).
16. Clifton Fadiman, *The Little, Brown Book of Anecdotes*, (Boston: Little, Brown, 1985), 117에 인용됨.
17. 유진 피터슨 지음, 차성구 옮김, 『균형, 그 조용한 목회 혁명』, (서울: 좋은씨앗, 2002).
18. Colin Williams, *John Wesley's Theology Today*, (Nashville: Abingdon Press, 1982), 24.

12 잘 정돈된 삶

1. George Bernard Shaw, *Man and Superman* 서문 중.
2. 어거스틴 지음, 조호연 옮김, 『하나님의 도성』, (서울: 크리스챤다이제스트, 1992).
3. William Paulsell, "Ways of Prayer: Designing a Personal Rul," *Weavings 2*, no. 5 (November-December 1987): 40.
4. Marjorie Thompson, *Soul Feast: An Invitation to the Christian Spiritual Life*, (Louisville, Ky.: Westminster/John Knox, 1995).
5. Frank Laubach, *Letter from a Modern Mystic*, (Syracuse, N.Y.: Laubach Literacy International, 1990), 15-16.

13 인내하는 삶

1. 니콜라스 월터스토프 지음, 박혜경 옮김, 『나는 사랑하는 사람을 잃었습니다』, (서울: 좋은씨앗, 2003).
2. 제럴드 싯처 지음, 이현우 옮김, 『하나님 앞에서 울다』, (서울: 좋은씨앗, 2003).
3. Gerhard von Rad, *Genesis: A Commentary*, (Philadelphia: Westminster Press, 1972), 236ff.
4. 프래드릭 부케너 지음, 이태우 옮김, 『설교란?: 진실을 말하는 것』, (칠곡군: 분도출판사, 1986).
5. C. S. 루이스 지음, 이종태 옮김, 『고통의 문제』, (서울: 홍성사, 2002).
6. Søren Kierkegaard, *Fear and Trembling*, trans. Walter Lourie. Princeton, (N.J.: Princeton University Press, 1974). 키르케고르는 "아브라함은 믿었다. 그러므로 그는 젊었다. 항상 최고가 되길 원했던 그는 늙었고, 항상 최악을 준비했던 그는 더 빨리 성장했다. 하지만 믿음을 가졌던 그는 영원한 젊음을 소유했기 때문이다."라고 썼다.
7. Karl Barth, cited in a lecture by Nicholas Wolterstorff.